品三国

曾仕强

曾仕强

著

北京联合出版公司
Beijing United Publishing Co.,Ltd.

图书在版编目（CIP）数据

曾仕强品三国 / 曾仕强著 . —北京：北京联合出版公司，2022.9（2024.10 重印）

ISBN 978-7-5596-6400-6

Ⅰ.①曾… Ⅱ.①曾… Ⅲ.①中国历史—三国时代—通俗读物 Ⅳ.① K236.09

中国版本图书馆 CIP 数据核字（2022）第 134138 号

曾仕强品三国

作　　者：曾仕强
出 品 人：赵红仕
选题策划：北京时代光华图书有限公司
责任编辑：高霁月
特约编辑：太井玉
封面设计：新艺书文化

北京联合出版公司出版
（北京市西城区德外大街 83 号楼 9 层　　100088）
北京时代光华图书有限公司发行
文畅阁印刷有限公司印刷　　新华书店经销
字数 288 千字　　787 毫米 ×1092 毫米　　1/16　　22.5 印张
2022 年 9 月第 1 版　　2024 年 10 月第 2 次印刷
ISBN 978-7-5596-6400-6
定价：98.00 元

版权所有，侵权必究
未经许可，不得以任何方式复制或抄袭本书部分或全部内容
本书若有质量问题，请与本社图书销售中心联系调换。电话：010-82894445

目 录

序 // 1
前 言 // 3

第一部 桃园三结义

第一章 在乱世中安身立命的奥秘

一、显隐秩序：一阴一阳之谓道 // 007
二、事在人为："分久必合，合久必分"的规律 // 009
三、黄巾起义：一定要做好组织传承工作 // 011
四、天象异变：隐秩序在操纵一切 // 014
五、黄巾余党投降遭拒：要准确衡量形势的转变 // 014
六、何进被害：得到机会还要会把握时机 // 015
七、董卓干预皇帝废立：不要用问题去解决问题 // 016

第二章 刘备白手起家最终成功的奥秘

一、刘、关、张结义：与志同道合者联盟 // 021
二、关羽追随刘备：顺应天理者得人心 // 023

三、刘备大胜黄巾军：做领导者要带头向前冲 // 025

四、刘备劝阻张飞杀董卓：不生气要争气 // 027

五、刘备和孙坚同功不同赏：年轻时不必急于成功 // 028

六、张飞怒鞭督邮：忍耐应有合理的限度 // 029

七、三英战吕布：在实战中打造团队凝聚力 // 029

八、刘备投曹操：必要时可与现实妥协 // 030

九、刘备种菜与转投袁绍：形势不利时要懂得韬光养晦 // 031

十、古城聚义：团队同心，其利断金 // 033

第三章 曹操乘势而起发展壮大的奥秘

一、曹操发迹：起点高往往事半功倍 // 037

二、曹操误杀吕伯奢：一言不慎害终生 // 038

三、曹操推举袁绍为盟主：找到对自己最有利的位置 // 040

四、陶谦造成曹操家人被杀：讨好不成会反被记恨 // 044

五、曹操割发代首：奖罚严明方能统领团队 // 044

六、曹操厚待关羽：为留人才百般计 // 045

七、曹操官渡大战胜袁绍：智者让敌人自乱阵脚 // 046

第四章 选对老板跟对人的奥秘

一、吕布背叛丁原投奔董卓：为利跳槽难善终 // 051

二、赵云归刘备：为义跳槽择明主 // 054

三、李儒被斩与蔡邕哭董卓：为坏人帮凶难免害己 // 055

四、陈宫宁死不向曹操求情：有才能也要跟对人才有展示机会 // 056

五、关羽降汉不降曹：忠义之人不会轻易违背盟约 // 057

六、孔融和陈登错过与刘备共事：志同道合也未必能有机会合作 // 059

七、孙策收降太史慈：知人善用得共赢 // 060

八、郭嘉不幸早死：上下投缘也未必长久合作 // 062

九、刘表誓杀刘备：不要介入老板的家务事 // 063

目 录

第五章 动荡中纵横捭阖立于不败的奥秘

一、关羽温酒斩华雄：择适当时机展露锋芒 // 067

二、孙坚为藏玉玺发重誓：成为众矢之的者难有善终 // 069

三、王允巧使美人计：至柔有时可以胜至刚 // 069

四、董卓受禅台前被杀：逆取者要能顺守 // 071

五、李肃、王允有功亦被杀：功过有时不能互抵 // 072

六、刘备不受徐州：无法守住便不要盲目争取 // 074

七、刘备二投吕布：敌人有时也是救星 // 075

八、孙策用玉玺换江东基业：大事须由自己做主 // 076

九、袁术因玉玺惹杀身之祸：经营不当到头一场空 // 077

十、孙策步其父之后尘：乱世须自重 // 078

十一、孙权承父兄事业：敬老尊贤才能成大业 // 079

十二、袁绍死后三子内斗：未立接班人后患无穷 // 080

第二部　诸葛亮出山

第一章 刘备突破发展瓶颈的奥秘

一、刘备跃马檀溪：天救自救者 // 089

二、刘备深信水镜先生：转变观念才能转变命运 // 090

三、水镜先生不肯相助刘备：各人应尽己所能，各守其分 // 091

四、徐庶试刘备：厚道的老板更吸引高人 // 092

五、刘备三顾茅庐：要以崇敬之心求大贤 // 094

六、隆中对策定三分：做大事要战略为先 // 097

七、文武高才助刘备：识人善用为团队发展根本 // 099

八、水镜集团浮现：隐秩序尊重显秩序规律 // 100

第二章　寻求合作共赢局面的奥秘

一、刘表未能托孤于刘备：接班人需妥善安排　// 105

二、曹操百万雄师南下：既联合又斗争是难以避免的规律　// 107

三、蒋干劝降周瑜：急于表现者易被利用　// 108

四、周瑜欲杀诸葛亮：只顾自己利益的联盟不能长久　// 110

五、关羽华容道放曹操：敌人有时也是朋友　// 111

六、孙权讨要荆州：劣势时联盟才能共存　// 113

七、刘备重返荆州：找对人做对事　// 114

第三章　长远竞争中树立自我品牌的奥秘

一、刘备放走徐庶：仁德为先有时不一定有好结果　// 119

二、黄祖被杀的连锁反应：任何事情皆有因果　// 120

三、刘备不取荆州的盘算：长久累积的信用更有价值　// 121

四、徐庶重返新野却不留：信用比天大　// 122

五、刘备携民渡江：举大事者应以人为本　// 123

六、刘备摔阿斗：彰显人性化领导的魅力　// 123

七、赵云看破美人计：做事须智勇双全细心考量　// 125

八、诸葛亮欲杀魏延：要树立团队忠诚的文化　// 126

九、诸葛亮出山：时势造英雄与英雄造时势　// 128

第四章　蜀汉集团由弱转强的奥秘

一、徐庶来去匆匆：隐秩序将机会留给更适合的人　// 135

二、诸葛亮追随刘备：有才能的人更需要有度量的领导者　// 137

三、隆中对策：首先要定位好自己的对手　// 137

四、火烧博望坡："空降兵"要烧好上任"三把火"　// 138

五、草船借箭：借力解决自己的问题　// 139

六、诸葛亮七星坛祭风：巧用玄虚实现目的　//140

七、赤壁之战：事在人为，以弱胜强　//142

八、诸葛亮算准曹操的逃亡路径：机会属于有准备的人　//143

第五章　曹操得势却依然失败的奥秘

一、曹操杀孔融：刚直太过易取祸　//147

二、曹操对酒高歌刺死刘馥：正确的建议也要选择正确的时机　//148

三、曹操中计：心有成见的人易犯错误　//150

四、赤壁一战之鉴：骄兵必败千古不变　//153

五、曹操败逃中大笑：永不认输才能东山再起　//154

六、曹操赤壁惨败的宿命：合理的不公平　//155

第三部　大意失荆州

第一章　处理好竞争合作关系的奥秘

一、鲁肃讨荆州：居中策应者贡献最大　//163

二、孙权嫁妹：不可为了目的不择手段　//164

三、刘备刹石发誓破曹兴汉：提防壮志为声色所迷　//167

四、瑜、亮合作：联盟者合则有利，分则有害　//168

五、周瑜之失：成大事还需格局宏大　//169

六、诸葛亮吊唁周瑜：巧表悲痛化众怒　//171

七、孙权屡次讨荆州：做强做大不如做久　//172

八、刘备归还荆州三郡：各有盘算之下的妥协　//174

第二章 抓住机会做大局面的奥秘

一、张松舍曹从刘：人格魅力作用大 //179

二、刘璋请刘备入川却又怀疑：天下事无法十全十美 //181

三、刘备善用张松、法正：对德行有亏之人只用其才 //181

四、刘备不听庞统劝谏：凡事须顾及信用 //182

五、庞统之死：凡事最好从两面考量 //183

六、张飞义释严颜：榜样的力量很强大 //185

七、刘备自领益州牧：新面貌会带来新考验 //186

第三章 曹操得天时却最终失去机会的奥秘

一、曹操大宴铜雀台：落败之后需想法提振士气 //191

二、曹操应对马超：计谋常常胜武力 //193

三、曹操平定汉中：凡事不可得陇望蜀 //194

四、曹操成为魏王：处在权力巅峰更需谨慎行事 //195

五、左慈掷杯戏曹操：隐秩序最后的警讯 //197

六、曹操临终杀华佗：树敌太多会带来无限恐惧 //199

七、曹操的选择：有才能者会左右大局 //200

八、曹操一生的启示：用人还应德本才末 //202

九、曹丕兄弟相争：不义者必自食恶果 //204

第四章 与领导有效相处的奥秘

一、曹操隐诛荀彧：生不逢时要知进退 //209

二、庞统被大材小用：以貌取人误人才 //210

三、赵云截江救阿斗：涉及领导家事的好人难做 //212

四、诸葛亮揣度刘备心：上下默契才能合作无间 //213

五、诸葛亮对荆州留守的安排：行事顾忌亲疏留祸根 //214

目 录

六、诸葛亮制止关羽与马超比武：针对不同的人巧解难题 // 215

七、诸葛亮赠张飞佳酿：同事之间心照不宣的配合 // 216

八、杨修被斩：擅自揣测上司心思的下场 // 217

九、诸葛亮推刘备为帝：改换思路只为团队大目标实现 // 219

十、关羽受五虎上将印信：戒除傲气才能成大事 // 220

十一、庞德誓死不降：过刚易折 // 221

十二、刘封被斩：大事面前不能光听别人意见 // 222

第五章　关羽名重天下却以失败收场的奥秘

一、关羽单刀赴会：刚而自矜并不利长远 // 225

二、关羽刮骨疗毒：增强团队信心还要重视团队发展 // 227

三、吕蒙突破关羽心防：知己知彼才能获得胜利 // 227

四、关羽败走麦城：一时疏忽便可酿成大祸 // 229

五、关羽失荆州：当正视一切对手 // 231

六、关羽受到后世崇敬：忠义精神的符号需代代传扬 // 235

第㈣部　三国归一统

第一章　忍辱成就大事的奥秘

一、张飞死于部下手：领导须有包容心 // 245

二、刘备不顾一切伐吴：感情淹没理智者必败 // 247

三、刘备东征惨败：凡事当适可而止 // 249

四、陆逊忍辱获胜：沉住气才能抓住战机 // 251

五、刘备一生的贡献：教化才是看不见的那只手 // 251

7

六、司马懿应付诸葛亮的办法：实力不济时忍字为先 //254

七、诸葛亮气死曹真：利用对方矛盾坐收渔利 //256

八、司马懿为何比周瑜高明：情绪管理比筹划能力重要 //257

第二章　强势下属与弱势老板相处的奥秘

一、诸葛亮辅佐刘禅：与不高明的领导相处之道 //261

二、诸葛亮治蜀的政绩：竭智尽忠做好自己的工作 //263

三、司马懿乞守西凉：为避免上司怀疑可远离权力中心 //264

四、诸葛亮上出师表：委婉谏言防患于未然 //265

五、诸葛亮错用马谡失街亭：实践才是检验智谋的标准 //266

六、诸葛亮自请降职：失败之后要勇于担责 //269

七、刘禅召诸葛亮回成都：要善待老板身边的小人 //270

八、司马师干预废立：做坏事冥冥中自有报应 //271

第三章　诸葛亮保持晚节的奥秘

一、七擒孟获：攻心收心才能一劳永逸 //275

二、诸葛亮不救孟达：智者也有误判 //277

三、诸葛亮降服姜维：要注重寻找、培养接班人 //278

四、诸葛亮痛惜赵云病故：老实人并不会吃亏 //280

五、诸葛亮再上出师表：为达到目标当竭尽全力 //283

六、诸葛亮病故：为公不为私得世人敬仰 //284

七、省诸葛亮一生：警惕示好之人 //287

八、姜维步诸葛亮之后尘：知遇之恩当倾力相报 //289

第四章　博弈中选择因势利导策略的奥秘

一、刘备自立为帝：进退之间须算分明 //293

目 录

二、孙权假意降魏：没有大格局就没有大成就 //294

三、陆逊撤兵言好：行事适可而止为上策 //296

四、刘备驾崩之后各方的反应：对大势一厢情愿的错判 //297

五、曹丕在位七年之警：人要有自知之明 //298

六、司马懿识不破空城计：有时可以把对手当成自己的筹码 //300

七、曹真抢功遭败：上司不能一味鼓励下属竞争 //302

八、张郃一生的启示：品德修养为根本 //303

九、孙权见魏蜀交战后的选择：没有诚意的合作不长久 //305

十、司马懿官拜大都督后的表现：善用示弱的力量 //306

十一、孙皓投降司马炎：团队内斗导致无法发展 //306

十二、邓艾与钟会两败俱伤：争权夺利要有尺度 //307

十三、司马炎篡位一统天下：三国纷争终于落幕 //309

第五章　交代好后事，使局面延续的奥秘

一、刘备托孤的启示（一）：悔字诀产生的良好效果 //313

二、刘备托孤的启示（二）：显秩序下别无选择的选择 //315

三、诸葛亮遗嘱杀魏延：善后一定要周全 //316

四、曹叡托孤的启示：所托非人事难成 //317

五、司马懿临死嘱二子：空泛的嘱托难落实 //319

六、孙权病死东吴乱：内讧、家祸危害大 //320

七、综观孙权一生：缺乏全局观的英雄 //321

八、假糊涂真圆滑：阿斗症候群的扩散 //323

九、三国终结：兴亡皆是百姓苦 //325

结　语 //328

参考书目 //332

序

人类的历史，离不开"一阴一阳之谓道"这句话。道是什么？便是平常我们所说的"秩序"，英文叫作 order。一旦 disorder，那就是混乱、离谱、乱了套，被称为失道或叛道。道有阴、阳两面。阴面无形无迹，很难掌握，也不容易说得清楚，称为"隐秩序"，英文叫作 latent order；阳面有形有迹，比较容易掌握，也比较容易说清楚、讲明白，称为"显秩序"，英文为 illustrated order。

隐秩序要通过显秩序来表现，但仍有部分常被称为"看不见的手"。而显秩序中，也有隐秩序的影子，时常使人觉得仿佛也有一只"看不见的手"。

一般人看三国、说三国，都离不开魏、蜀、吴这三个国家。由于它们有形有迹，属于显秩序，大家都看得见，因而津津乐道。我们检视三国，发现多了一个"水镜王国"。这只看不见的手，显然属隐性，却能够布局天下，操控当时的局势变幻。在水镜先生的巧心安排下，刘备三顾茅庐，给诸葛亮提供了改变世界的平台；诸葛亮鞠躬尽瘁之后，又把焦点转移到了司马懿身上。看得见的所有作为，都难逃看不见的手的掌握。不以成败论

英雄，却实在难免"成者为王，败者为寇"的结局。人世间的观点，不能不以人为本。"看不见的手"，也要和人心的变化合理地配合。

鲁肃似乎也是水镜集团的成员之一，他千方百计、费尽苦心要促成孙、刘联盟。周瑜亡故，鲁肃接掌都督，似乎和诸葛亮更有默契。曹操阵营的谋士徐庶，更不用说，他原先就是水镜先生安排给刘备的，后来才被曹操使计骗过去。庞统和诸葛瑾，表面上一在蜀、一在吴，实际上都是水镜集团的重要人士。最让人难以相信的是司马懿，他忽起忽落，成为诸葛亮的主要对手，却在适当的时期，一肩担起水镜集团的重责大任。他百般忍耐、自我丑化、受尽讥笑和咒骂，都是为了促成一统天下，完成水镜集团的目标。

宇宙间的变化，只有一个道理：有看得见的现象，便有看不见的势力。其余万事万物，都是颠倒而迷惘，每一时刻，都可能变化、毁灭！

《三国演义》里的所有人物、事迹，都已经成为过去。但它所揭示的道理，却永远存在。有形有迹的魏、蜀、吴俱皆灭亡。无形无迹的水镜集团所代表的势力迄今仍存。从尧、舜、禹、汤、文、武，一直延续到现在。中华民族的历史传承，并非西方人所体会的"不连续"（discontinuity）时代，而是延续不断的生生不息。这只"看不见的手"，时常更换不同的名字，却始终持续运作。身为炎黄子孙，务须将《三国演义》的道理发扬光大，使中华民族的现代化能够免于盲目西方化的厄运，才是我们共同奋斗的目标。

我们采取这样的观点来探究《三国演义》所揭示的道理。至盼各界高明贤达，不吝赐教为幸。

曾仕强　于台北市明道阁

前　言

宇宙是一个完整的体系，只是大到远远超过我们的观察能力范围，不容易看得出来而已。要维持一个完整的体系，需要共同的秩序。宇宙的秩序太巧妙了，远远超过了我们的认识能力，不容易说得清楚，我们勉强称之为"道"。

道是阴阳变化所遵循的秩序。阴代表看不见、摸不着的秩序，虽然无形无迹，却随时产生作用，被称为隐秩序；阳表示看得见、摸得着的秩序，由于有形有迹，经常吸引人们的眼光，所以被称为显秩序。

显秩序好比气球，明显地飘浮在空中，光彩而夺目。隐秩序有如空气，到处弥漫，却无声无息，引不起大家的注意，如非必要，很少得到重视，好像不存在一样。

气球里面所装的，也不过是空气。为什么同样是空气，气球里面的和大气中的，就显得不一样？空气是软的，没有什么弹性。但一装进气球里，便好像是硬的，而且具有了很大的弹性。气球的塑料皮膜，也是软的，为什么一装进软的空气，反而硬起来了呢？

历史所写的，就好像是气球的变化。至于更多的空气，反而很少触及。

我们常说要宏观，但是我们的历史实在不够宏观。演义所描述的，通常把大气的若干情况也包含在内。历史和演义最大的不同，在于历史所记载的人物、时间和地点，应该相当正确。至于内容，却未必真实。演义中的人物、时间、地点都不一定正确，但是所呈现的历程和心情，都很符合实际情况。有人相信历史，有人则喜爱演义。不妨各取所需，互相尊重。我们把考据的工作，委托给专业的历史专家。我们不背诵，也不记忆演义的细节，却希望从中获得一些指引。也就是兼顾显秩序和隐秩序，体会出一些有益世道人心的道理。古人认为，读者的目的在于明白事理，我们则更要付诸实践。依据这种"气球理论"，把三国看成四种势力。这样，三国就有了现代化的诠释，兼顾显、隐两种秩序的互动。

秦始皇统一六国，取得政治上的统一，好比把六个小气球合并成为一个超大的气球。这使中华民族视统一为常态，而将分裂看作是暂时的权变。《三国演义》写的便是当时的天下，由合而分，再由分而合的历程。从显秩序的观点来看，好像是魏、蜀、吴三大集团的纷争。若是兼顾隐秩序的立场，不难发现，还有一个无形无迹的水镜集团在默默地做出天下布局，促进三国分而复合，我们称它为"看不见的手"。

公元前221年，嬴政果如其姓，"赢"得当时有史以来中原版图上最大的政治胜利，建立了世界上最早也最大的帝国。却由于过度集权，秦很快被推翻。

一个气球，当充气完成后，理论上应该持久存在，实际上由于大气的作用，或内部的变化，经常在消气，甚至于疲软或毁灭。显秩序遭受隐秩序的影响，十分明显。那只手虽然看不见，却留下很多的形迹。

楚汉相争的结果是：汉高祖刘邦于公元前202年统一天下。他汲取了秦朝不分封的教训，论功行赏，分封王侯。这相当于一个超大型的气球里面，包含着好几个小气球，结果气球彼此互相碰撞，当然很不安宁。这给日后的刘氏政权造成了很大的威胁。汉高祖花了七年时间，才铲除异姓王侯，完成"非刘氏而王者，天下共击之"的目标。好像把气球重新换气，变成纯度较高的氢气，飞起来更高更轻快。吕后当权后，一口气封了三个吕姓王侯，就像气球内又渗进了其他的气体，引起诸吕之乱。文景之治，传到汉元帝、汉成帝时，国戚们依仗权势，为非作歹。平帝时外戚王莽终于篡位，把气球的标志改掉，导致了西汉的灭亡。

公元25年，刘秀消灭各地的割据势力，恢复了统一的政权，史称东汉。东汉首开宦官封侯的先例，汉灵帝时宦官得势，巧取豪夺而无所顾忌。直到黄巾起义，才形成三国鼎立，把一个超大型的气球，分裂成了三个大气球。

魏、蜀、吴三国，无不希望永续经营，成为百年甚至万年老店。好比气球灌入气体之后，衷心盼望它不要消损或毁灭。但三国都最多维持不到一个甲子，便宣告破败。气球有成必有毁，国家能兴也能亡，所以三国有始便有终。这种自然现象，构成隐秩序，谁也无法避免。水镜集团，则是这一时代的无形推手。因为隐秩序本身无形无迹，表现的时候，通过合理的人才能显出力量。以水镜先生司马徽为代表，成员包括卧龙诸葛亮、凤雏庞统、徐庶、石广元、孟公威、诸葛瑾、鲁肃、司马懿父子，以及诸葛诞、姜维等人，说起来十分奇妙。

有形的王国所企求的是大而强，无形推手所在意的则是长而治。魏、蜀、吴以英雄豪杰为主，要打天下。水镜集团却采取隆中所定的策略，分别向有规模或有潜力的集团推荐专业人才。以仁人志士的面貌出现，或者伪装成同道的样子，打入集团核心。将来不论哪一个集团胜利，水镜集团都永远掌握控股优势。天道悠悠，无始无终，才是这群以贤能为主的无形集团最为坚持的经营理念。打破有形的局限，随遇而安。

结局是谁都料想不到的，过程大家都必须设法加以掌握。诸葛亮再高

明、再了不起，最后也只能"鞠躬尽瘁，死而后已"！《三国演义》所揭示的道理，尽在于此。一方面人定胜天，各路英雄都应该尽心尽力，克服困难和危险，杀出一条活路来。一方面则天定胜人，关羽死在吕蒙和陆逊手中，诸葛亮造就了司马懿的势力，刘禅笑死司马昭，晋帝统一天下，这一切岂是人力所能够决定的？

显秩序是人定胜天的依据，隐秩序则是天定胜人的契机。气球的皮膜材质、弹性、厚度、大小和充气的选择等，都是显秩序，人力可以控制。但是外界的压力、环境的变化，以及意想不到的碰撞或打击，却是十分难料，并非人力所能够完全掌握的。我们最好记取善变者必败于变的教训，力求避开用剑者死于剑、用谋者死于谋的宿命。同时还要注意"君子可欺以其方"的陷阱，走出一条长治久安的大道，早日摆脱分合的轮回厄运。

我们先提出三个基本问题：为什么要读《三国演义》？怎样读《三国演义》才有用？《三国演义》可以分成哪四大阶段？依据显秩序和隐秩序兼顾并重的气球理论，本书提出合乎现代需求的合理诠释，兹分述如下，以供参考。

一、为什么要读《三国演义》

《西游记》《水浒传》《三国演义》这三本书，各有特色，皆非读不可，不看可惜！其中《三国演义》，更应该趁着年轻多读几遍。相信对于世道人心和做人做事，大有助益。"演义"的意思，并不单纯是史实中加入传闻的故事，最好解释为表现义行，以深入人心。《三国演义》一开始便是"桃园三结义"，把一般人的帮会结拜，转化成为义气相结合的忠义行为。刘备、关羽、张飞这三位异姓兄弟，终其一生，都誓死以义相结合。《三国演义》对于人物的评核，也都以义为标准。宣扬忠孝节义，在当时属于显秩序。现代人喜欢找一些冠冕堂皇的借口，说什么"经济挂帅"，其实是一切向钱看，笑贫不笑娼，以致重财轻德，把赚钱的本领看得比品德修养更加重要。但是，忠孝节义在现代社会，仍然是影响甚大的隐秩序。在现代社会，读《三国演义》，至少可以获得三大好处：

1. 更加深入了解人生的真相

三国的形成，历经剧烈的变化。各种文武人物，虽个个竭尽心力，结果却人人皆以不了了之收场，没有例外。勇猛异常的吕布配赤兔名马，加上方天画戟，可谓天下无敌，却为爱才如命的曹操所斩而不了了之。赤兔马辗转归于关羽，关羽更是英雄盖世，手执青龙偃月刀，谁人能敌？但最后还不是大意失荆州，难逃不了了之的厄运？如果只有显秩序而没有隐秩序，怎么解释这些现象？又何以明白诸葛亮神机妙算，到头来还是只能尽人事以听天命，违反不得！

2. 更能奋力提升人生的价值

既然人生的结局，不外乎不了了之，人生的价值，即在活着一天就应该珍惜自己的生命，好好把握宝贵时光，尽心尽力地好好完成自己的任务。不能认为反正是不了了之，便随心所欲，爱做什么就做什么。以各种理由为借口，说什么只要我喜欢有什么不可以？那就是自暴自弃，一生很难有所作为！

不了了之有两种情况，一种叫作死不瞑目，如董卓、吕布、袁绍、周瑜、曹操，虽然名震天下，不可一世，却都是含恨而终，有愧亦有憾！另

一种则是心安理得,如诸葛亮、刘备、赵云、黄忠、王允、陈宫、华雄、颜良、文丑、鲁肃、黄盖、吕蒙、关羽和张飞,死时也很不情愿,但也算得死得其所,无愧也无憾!如果不是显秩序和隐秩序兼顾并重,怎么确保心安理得呢?

3. 更深一层体会"义"的可贵

同样不了了之,为什么有的人心安理得,有的人却死不瞑目?关键就在一个"义"字。顶着金字招牌的曹操,继承父兄基业的孙权,以及空有秘方却苦于人力、资金都不足的刘备,如果看到三国归晋的结局,不知道有什么样的感想?会不会觉得自己的公司被兼并,多年来的理想与努力落空?还是认为这一辈子再怎么说,也没有白活?有形的王国,总有败亡的一天,便是显秩序不一定能够满足隐秩序的需求,或者得不到隐秩序配合的结果。换句话说,不能够兼顾隐秩序,不可能完全合乎"义"的标准。尽管有人心中佩服曹操,却很不情愿明白说出来。刘备当然有可疑的地方,大家却宁愿相信他是仁人君子。让我们更清楚地看出,"义"的可贵,就在于它能够提高人生的真实价值。

二、怎样读《三国演义》才有用

很多读过《三国演义》的人举止言行,和没有看过《三国演义》的人几乎一模一样,完全没有改变。可见这些人并没有抓住要领,没有得到收获。

怎样读《三国演义》才有用?我们提供以下三点建议,以供参考:

1. 时间宝贵，要读出故事背后的深刻道理

一般人只把《三国演义》当作故事来看，觉得十分热闹，而且紧张刺激。把自己的感情和情绪完全投入其中，随着故事中的人物和情节而起伏，却缺乏理性的思虑，不能体会其中的道理。这种看热闹而看不出门道的读法，浪费了宝贵的时间，得不到真正的道理，实在可惜。

古人常说读书明理，意思是读书有没有用，完全看能不能读明白其中的道理。《三国演义》所蕴含的道理，非常深刻而宝贵。我们务必用心思索，善加体会，才能够达到读书明理的目的。

2. 经验宝贵，要在日常生活中多实践

明白《三国演义》所揭示的道理，还要通过实践的检验，看看自己的体会是不是正确，需要做出什么样的调整。知道却做不出来，等于不知道，一定要行之有效，才算是真正的知道。做得出来而不做，那就是知而不行，和不知并没有什么两样。一定要知行合一，即知即行，才能够养成习惯，使之成为自己的东西，而不再是故事中的情节。类似《三国演义》的人物，代代都有；书中人物所遭遇的状况，随时都会发生。衣服换了，地点不同，情节有变化，道理却是一样的。

3. 人品宝贵，要培养有情有义的道德情操

一个人有没有价值，一个家庭能不能兴旺，一个国家是不是强盛，整个人类会不会共存共荣，关键在一个"品"字。品格高尚，这个人就有价值。一家人品德良好，这个家庭必然兴旺。国民重视品德修养，国家自然强盛。人类全面提升品格，当然能够共存共荣。《三国演义》的重大启示，即在有情有义远比权贵名位更值得大家尊敬。我们读《三国演义》，如果不

能提高自己的人品，促进家人的品德修养，就等于白读。"品"字有三个"口"，表示众人都这样说。不要自己夸口，要大家众口一致，认为我们的品德修养良好才算数。读《三国演义》的用处，要在这里体现出来。

一部《三国演义》，那么多人物，真正流传后世、分布的地区最广、受崇拜敬仰最多的人应该是关羽，大家都尊称其为"关公"。主要原因即在关羽一生所表现的忠义精神，令人十分感动。关羽死后，在儒、释、道三大信仰中，都获得非常尊贵的地位。儒家尊称其为"武圣"，和孔子这位"文圣"相当；道家尊称其为"关帝圣君"，位阶也很高；释家则称其为"伽蓝菩萨"，和观世音菩萨一样，家喻户晓。民间更把他视为武财神爷，加以顶礼膜拜。

关公的忠义精神是现代人最为需要的。不忠不义的人很多，会造成社会的不安定。忠、义、仁、孝、智是三国人物的五项道德，也是现代人应该拿来自我检讨的五大项目。如果谈《三国演义》，能够深切体会这些人物的内心世界，知道他们所追求的目标在哪里，有哪些唯恐为天下人取笑的忌讳，用来鉴古知今，并且由自己做起，那么社会风气之端正就会很快了。

三、《三国演义》可以分成哪四大阶段

我们把《三国演义》分成四个阶段，分别为桃园三结义、诸葛亮出山、大意失荆州、三国归一统。现分别说明如下：

1. 桃园三结义

要完成大事，凭个人单打独斗根本不可能。刘备虽贵为中山靖王之后、汉景帝玄孙，如果不能获得有力人士的支持，恐怕穷其一生也难有作为。

有力人士，最好是有钱的金主，以及有势的力主。张飞生财有道，堪称金主；关羽武艺高强，当然是力主。刘备素有大志，平日专好结交天下豪杰，如今遇见这两位难得的人才，自然不肯放过。他想三人结为异姓兄弟，协力同心，必然可图大事。关、张两人欣然同意，在张飞庄后桃园中，焚香祭告天地，不求同年同月同日生，但愿同年同月同日死。从此，有了坚强的组织，具备了高度执行力。不过因为缺乏令人注目的成果展现，仍然吸引不了大家的眼光。战乱中三人救了董卓一命，由于没有身份，董卓对其也十分轻视。尽管他们屡次建功，也等了好久才奉派为小县令，倍受督邮的勒索。直到关羽温酒斩华雄，才获得曹操的嘉许。三英战吕布，让曹操对其更加器重，为刘备引见汉献帝，让汉献帝认刘备为皇叔。曹操煮酒论英雄，更是把刘备拉抬为当世少见的英雄。桃园三结义，加上曹操的赏识和提供的机会，使刘备集团的潜力，为水镜集团所重视，乃为其推介诸葛亮，充当其职业经理人，这才有了后来的蜀国。

2. 诸葛亮出山

水镜集团由司马徽出面，先布局，再造势，使刘备三顾茅庐，诸葛亮提出"三分天下"的隆中对策，前呼后拥地应聘上任。然后新官上任三把火，把自己人和外人全都摆平。

这个人才集团，先把诸葛瑾和鲁肃安排在东吴集团，以制衡曹操集团。现在看到刘备集团甚具潜力，而且缺乏军师，正陷于困境，于是决定布局，引出诸葛亮。

时间方面，选定刘备跃马檀溪，惊魂未定，看到南漳美景，充满好奇心的时刻，派出牧童跨坐牛背，口吹短笛，见面就说出刘备姓名。然后介绍师父司马徽，为刘备引见水镜先生。水镜先生趁机指出刘备至今落魄的真正原因在左右不得其人。刘备被击中要害，赶忙请问，奇才何在？司马

徽只提卧龙、凤雏，不谈细节，给刘备留下了十分深刻的印象。

接着徐庶出场，表现得让刘备衷心折服。徐庶离职前力荐诸葛亮，全力为诸葛亮造势。三顾茅庐，把诸葛亮捧得天高，诸葛亮这才推出隆中对策，使刘备对三分天下确信不疑。诸葛亮出山后，几番出奇制胜，对内摆平所有同人，对外让曹操、孙权都刮目相看，奠定了顶级军师的坚定地位。水镜集团完全掌控了刘备集团的人心，实在是最佳的控股方式。诸葛亮完成隆中对策的使命，将蜀国推到了三国鼎立的地步。

3. 大意失荆州

魏、蜀、吴三大集团，一大二小，若是坚持二小联合对抗一大，天下殊难统一。让魏国消灭二小，又不合天道人心。为了打破僵局，促进天下早日统一，唯有打破蜀国的联吴政策，再使魏国传入他人手中，才能三国归一。

要打破吴、蜀联盟，关键点在荆州。因为诸葛亮向东吴借荆州后，一直拖延不还，使孙权耿耿于怀。诸葛亮气死周瑜之后，水镜集团的鲁肃继任东吴大都督，原本以为吴、蜀可以相安无事，协力抗曹。不料孙权几次差遣诸葛瑾、鲁肃，向刘备索还荆州，好像不还不行。吕蒙接任都督后，即屯兵陆口，时刻留意荆州动态，准备随时夺回荆州。诸葛亮委派关羽镇守荆州，关羽丝毫不敢怠慢。吕蒙于是和陆逊商议，自己托病请辞，荐由陆逊继任都督。陆逊年轻，关羽不把他放在眼里。陆逊又差人呈书备礼，用高帽子策略将关羽捧得高高的，让他完全失去戒心。吕蒙则率部众伪装客商，将关羽所设烽火台上的官兵缚倒，长驱直入取得荆州。关羽大意失荆州，吕蒙又设计活擒了关羽父子。孙权劝降无效，将关羽父子推出斩了。张飞闻讯悲痛异常，神思昏乱，限部将三日内制办白旗白甲，三军挂孝伐吴，终为部将所杀。刘备这时已是汉中王，为了履行桃园三结义的誓言，不顾诸葛亮的反对，誓死攻打东吴，为两位弟弟报仇，因此病死白帝城。刘、关、张相继死亡，蜀国元气大伤，又和东吴结下深仇大恨，二小抗一大的盟约彻底毁灭。三国鼎立的局势，由取得荆州而建立，也由失去荆州而解体。

4. 三国归一统

《三国演义》的结局，是晋王司马炎比照汉献帝禅位曹丕的故事，接受了曹奂的禅让，即位为晋武帝。那时候曹操、刘备、孙权都已经归天。刘备的儿子刘禅低头向魏国称臣，迁居洛阳，乐不思蜀了。东吴的孙皓，是孙权的长孙，在三国时代以最残忍、最暴虐而闻名。前后在位十几年，孙皓杀忠臣四十余人。晋武帝兴兵讨伐，孙皓大惊，把自己绑起来，率领文武百官向晋投降。

司马炎统一天下，在位二十五年。他能够迫使曹奂退位，实际上要感谢祖父司马懿的老谋深算，耐心等待。东汉十三位皇帝，除了光武帝刘秀和汉明帝刘庄是成年后担当大位之外，其他都是未成年就登基，甚至孩童时期就糊里糊涂地当了皇帝。汉桓帝、汉灵帝只活到三十几岁，已经算是长寿，另有几位连10岁生日的机会都没有。所以皇权旁落，宦官、外戚当权，以致互相残杀，动荡不安。

曹操挟天子以令诸侯，加上"宁教我负天下人，休教天下人负我"的狂语，当然不能够让曹氏统一天下。孙权生性多疑，杀人如麻，这样残暴的君王，也不能担当统一大任。因此，水镜集团才看上刘备集团，千方百计推出主要成员诸葛亮。司马徽心中有数：卧龙虽得其主，不得其时，惜哉！后来刘备急于复仇，兵败猇亭。诸葛亮辅助幼主刘禅，虽然六出祁山，却遇到司马懿的阻挡，弄得精疲力竭。司马懿吸取各方的宝贵经验，加上能屈能伸，耐力极强，逐渐将魏国的军政、经济大权，都揽在手里。司马氏一统天下，似乎是相当勉强的事情，所以，晋武帝实现全国统一刚十年，便发生了贾后之乱和八王之乱，引起五胡乱华。可见不能以德统一的天下，

维持的时间也不长久。

桃园三结义种下三国鼎立的因,诸葛亮出山促成三国互争统一天下的果。大意失荆州种下三国归一的因,司马炎篡位,结成三国归一统的果。

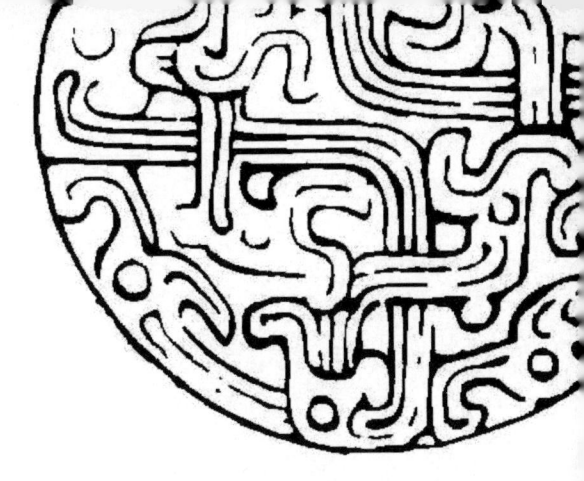

第一部
桃园三结义

曹操年轻的时候，就加入了一家规模宏大的集团公司。主持人汉灵帝昏庸无知，又不务正业。大将军何进和宦官组成的十常侍，两大派系恶斗不休。加上黄巾起义，声势浩大。朝廷一片混乱。为了应对内忧外患，汉灵帝密召西凉刺史董卓入京。汉灵帝驾崩，董卓废汉少帝立汉献帝，掌握军政大权，又引起各地方势力的不满，组成讨董联军。由于各怀鬼胎，缺乏协同精神，讨董联军反因内部矛盾而解体。曹操行刺董卓不成，回乡募集黄巾余党，以大义昭告天下，誓要扫清华夏，剿灭群凶。

公司派闹得太不像话，曹操运用市场派的势力，来控制公司的运营，这是曹操集团起家的主要策略。

孙坚是一位骁勇善战的虎将，少年时代就威震四方，被任命为长沙太守，又被封为乌程侯，后不幸在战斗中被荆州刘表的部将黄祖用箭射死。孙策继承父业，用孙坚所藏匿的玉玺，向南阳太守袁术借兵三千，攻占了江东市场。东吴这一家族公司，孙坚是发起人，孙策才是集团的首任领导人。他那"小霸王"的名声，使得曹操也不敢轻视，只好借汉献帝的名义，封他为讨逆将军。孙策病死后，孙权继承了父兄的基业，东吴成为典型的家族企业集团。

刘备可以说是白手起家的个体户，28岁[①]时还穷困不堪，以编草席、做草鞋为业，过苦日子。要不是关羽、张飞看他胸怀大志，又是汉室后裔，愿意和他结义，同心协力创造一番事业，恐怕他一辈子也闯不出什么名堂。个人能力有限，不如找几个志同道合的朋友，共同创业，这是刘备的经营理念。合伙做生意，资本比较雄厚，也比较容易网罗人才。但是合伙人容易变节，蜜月期间如胶似漆，一旦赚钱就会因利而翻脸。刘备未雨绸缪，先见及此。好不容易找到关、张这样如意的合伙人，赶快结义为盟，以求长期合作，而且彼此信任。个体户联合起来，照样可以做大。桃园三结义是良好的开始，对刘备集团的兴起，具有十分关键的作用。后来，果然吸引力较大，马上有人加盟。

不论是曹操的股份公司、孙权的家族公司，还是刘备的合伙企业，他们所面临的都是同一个市场。他们不可能各走各的路，彼此不相干，必须你争我夺，做大自己的市场。一旦占有率够大，便可以统一天下，成为同业共主。《三国演义》，实际上是从桃园三结义开始的，可见其重要性。

三个公司的形态、经营者的性格以及所采取的策略各有不同，但是经营的目标——做大做强，则是一致的。

曹操先推举司隶校尉渤海太守袁绍为反董联军的首领，企求内部改革。后来运用市场派的力量，用"奉天子以令不臣"的方式，取得相当的势力。逐渐演变为"挟天子以令诸侯"，这才引起各方的不满，被当作汉贼，为刘备以皇叔身份讨伐之提供了正当性。但是刘备毕竟势力单薄，只好到处闯荡。他由于曹操的抬举，被奉为当世英雄，逐渐引起各方的注意。为了取得市场区隔，刘备不断推出仁德形象，以彰显曹操的阴险奸诈。倒是孙权固守江东，默默经营，被曹操封为将军，结为外应。此时刘备集团的当务

[①] 本书中所提到人物的年纪是指《三国演义》中所述，并非历史上的确切年纪。本书依据的是演义小说中的情节和故事来说明道理，并非正史。——编者注

之急，应该是寻求立足之地，做好自己的定位，然后才能够谋求发展。

从显秩序来看，这个阶段的主角好像是曹操、孙权和刘备。他们各有理想，也都闯出了一片天地。虽然，刘备尚未有立足的基地，却由于曹操煮酒论英雄时，把当时的知名人士，如淮南袁术、河北袁绍、荆州刘表、益州刘璋等，都批评得一文不值，只把这位亲自在后园浇水种菜的刘备，捧成和他相提并论的英雄，因而使刘备名闻天下。这三人的互动，几乎可以决定未来的动向。

然而从隐秩序来评估，这一阶段的灵魂人物，应该是关羽。好像谁能够得到他真心的拥戴，谁便是今后的最大赢家。试问：刘备如果没有关羽相助，在战场上有多大胜算？在当时动乱的时期，一切唯力是尚。谁的武艺高强，谁便能够令人刮目相看。当时的武将很多，孙坚、吕布、张飞、华雄、颜良、文丑、于禁、典韦、张辽、孙策、夏侯惇，何止数十位。然而，论忠诚、讲义气，关羽无论怎样，都名列第一。所以，隐秩序把焦点放在关羽身上，最为合理。曹操爱才，却斩杀了吕布，原因是怕他还会叛变。关羽在土山约三事，明白地告诉曹操，他坚持一听到刘备的消息，便要离曹操而去。这种做法和叛变有什么不同？但是曹操居然也答应下来。若不是显秩序受到隐秩序的影响，怎么可能如此！

关羽自己不可能知道这种讯息。因为隐秩序不明言，也不会透露这种讯息给他。在不知不觉中考验众人的智慧是隐秩序的常规方式。关羽心甘情愿地和刘备结义，还要看刘备是不是同样有仁义和修养，会不会变节。所以，未来的变数还有很多，必须步步为营，谨慎小心！

第一章
在乱世中安身立命的奥秘

为什么人心会变,有时候想分,有时候想合呢?时至今日,我们应该明白,合才是常,而分则是变。全球化表示人类即将趋于统合,国际化代表世界将会有某种程度的统一。从时势的演变来推论,现在正是合的时期。因为科技发展,毁灭性武器太过厉害,人类已经没有战争的本钱,有鉴于此,因而人心思合,皆朝统一的方向而努力。

一、显隐秩序：一阴一阳之谓道

　　天下的事情，不论大小，都有一个道理存在。大到宇宙的广大，小至昆虫的微细，无不如此。事物易见而有迹，道理却是难知而无形。一般人只看重有形有迹的事物，殊不知最终的决定力量，实际上来自看不见的道理，我们把它称为"看不见的手"。这只看不见的手，并不是人所能够控制的，却成为人人所共同行走的大道。

　　这只看不见的手，先使刘备、关羽、张飞这三个素不相识的汉子聚合在一起。借着张飞和关羽的智勇武艺、刘备的谦卑劝阻，促成了三人的因义结盟，成为生死兄弟。他们的义气，感动天地。但是，他们的誓言，却种下了不幸的祸端。那句"虽非同年同月同日生，但愿同年同月同日死"的誓言，被传为美谈。从人心的角度来看，表示三人都没有二心。然而站在道心的立场，这显然是一种私欲，而不是公心。这三个人仍待时间的考验，有机会成就大事，却并无把握。

　　何皇后的兄长何进将军，心中常怀有除掉十常侍的大恨，这只看不见的手先让他有机会拥立刘辩登上皇帝大位，再使何太后出面为十常侍求情，才想出号召四方英雄豪杰，带兵进京除去宦党的计策。于是引狼入室，把西凉刺史董卓引进京城。十常侍狗急跳墙，杀了何进。董卓趁乱杀入内宫，东汉末年的宦官势力，因此彻底灭亡。董卓仗着军多势大，闹得京城内外惶恐不安。这只看不见的手，为了使他早日毁灭，安排李肃说服吕布杀丁原，吕布又拜董卓为义父。

大家拿董卓没有办法，曹操自愿以呈献宝刀为名刺杀董卓，令大家十分感动。曹操行刺董卓不成，实际上是一件好事。这只看不见的手，有意借董卓的通缉，来抬高曹操的身份，以便号召有志气的英雄豪杰。果然陈宫第一个响应，辞掉县令不做，情愿追随曹操，共同为未来而奋斗。

一提起曹操，有些人就骂他是一代奸雄。有些人在指责之余，又觉得其不无可人之处，至少称得上一个了不起的人物。他出身宦官家庭，被很多人看不起，却能够在军阀兴风作乱中，登上政治舞台，令人不得不刮目相看。给曹操机会，表示上天是公正的。他在何进召集外将进京时，表示反对，看到袁绍占据河北，志满意足的样子，相当不以为然，后来又首倡义师，声讨董卓。这些都是高明的举动，在当时至为难得。可惜夜宿吕伯奢家时，他错杀七八个人。还要明知故犯，一剑砍下吕伯奢的头，说出"宁教我负天下人，休教天下人负我"的狂言，这注定他一生奔波劳累，终究无法安定天下。

这只看不见的手，不得不保持活动，在许多人的身上游走，而不敢固定落在某一个人身上。

对于这只看不见的手，神本位的人，把它称为神，认为神高高在上，是人们的主宰，必须信仰它、服从它、崇拜它。而我们中华民族相信人本位，认为人只要敬天、事天、顺天，凡事按照自然规律，便可以拥有高度的自主权，充分发挥创造性和自由意志，成为万物之灵。我们喜欢用天、上天、老天，甚至称老天爷，来代表自然的规律，显得格外亲切而自然。

现代科学家把有形有迹、看得见的现象，称为显秩序，而将无形无迹、看不见的变化，称为隐秩序。实际上也不过是"一阴一阳之谓道"的现代诠释，和《易经》所揭示的自然哲理十分契合。这只看不见的手，既没有必然性，也不是偶然性。前者出现在"真命天子"身上，非他莫属，也非他不可，就算真的具有这种必然性，结果也不尽相同，可见仍然含有相当的偶然性。后者指"群雄相争"看谁能够最后胜出。即使充满了偶然性，最后推究起来，也有其必然性，似乎一开始便注定某人一定占上风，其他的人无非在配合而已。我们最好把必然性和偶然性合起来想，不要分开来看，这样比较容易看出端倪，做出正确判断。

隐秩序不像显秩序那样具有组织和规矩，它所依赖的是心意相通，彼此的观念相近，十分有默契。它的弹性极大，好像十分松散，以致被视为缺乏弹性。我们常说"心中有一把尺"，便是指这种隐秩序而言。现代社会过分重视显秩序，把原有的这把尺给丢掉了。导致愈来愈多的人，秉持"只要不犯法，什么事情都可以做"的想法，于是品德愈来愈差。

《三国演义》颇能兼顾显秩序和隐秩序，把某些隐而不现的部分也描述出来。我们现在来看，这本书在时间上，取得安全距离；在立场上，又拥有更为客观的优势。所以对于这只看不见的手，能做出更多的揣测。旁观者总比当时人物的当局者要清醒得多。当然，也免不了很多事后诸葛亮式的陈述，还请大家多多海涵。

二、事在人为："分久必合，合久必分"的规律

《三国演义》第一回，开篇便说：天下大势，分久必合，合久必分。这告诉我们一个十分重要的道理：一切都事在人为。分久了，人心想着要合，

天下就统一了；合久了，产生很多矛盾，彼此不能协调，人心急着要分，天下就分裂了。看起来是自然的趋势，我们称为天意；实际上是人为的，都取决于人心。周朝末年七国纷争，弄得民不聊生，人们盼望早日统一，最后并于秦。秦灭引起楚汉纷争，又造成西汉的统一。东汉末年天下大乱，后来三国鼎立，暗示大家最后也会统一。

为什么人心会变，有时候想分，有时候想合呢？时至今日，我们应该明白，合才是常，而分则是变。全球化表示人类即将趋于统合，国际化代表世界将会有某种程度的统一。从时势的演变来推论，现在正是合的时期。因为科技发展，毁灭性的武器太过厉害，人类已经没有战争的本钱，大家有鉴于此，因而人心思合，朝统一的方向而努力！

最重要的是：合的时候要避免分的因素，分的时候应该制造合的气氛。合久必分，表示合的时候，已经种下很多分的因素，日积月累，终于爆发成分的局面。分久必合，同样表示分的时候，必须产生很多合的缘由，才会在时机成熟时统合在一起。而这种种，都在于人为。所以人心的变化才是至关重要的。《三国演义》的故事开始于公元184年，当时人心思乱，盗贼蜂起。中原和边境地区爆发了黄巾起义，摧残了东汉王朝，这才产生很多曲折的情节。

我们从中国的历史来看，百姓渴望统一远大于分。这和西方历史的分大于合，呈现了不一样的心态，也影响了东西方对事物的不同理解。

在古老的中国，农民发展出一套农业灌溉系统。农民必须和睦相处，以便共同用心，并且确保没有人动歪脑筋搞鬼。西方文化则根植于希腊，他们较多自力经营农地、种植葡萄和橄榄，就像个别的商人那样，可以独自完成任务。因此，凡事以个人为主，随时保持竞争的心态。东方人多，社会互动比较复杂，必须更加注意别人的反应。西方人稀少，社会互动相对单纯，所以个体性强。甚至于日常生活、观念和态度也不一样。譬如吃饭，中国人把所有的菜肴放在桌上，多个人坐在一起，各取所需。西方人则每人一份，就算坐在同一桌，也是各吃各的，互不干扰。分合之间的选择，东西方显然有差异。

但是，分了以后要合，往往诉诸武力。换句话说，打到统一为止。而合了之后要分，好像也是非打不可。打来打去，倒霉的是老百姓，跟着打，却不知道为什么。三国时期，由于汉室不振，中央集权弱得控制不了地方势力。如果以西方的观点，干脆各自独立，也就算了。但是在中国人看来，那就是叛乱，非加以剿灭不可。自己出面剿灭则是为了保护皇室朝廷，正气凛然。在这种情况下，先天下之忧而忧、后天下之乐而乐的忧患意识特别高涨。中华民族得以凝聚、同化、生存、发展，其实有赖于这种合的精神力量。

三、黄巾起义：一定要做好组织传承工作

任何行动都需要正当的理由，才能够号召大众，产生力量。张角兄弟既没有良好的学历，又没有什么社会地位，要想起义，谈何容易！因此巧立名目，等待时机，往往成为有心人的共同策略，这叫作守时待命。

守时方面，汉桓帝禁锢善类，相信宦官，已经种下宦官弄权的祸端。汉灵帝年幼，由大将军窦武、太傅陈蕃共同辅佐。于是官僚与宦官斗争，宦官居于上风，十大宦官朋比为奸，称为"十常侍"。随着各种不祥征兆纷纷出现，起义时机已到。

我们看到桓、灵二帝的昏庸和无能，一定有这样的怀疑：如此不贤无能的人，怎么可以担当这样的重责大任？难道老天无眼，不能体恤老百姓的痛苦吗？

这就是显秩序不能圆满的无奈，必须借助隐秩序，才能取得互补。谁当皇帝？按理应由显秩序来决定。但是人类的语言、文字本身就有一定障碍。加上人为的弊端，甚至恶意的破坏，显秩序不可能十全十美。也就是有利有弊，有相对的好坏，而不能绝对地良善。譬如皇帝的任期，若是不加限制，为君者非做到终老不可。年轻时缺乏经验，年老后贪得无厌。假定有所限制，那就三年官两年满，刚接任一切还待摸索，快到任了整天闲荡，把烂摊子留给下一任。这还算好的，遇到那种抓紧时间、尽力搜刮财物、全力充实自家，不管百姓的死活，岂不是更加可怕？再说皇帝产生的方式，那就更难评断。不论哪种方式，都有一大堆问题。现代人干脆废掉帝制，看起来倒也聪明。

汉灵帝依靠显秩序当上皇帝，隐秩序让宦官曹节等弄权，又促使窦武、陈蕃谋害宦官，结果反为其所害。这种方式，使宦官更为专横。同时，通过各种异常的自然现象，希望能够唤醒众人，赶快想办法改善。实际上，使不贤无能的人当上皇帝，是显秩序的功能。而使将要登上皇帝宝座的人先不贤无能，却是隐秩序的独门功夫。老天有眼，只是不明言而已。

待命方面，张角入山采药，遇仙人授以太平要术。使他能呼风唤雨，为人治病，于是自号"太平道人"，以"苍天已死，黄天当立"为号召，用"甲子"做代号起义。百姓参与行动的，多达四五十万人。人人头裹黄巾，被朝廷称为"黄巾贼"。

历来改朝换代，或者合而又分，都是由于朝纲不振。老百姓不能安居乐业，这才人心思变，引起各种动乱。当时的情况，正是如此。难怪黄巾起义，声势愈来愈浩大。

说起来，当皇帝也实在不容易。相信官员，官员会造反；相信宦官，宦官会弄权；相信外戚，外戚就趁机胡作非为。采取中央集权，大家又认为太过霸道，会导致灭亡。汉代采取地方分权，又造成各地的军阀势力崛起。黄巾起义，正好给这些地方势力找到正当的借口，表面上是朝廷需要，实际上是他们趁机扩充自己的势力。一旦势力到了相当的程度，那就挟天子以令诸侯。《三国演义》从桓、灵二帝的乱源和黄巾起义的导火线说起，实在是事出有因。

尧禅位给舜，舜把王位礼让给禹，这种大家引以为荣的优良禅让方式，为什么传不下去？为什么一定要由"公天下"变为"私天下"，然后大家虽群情激愤，却又无可奈何呢？

因为尧传位给舜，舜并没有把尧全家杀死，没有采取斩草除根的方式永绝后患。倘若当年舜起了邪恶的念头，把尧的家人处死，大概舜自己也不敢禅让于禹，而禹也不知道应该怎么办才妥当。可见，传位的人和继位的人要把传承工作做好，双方都有很大的责任。

一直到现在，我们依然十分关心，接任的人是谁？是自己人，那就比较安心。至少不会被翻旧账，并且加以抹黑，否则离职之后，可能还不得安宁。任何职位的人，都会处心积虑，千方百计，想要安排自己人继位。这样说不定自己离开以后，继任者还可以为旧人讲讲话，继续发挥影响力。何况皇室权力无限大，哪里肯轻易放过，拱手让给别人？

就算坐轿的想下来，抬轿的也大多不肯罢休，非抬不可，而且一定要抬这一家人，目的无非是要保存既得利益。汉桓帝宠信宦官，即使他自己想把皇位禅让给天下的贤士，以仿效尧舜所为，宦官也不肯从命。弄权的人，尝过权力的滋味，总是至死才不得不放手的。

这皇位放手不了，继承不得。造成子孙一个比一个痛苦，连累了无辜的百姓也跟着受害。近百年间，打来又打去，杀来又杀去。难怪到了最后，群臣迫汉帝逊位，简直到了穷凶极恶的地步。而黄巾起义，就选在这样的时机。人心思乱，盗贼蜂起，不乘势取天下，更待何时！

四、天象异变：隐秩序在操纵一切

就显秩序来说，大青蛇出现，大雷雨加上冰雹，地震、海水倒灌，都不过是一些自然现象，并不值得大惊小怪。现代科学技术发达，很容易解释其原因，加以统计和比较，便可以得出相当正确的解释。

然而，实际上并非如此。我们从科学报告上可以看出多种解释，彼此的解释未尽相同；而比较的结果，也各有不一样的分析。因为科学的认知，毕竟还是有限的，而科学家也不敢否认，有一只看不见的手，尽管说法不一样，却隐隐约约地在发挥作用，很难不加以理会。

隐秩序无形无迹，除了通过人来透露，异常的自然现象也是常用的媒介。我们把它称为征兆，这其实就是一种对人类的警告或惩戒。大地震之前，一般动物似乎都有预感，做出若干反应。只有人类茫然而没有感觉，宣称地震是不能预测的，以此来自我安慰。

汉灵帝的宫殿里出现大青蛇，从梁上飞下来，蟠在椅上。这种现象，按理不可能发生。雌鸡变成雄鸡更是奇怪。地震、海水倒灌这些现象，若是接二连三地到来，恐怕都有人为的破坏因素掺杂其中。议郎蔡邕上书，说大青蛇出现和雌鸡变成雄鸡，是妇人干政的警讯。听起来十分牵强，但若是把它看成一种对皇帝的警示，不管两者有没有关联，都不免是下对上沟通的权宜方式。结果皇帝却对他施加罪名，将蔡邕罢官，放归故里。这更加证明当时的朝政败坏，以致人心思乱、盗贼蜂起。

五、黄巾余党投降遭拒：要准确衡量形势的转变

汉高祖起义时，尽量招降纳叛，所以队伍发展得很快。彼时黄巾起义

的余党韩忠愿意向官府投降,结果官府将领朱隽却不接受他的投降。起义成功,便称为义军,各方势力前来归顺,也是正当的义举。起义失败,就叫作乱党,失败了想投降,还要看朝廷的脸色。势力壮大如梁山泊,当然就能获得招安。

现在张角兄弟败亡,只剩下若干余党,被朱隽当作最后的目标,当然以不能长贼寇投机取巧的歪脑筋之风,于是对投降予以拒绝。

这一切都是形势决定的,因为形势比人强,可以左右决策。不同的反应,称为此一时、彼一时也。不一样的遭遇,叫作时也,命也。朝廷形势大好,谁也不敢兴兵作乱,也没有什么人会起义。就算有人蛮干,朝廷也可以放心地指挥各地军力,尽速平定祸乱。当时的东汉王朝,腐败无能,又逢黄巾起义,不得不增加各地军阀的权力。于是形势所逼,眼看各地军阀互相争夺地盘,却无力阻止。

我们相信朱隽借口韩忠造反失利才投降,善门难开,并没有征得上级的同意,不过是他自己的主张,为了趁机壮大自己的势力。果然,他的战功使皇上龙颜大悦,被封为车骑将军。刘备的形势就远不如他,劝朱隽接受韩忠投降不成,建议独攻西北,留东南待韩忠弃城出走时将他射杀。关、张二人在此期间也多有表现,却不能获得应有的奖赏。

要投降,也应该称称自己的分量。斤两够重,自然能够被接受;斤两不够重,想投降都不可能。时时衡量形势的转变,称量自己的轻重,才叫作有自知之明,方有利于决策。

六、何进被害:得到机会还要会把握时机

我们常说"近水楼台先得月",意思是得地利之便,往往能捷足先登,

其实也未必如此。何进是何皇后的兄长，位居大将军。当朝廷动乱，十常侍结党为非作歹时，袁绍就已建议何进，必须设法铲除宦官的势力，以免受害。可惜何进学识经验都不足，加上犹豫不定，不但坐失良机，反为十常侍所杀。

不仅何进如此，当时的袁绍、袁术兄弟，也是占尽地利，结果却毫无所得。大凡成大事、立大业的人士，除了有才略、得机会之外，更重要的是要有学问。自己心中先要有一些定见，才能够见机行事而大展宏图。

何进和他的妹妹何皇后，得到大好的机会，却由于学识不足，判断力差而坐失良机。他不接受主簿陈琳的劝阻，居然听从袁绍的建议，召四方英雄之士带兵来京，以致恶势力未除，新豺狼紧跟着进来，天下更加动乱不安。

袁绍有姿貌威容，与其弟袁术，都有侠义之气，却不脱富贵子弟的坏习惯。他劝何进召董卓入京，实在是造成汉室祸乱的主要原因。袁绍当然是责有攸归，但是，何进自己也缺乏决断能力。这一群有地位、无学问的大臣，才是真正对不起汉室的人。把祸根推给十常侍，实在并不合适。小人得意，正人君子受害，只是动听的借口。实际上正人君子不能尽责，不够分量抵御小人的勾当，才是真正的祸源。一大堆废物，平日摆着，还相当好看，一旦有事，却没有一个管用，这才是组织的最大缺失。学问的重要性，也只有在这种时机，才能显现出来。

七、董卓干预皇帝废立：不要用问题去解决问题

西凉刺史董卓，破黄巾无功，朝廷将治其罪，因贿赂十常侍而幸免。后又结托朝贵，出任显官，统大军20万，常有不臣的念头。

何进大将军出于私利，接受了袁绍的建议，暗差使者号召各地方势力前来助阵。这种情况，有如总公司的派系斗争。某派首脑，私自通知各地分公司。董卓这位分公司领导，正好抓住机会，指派女婿中郎将牛辅守住陇西。自己率领谋士李儒，大将郭汜、张济、樊稠等人，提兵往洛阳进发。

总公司重要干部，素知董卓为人面善心狠，与豺狼无异，便劝何进阻止董卓入京，何进拒不接受，因而离职他去的干部，为数甚多。何进为十常侍所杀，董卓趁机废汉少帝改立陈留王为汉献帝，自己则为相国，威福无比。

我们经常为了解决一个棘手的问题，结果却造成更为严重的后遗症。如同何进召董卓入朝，等于引狼入室。做决策的何进，并未亲眼看到这种恶果。他自己先被杀害，而使后来的君臣，都遭受很大的牵连。决策时不但要想到自己，还要考虑到后代子孙，在此获得明证。

董卓进京途中，遇到汉少帝及陈留王逃难在外，正要还都。他和陈留王几句对答，已经有了废立的意思。表面上陈留王自始至终并无失语，实际上皇帝由自己废立，当然更方便控制。尤其汉少帝并无分毫过失，而且聪明仁智，凭什么要废他？董卓的想法刚好相反，就是因为没有理由废掉汉少帝，偏要找理由废掉，这样大家才会知道他的厉害。存心不良的人，经常喜欢做出令人不解的举动，原因即在此。

第二章
刘备白手起家最终成功的奥秘

刘备待人诚恳，聪明机警，十分受人欢迎，以他这种人中英雄来号召关羽和张飞，成功率很高。如果自古以来，那么多的异姓结拜兄弟都很有成就，恐怕大家也不至于如此重视刘、关、张结义了。"义"这个字，说起来容易，真正做起来，非常不简单。并不是一时兴起，便可以随便结义的。

一、刘、关、张结义：与志同道合者联盟

刘备，字玄德，幼年丧父，和母亲相依为命，家境清寒，以编织草席、贩卖草鞋为生。由于祖先是汉景帝的儿子中山靖王刘胜，常觉得自己有破贼安民、维护汉室的责任。因此热衷于结交天下义士，并不太专心读书。

他很会看人。他看到关羽和张飞的武艺高强，心想若是他们有共同的理想，密切合作，应当能够产生更大的力量，做出一番大事，于是与他们结拜为异姓兄弟。

刘备先认识的张飞，张飞有一些资财，可以拿出来招募乡勇，而且与他志同道合，愿意同举大事。关羽原本是外地人，因为在家乡杀了恶霸，逃难在外，才和刘备、张飞认识。三人愈谈愈起劲，既然有意同心协力，救困扶危，上报国家，下安黎民百姓，当然结拜为兄弟，发誓齐心一致。他们都愿意跟着刘备这位大哥，要干出一番大事业！

我们奉劝各位，少动这种脑筋为妙。当今社会，各种组织已经相当繁多而且周密，用不着这种方式。万一找错了联盟对象怎么办？这种以性命做赌注的结拜，除非准备赖账，否则千万不要轻易答应。

朋友之间，可以采取谨慎的态度，逐渐加深彼此的认识，拉近彼此的距离，但是结拜这种事情，能避免则避免，以策安全。特别是现代社会，变动性很大，谁也料不到以后会变成什么样子。多交一些朋友，少动结拜的脑筋，是很明智的做法。

当然，刘备会这样做，有其特殊原因，分述如下：

刘备为皇族的后代，从小存有做皇帝的梦想。可惜幼年丧父，家境贫穷。到了28岁，仍然以贩卖草席为生。幸好他15岁时，便开始游学，在汉末名臣卢植处学习。既有远大的抱负，又有识人的能力，看到关羽、张飞这样的人才，当然不肯轻易放过。虽然他此时没有什么名位，却也隐约可以看出领袖人物的风度。所以，抓住良好机会，一开口便获得两人的回应。

刘备待人诚恳，聪明机警，十分受人欢迎，以他这种人中英雄来号召关羽和张飞，成功率很高。关羽最喜欢读《春秋》《左传》，是一位富有正义感的豪侠。而张飞声若洪钟，很喜欢以武会友。三位都是了不起的人物，彼此的能量和频率十分相近，社会又有聚合人才的需要，刘备看天时、地利、人和三种条件俱全，自然提出结义的呼吁。

黄巾举事时，申言"汉运将终，大圣人出"，无形中引起三人的共同心愿。刘备自我介绍："我本汉室宗亲。"张飞自称"颇有资财"，关羽又刚好"逃难江湖"。他们心中都有一种默契，要联合起来，做出一番大事。果然皇天不负苦心人，桃园三结义对当时时局产生了很大作用。但是，正因为它是十分特殊的事例，所以流传至今，仍然被人津津乐道。如果自古以来，那么多的异姓结拜兄弟，都很有成就，恐怕大家也不至于如此重视刘、关、张三结义了。"义"这个字，说起来容易，真正做起来，绝非易事。并不是一时兴起，便可以随便结义的。

中国人重视伦理，讲究亲疏有别。自家兄弟，当然血浓于水，十分亲密。友情也很可贵，但和兄弟比较起来，终究有一些差别。于是，人们想出一种结拜为异姓兄弟的方式，把朋友的关系加深，使其和兄弟一样，甚或更加密切。这种方式，并不是从刘、关、张结义才开始的。但是，我们最看重他们的结义，理由有三：

其一，刘备、关羽、张飞是三国时期叱咤风云、赫赫有名的人物，他们的作为，不但在当时产生很大的影响，而且对于后世，也有重大的影响。

其二，结拜的时候，人们通常都会对天发誓：虽非同年同月同日生，但愿同年同月同日死。实际上真正做到的并不多，刘、关、张却能够说到做到。尤其是关羽遇害、张飞被部将砍杀后，那时候刘备已经当了汉中王，还能够不顾一切，替兄弟报仇，因而病死在白帝城，实在难能可贵。虽然说他的决定不见得正确，但就结义这件事情来看，遵守誓言，永不违背，刘备确实做到了。

其三，关羽和张飞的武艺都十分高强，在当时的环境中，想要独立门户，自立为王，也有很多机会。尤其是关羽，得到曹操的赏识和礼遇远在刘备之上。但他却能够忠贞不贰，不为曹操所动。小沛战败，刘、关、张失散之后，张飞在古城聚集三五千人马，也有相当的势力，后来一听到刘备的消息，也和关羽一样，马上投奔刘备。这种忠义精神，使得桃园三结义深入人心。

二、关羽追随刘备：顺应天理者得人心

人类在不懂得组织之前，已经过着群居的生活，有如没有气球以前，宇宙就已经充满了各种气体一样。那时候人类的生活秩序，取法于自然，因为人类本来就是自然的一部分，当然按照自然的规律，形成生活的秩序。科学不断发展，人类制造的气球，也愈来愈坚牢、美观、实用。但是气球

里面的气体，仍然是来自大自然的。不过是成分的选择稍有不同而已。人类在生活秩序中，逐渐产生各自的人生观和价值观，然后汇集成了群体的共同意识，于是开始建立不一样的显秩序，却对显秩序的来源，逐渐模糊、陌生，甚至于忽略、否认。对原有的隐秩序，由于其无形无迹，而不敢承认，或者有意回避，把它称为看不见的手，神秘而难以确定。

秦始皇把秦帝国这个超大型的气球创造出来，果然光彩夺目。但也由于种种原因，很快就遭毁灭。汉高祖更换气球里的气体，改头换面，把标志改为汉帝国。以黄老思想为基础，建立了十分良好的显秩序，不断与隐秩序互动，倒也顺利取得彼此的协调。传到桓、灵二帝，气球内的气体产生排斥。大量有德有才或无德有才的人，不能得到朝廷的重视，求职无门，于是东奔西闯，争夺生存和发展的空间。黄巾起义，成为各种势力纷争的导火线。门阀贵胄、割据各地的世家、各类英雄豪杰，趁机而起。在超大气球之外，出现了各式各样、大小不一的气球，互相撞击和兼并。

表面看起来，曹操、孙权和刘备，是台面上的核心人物，个个有理想，也有相当的实力。但是，真正的核心人物，则非关羽莫属。这是一般人不容易看出来的奥妙之处，恐怕关羽自己也不清楚，从来不敢如此认定。假设一下，如果关羽投靠曹操，情况会怎么样？很可能天下很快就被曹操统一了。

若是关羽和东吴联手，刘备根本就不能成气候。趁曹操还站不稳的时候，先帮助孙坚打垮董卓，再随孙策收复江东，然后杀袁绍、除曹操，天下也就统一了。问题是，这样的统一，果真符合人民的愿望吗？真的合乎天意吗？

曹操搞坏了社会风气，东吴孙家父子以意气相投来收纳人才，并没有什么远大的理想。关羽注定要和刘备结义，来促使曹操和孙家父子反省。

吕布的早死，则是提醒关羽，武艺高超，还需要品德高尚，要知道人外有人，何况英雄情绪不安，心神不宁，也可能陷入无路可走的绝境。关羽举足轻重，却只有唯一的选择，要跟随看起来最没有实力的刘备。这当中的道理，值得我们细心品味，用心体会。

桃园三结义阶段，天下的重心，在关羽的身上。从这一角度来看，就知道有一只看不见的手在引导、操控世界。明眼人抓住这个重点，自然知所进退。可惜大多数人整天自以为是地东奔西闯，白忙碌一生。看事情必须入木三分，不能单看表面。读《三国演义》，应该看出那只看不见的手到底在转化些什么。世道人心，从这里体会，自然顺乎天理。

三、刘备大胜黄巾军：做领导者要带头向前冲

刘、关、张三人结义，毕竟力量很小。于是他们聚集乡勇五百余人，才引起幽州刺史刘焉的注意，并认刘备为侄。刚好赶上黄巾起义，三人结义以来，有了第一次表现的大好机会。

刘备是长兄，居中指挥，关羽、张飞分居左右。刘备指挥，两人扬威，果然大胜而回，幽州刺史刘焉亲自迎接犒赏。刘备因年纪的关系，三人结义时被称为大哥。但是，占着大哥的位置，并不一定就拥有大哥的权威。职位和职权看起来合一，实际上未必如此。刘备必须做出大哥的样子，两位弟弟才会心悦诚服，打心里头服从这位大哥。所以第一次合作、演出，至关重要。若是刘备表现得不理想，或者躲在后面，只靠关、张二人杀敌，这种异姓兄弟的关系，恐怕很难持久，和一般的结拜一样，到头来有名无实。

刘备不但第一次演出有板有眼，很像大哥的样子，而且此后的种种表

现，也都能够很好地树立大哥的威信，使得两位弟弟的凝聚力发挥出来。孔子所说的兄兄弟弟，在三人身上获得具体的证明。兄不兄、弟不弟的情况，自然不会出现。

这一仗，打出了三人同心协力的信心。刘备的大哥位置，开始站稳。刘备的双股剑、关羽的青龙偃月刀、张飞的丈八蛇矛，逐渐成为众人注目的标志。这一仗为三人追求的共同理想，打下了良好的基础。

一个良好的开始，对于以后的发展十分重要。刘备长年的构思，三人多年的历练，如今获得合适的舞台，把它当作重要的演出，当然有良好的表现。

如果桃园三结义之后，他们并没有什么作为，这个故事便会逐渐为大家所淡忘，更不用说结党营私搞派系，或者刘备知道自己能力不如关、张，凭借年纪较大的优势，把两人拉近，以便多加利用。

只要三人之中，有一人改变原先的心意，或者借口脱离这个组织，譬如后来关羽暂时被曹操收留，挡不住曹操上马金、下马银、高官美女的诱惑；或者兄弟失散后，张飞自立门户，也搞得有声有色，干脆不再寻兄归营；乃至于刘备即位汉中王，便忘记"同年同月同日死"的誓言，接受诸葛亮和赵云等人的劝阻，以"国贼是曹操，非孙权也"为由，不出兵伐吴，试问，这一段桃园结义的故事，还能传为美谈吗？可见，凡事若非慎始善终，在众人心中，必然有公论。中华民族常以心中有一把尺为自豪，便是人人心知肚明，公众的标准自在人心，只不过不一定公开说出来，也未必说得清楚明白而已！当公益和私人的义气有所冲突的时候，我们的表现，往往因私害公，这也是我们不赞成结义的主要原因。

刘、关、张三结义，开创三分天下的局势，却由于关羽失掉荆州，迫使刘备不顾一切，放弃联吴抗曹的政策，使三分天下的局势一下子破碎了。这一切的演变，好像皆因三结义而起，又以三结义而终。当然，由于自始至终，三人都以义为先，才引起大家的激赏。真的志同道合，又有实际上的需要，必须以义为共识，并且一以贯之，才可以考虑结成异姓兄弟，为共同的目标而全力以赴，否则不能说这是上策。

四、刘备劝阻张飞杀董卓：不生气要争气

董卓当时官拜西凉刺史，朝廷因中郎将卢植领兵不能打败黄巾军，所以派他前来接管，并将卢植囚禁回京问罪。卢植曾经是刘备的老师，所以刘、关、张三人前来相助卢植攻打黄巾军。三人在乱军中把董卓救回寨来，董卓问起三人担任什么官职，发现三人都没有什么身份，马上显现出轻视的样子，很没有礼貌地走开。

张飞气得要死，便要提刀杀董卓，幸亏刘备和关羽及时劝阻，才没有闯出大祸。张飞气得要离开二人，另投他处而去。可见结义的意识，这时还不是十分坚固，一定要屡经考验，才会愈来愈坚牢，并不是有了形式，便牢不可破。

董卓这种势利的态度，自古至今都存在。怕大欺小，原本是人之常情。我们最好把它看作社会的鞭策力量，用来激励自己努力向上，一旦有成就，便不会被看轻。否则怪罪别人无礼，指责社会风气都没有用。像张飞这样，除了气坏自己的身体，还可能惹来是非，对自己更加不利。董卓的傲慢无礼，终将自作自受，用不着我们生气，就算生气也没有用。张飞这种个性，难怪有"莽张飞"的称号，这对他的一生，有相当大的影响，若不是三结义彼此获得互补，很难有大的成就。从这一角度来看，张飞出钱出力，位居老幺，看起来很不划算，但实际上张飞所获得的好处最大，在两位兄长的劝导、教诲下，减少了他很多鲁莽的行为，避免了很多不必要的麻烦。

当然,张飞自己也肯接受兄长的意见,愈来愈全心全意地配合行动,才是关键。如果能把生气改变成争气,那就是莫大的成就了。

五、刘备和孙坚同功不同赏:年轻时不必急于成功

孙坚,字文台,是孙武的后代。17岁时勇杀一贼,郡县知名,被荐为校尉。许昌造反,自称阳明皇帝,孙坚又把他斩杀,乃晋升为下邳丞。中郎将朱隽攻打黄巾军的时候,孙坚赶来接应,和刘备合作,一路得胜。朱隽表奏朝廷,孙坚、刘备各有战功。这两人当时站在同一起跑线上,却由于身份不一样,孙坚升为司马,不久又被封为乌程侯,出任长沙太守。刘备虽然是汉室宗亲,但是没有一官半职,以致等待很久,始终没有结果。后来张钧说十常侍卖官,非亲不用,刘备才得为中山府安喜县尉。两人的际遇,是不是有幸有不幸呢?

孙坚37岁那年,便中箭身亡。刘备一直奋斗到63岁,位居昭烈皇帝。可见,人生是一场长途竞赛,一时的挫折和落后,其实不必介意。刘、关、张三人结义以来,先受董卓的轻视,幸亏朱隽待他们甚厚。现在受到冷落,只派给刘备一个县尉官职。刘备深感三人同患难,所以和关、张二人,食饭同桌,睡觉同床,在患难中不断增进感情。从这一角度来看,真的是早成功不如晚成功,让三人多受一些折磨,未尝不是好事情。假若三人一路走来,十分顺利。说不定不久之后,各自升官封侯,不得不分道扬镳,各走各的路,那就不算什么结义了。就算关、张二人决心追随,刘备会不会像董卓、曹操那样,位高而骄,以致气走二人,恐怕谁也不敢料定。趁着年轻多磨炼,不急求成功,应该是上策。

六、张飞怒鞭督邮：忍耐应有合理的限度

刘、关、张三位异姓兄弟，性格大不相同。刘备沉稳能忍，张飞则是鲁莽逞勇，关羽忠义为重，经常拉住张飞，劝其顺从刘备。三人的互补性很强，配合得很好。

董卓得到三人的救助，却由于三人都没有一官半职，对他们表现出了轻慢的态度，张飞气得要杀他。按理说杀掉董卓这种坏人，应该是好事。但是董卓的恶行，当时还没有完全暴露出来，此时杀他就等于杀害朝廷命官，那还得了！

督邮因为刘备这个县尉没有孝敬财物，便百般刁难，设法加害。张飞气愤不过，将督邮绑起来用柳条鞭打。刘备闻讯赶来喝止，关羽力劝不如杀了督邮，弃官归乡，另图远大事业。刘备这才省悟过来，把印信悬在督邮头上，三人往代州投靠刘恢，被刘恢藏匿家中，暂时躲避。

想想看，若是刘备再忍耐下去，张飞也不鲁莽逞勇，结果会怎么样？刘备官场失意，张飞整天喝闷酒，岂不是为了做官而丧失原来的志气？桃园三结义的"义"字，也就不会存在，势必三人分道扬镳，各走各的路了。

忍耐是修养，但也应该以合理为度。张飞鲁莽，若能合理表现，反而是好事情。莽张飞有时候很可爱，便是莽有时也莽得合理。当然，有时候莽得令人心急，让人十分担心他的鲁莽会坏了大事。

怒鞭督邮，对三人而言是一场危机，因为他们可能被官府抓去。但也是转机，辞去县尉，才有机会另获发展。危机即转机，要看自己怎么转，而不是一味听天由命。

七、三英战吕布：在实战中打造团队凝聚力

董卓自从吕布来投，先后说过几次"吾无忧矣"的话。吕布也真的表现得

不错，只要有他在场，好像就没有人敢挑衅。面对各地盟军，吕布一战把河内名将方悦刺于马下，使得曹操也不得不赞叹吕布英勇无敌，建议由十八路诸侯共商良策。只有擒了吕布，董卓才容易诛灭。似乎吕布不除，难以打垮董卓。

张飞一向看不起吕布这种不忠不义的人，因为吕布除了自己的亲生父亲之外，居然连拜两个异姓父亲。到底是姓吕、姓丁，还是姓董？让人搞不清楚，干脆叫他"三姓家奴"。他看到吕布骑着赤兔马，举起画戟向公孙瓒后心刺去，马上飞马向前，大叫"燕人张飞在此"，和吕布连斗五十余回合，不分胜负。关羽舞起青龙偃月刀，也来夹攻吕布。两个打一个，战到三十回合，仍战不倒吕布。刘备举双股剑，也来助战。三英战吕布，使各路人马都看呆了。之后吕布虚刺一戟，赶快收兵。

三英战吕布和关羽温酒斩华雄比较起来，都衬托出了吕布果然英勇。张飞打不过，关羽加入，刘备也赶过来帮忙，终于迫使吕布收兵，可见单打独斗，实在不如三人同心合力。吕布败退使我们明白，再英勇的人也可能寡不敌众。刘、关、张三人合力得胜，也让我们心中有数，桃园三结义必须表现在真实的行动上，才有效果。这三人从此形影不离，彼此交心。吕布的出现，造成三英战吕布的场面，对刘、关、张三人，实在有很重要的刺激效应。从这个层面看来，三人还应该感谢吕布才是。

八、刘备投曹操：必要时可与现实妥协

桃园三结义的任务在匡复汉室，为朝廷作出贡献。所以他们先救董卓，后投公孙瓒。陶谦三让徐州，刘备也不敢要。董卓被刺后，李傕、郭汜继掌大权，照样残虐百姓，控制朝廷。曹操请汉献帝驾幸许都，以皇帝名义下诏给刘备，要他起兵讨伐袁术。刘备心知肚明，这不过是曹操的奸计，

但是王命不可违,也只好遵办。不久,曹操表荐刘备为豫州牧。为了攻打张绣,曹操还要和刘备合作。

刘备与吕布作战时,下邳为吕布所夺,刘、关、张三人失散,刘备匹马逃难,孙乾赶上来,劝告他暂投曹操,以图后计。刘备可能也认为大丈夫能屈能伸,何况眼前也没有更好的路可走,因此答应下来,一齐寻小路投许都。途中与曹操相见,说起失沛城、散兄弟、陷妻小的惨状,曹操听了也为之泪下,让刘备暂且居住在相府附近。

曹操表奏刘备军功,引他面见汉献帝,刘备从此被尊为皇叔。刘备的皇室身份,曾经备受督邮的怀疑,说他诈称皇亲,现在经过汉献帝确认之后,从此"刘皇叔"大名传遍各地。可见我们常说疾恶如仇,也并不是时时合适。刘备投奔曹操,说起来匪夷所思,出乎大家的意料,但是刘备因此获得不少好处,至少拥有了和汉室最高当局互动的经验,这是刘备妥协性良好所呈现的成果之一。

人生在世,不能不和各式各样的人士打交道,良好的妥协性有助于人际关系的拓展。如果再加上重视伦理,注重自己的品德修养,那就不怕没有机会。选择的范围大些,机会自然增多。

九、刘备种菜与转投袁绍:形势不利时要懂得韬光养晦

曹操对刘备早有戒心,知道他迟早会成为劲敌。他为了笼络刘备,特别将其引见给汉献帝,还举荐他为左将军。他把刘备留在许都①,是为了方便监视。他也十分欣赏刘备,所以不想马上将其除掉。

---

① 建安元年(196)八月,曹操迎回汉献帝,同时迁都于许都许县(今河南许昌东),此地成为汉朝末代都城。

刘备对此心中有数，特别吩咐关羽、张飞，必须格外小心。他自己在住所的后园种起蔬菜，每天挑水、施肥、浇水，好像很有兴趣，弄得关羽、张飞都在埋怨这位大哥，是不是当了皇叔，又受到曹操的看重，便心满意足了？除了种菜以外，什么都不想做了？当年的豪情壮志到哪里去了？

曹操听说刘备种菜，觉得很奇怪，于是派人把刘备请来，见面第一句话就问："玄德，最近在家里干什么好事啊？"刘备的定力很好，没有被曹操吓倒，曹操才不再怀疑，并请刘备来吃梅饮酒。刘备更是战战兢兢，小心地察言观色，始终不敢相信曹操所说的话，随时保持警觉。

喝着喝着，曹操忽然问刘备当今天下哪些人是英雄？刘备故意说袁绍、袁术、孙策、刘表、刘璋，曹操逐一加以否定。刘备转答为问，反问曹操谁是英雄，想不到曹操的答案竟然是"你和我"。刘备真的吓死了，以为曹操要下毒手，筷子都掉落在地上。要不是老天帮忙，打了一阵雷，曹操很可能当天就把他抓起来。由于脑海中有种菜的印象，加上刘备装成被雷吓坏的样子，曹操暂时对刘备没有什么顾虑。也因此，刘备后来请求出兵徐州，曹操才会首肯，最终放虎归山。

刘备从曹操处得知公孙瓒为袁绍所破，全家被火焚，悲痛不已。自己在曹操处也不安宁。于是自请出征，要截击袁术。郭嘉、程昱劝告曹操，就算不杀刘备，也不应该纵虎归山。

袁术奢侈太过，情势日衰，在徐州被刘备打得尸横遍野，血流成河。他自己食不能下咽，吐血而死，玉玺被夺，送往许都，献给曹操。

刘备留守徐州，唯恐曹操来攻，拜托郑玄修书向袁绍求救。袁绍说刘备攻灭袁术，原本不该相助，看在郑尚书面子上，同意出兵救援。命令书记陈琳草拟讨伐曹操的檄文。把曹操的种种劣行张挂于各州郡关隘。

曹操卧病在床，左右将此檄文传进，曹操读后，毛骨悚然，出了一身冷汗，从床上一跃而起。一面派兵攻打刘备，自己则亲引大军要直取袁绍。

郭嘉认为袁绍性迟而多疑，帐下谋士又互相妒忌，不必担心，建议曹操先攻刘备，再作打算。曹操于是以二十万大军，分兵五路下徐州，打得刘备落荒而逃，妻子俱陷，兄弟失散，只好不避羞惭，请求袁绍收留。

刘备投靠过公孙瓒、吕布、曹操，如今被迫又要投靠袁绍。长期的投靠他人经历，使他锻炼出了高度的忍耐性，可以忍受别人所不能忍受的事，并且愈挫愈勇，百折不挠。这对于他日后的事业发展，也有很大的助益。忍辱功通常最难修炼，刘备先把这种最难的功夫修炼好，将来则有如倒吃甘蔗，愈老愈香甜。

十、古城聚义：团队同心，其利断金

曹操东征刘备，小沛一战，刘、关、张三兄弟失散。刘备投奔袁绍，关羽"土山约定三事"，暂时和曹操回许都。张飞原来是庄主，又重操旧业，在古城安身。由于讯息不通，他们彼此失去联络，都不知对方去向。

后来，关羽听说刘备在河北，过五关斩六将，急着要和大哥见面。途中得知张飞在古城，更是喜出望外。想不到张飞误会关羽投降曹操，非要杀他。刘备得到讯息，赶快设法前来相会。于是，在古城刘、关、张久别重逢，悲喜交集，再一次证明桃园三结义的精神经得起时间的考验。虽然历尽艰辛，他们却能够不违当年的誓言——三人同心。

如果关羽真的投降曹操，获得曹操的赏识与重用，阵前斩杀颜良、文丑，被朝廷封为汉寿亭侯，从此为曹操效命。试问，我们对桃园三结义会有什么看法？是不是觉得当年关羽的动机，纯粹是自己犯罪在逃，想借刘、张的力量，为自己找到一条生路，而所谓的理想则全是假的？刘备若是对关羽没有信心，也不可能那么从容应对，很可能死于袁绍之手。于是关羽更有理由一举消灭袁绍，用不着等到官渡大战，甚至因此可以帮助曹操提前完成统一大业，老百姓也不必那么痛苦，忍受长年的战乱了。但是，整部《三国演义》势必改写，我们也不必读了。

张飞具有独立经营的能力，在这方面，并不需要刘备、关羽的助力，但他仍然再度慷慨捐献，把自己的力量无私地奉献给结义兄弟。桃园三结义，因古城相聚而加强了彼此的信任，奠定了此后共同奋斗的坚实基础。

第三章
曹操乘势而起发展壮大的奥秘

　　俗话说，占到好地盘，比有本事更为有利。世间多少有本事的人才，由于占不到好地盘而有志难成。再怎么说，曹操出身大宦官的"势"家，对他相当有帮助。

　　有机会见识大场面，认识当时的要人，对曹操的事业开展自然很有利。年轻人刚刚进入社会，最好到大公司见识见识，受一些训练。这样，将来自立门户时，会比较有眼光、有见识，不至于令人觉得气度小。

一、曹操发迹：起点高往往事半功倍

曹操，字孟德，沛国谯郡人。生父曹嵩，本姓夏侯氏，为中常侍曹腾的养子，所以冒姓曹。

曹操年幼时，小字阿瞒，好游猎，喜歌舞，有权谋，多机变。汝南许劭，素以能知人而闻名，说曹操是"治世之能臣，乱世之奸雄"。20岁时，曹操举孝廉，任职洛阳北都尉，治事甚严，不避豪贵，因而威名远播。黄巾起义时，他被任命为骑都尉，引马步军五千，到颍川助战。

他到颍川的时候，正好赶上黄巾首领张梁、张宝败走，于是将其拦住，趁机大杀一阵，斩首万余，夺得旌旗金鼓马匹极多。因作战有功，曹操备受瞩目。

汉灵帝病笃，召大将军何进入宫。何进召集大臣，商议要清除十常侍的势力时，曹操还参与并发言，指出宦官的势力滋蔓极广，不宜轻举妄动。虽然被何进斥为"汝小辈安知朝廷大事"，并不加以理会。但是，年纪轻轻便能参与国家大事，和刘备虽有汉室宗亲身份，却毫无展示舞台相比，曹操的起步，显然要高很多。

俗语说，占到好地盘，比有本事更为有利。世间多少有本事的人才，由于占不到好地盘而有志难成。再怎么说，曹操出身宦官的"势"家，都对他相当有帮助。有机会见识大场面，认识当时的要人，对曹操的事业开展当然很有利。年轻人刚刚进入社会，最好到大公司见识见识，受一些训练。这样，将来自立门户时，比较有眼光、有格局，不至于令人觉得气度小。

二、曹操误杀吕伯奢：一言不慎害终生

司徒王允假装做寿，要大家设法去杀董卓。曹操说不需要大家费心，并私下向王允索取七星宝刀，亲自到相府杀董卓。正好董卓想睡午觉，曹操心想良机不可失，正欲行刺，不料被董卓发现，他赶快说要献刀。谋杀不成，曹操逃出城外，想潜回故乡谯郡，再做打算。沿途幸遇中牟县令陈宫，陈宫认为曹操是忠义之士，愿意弃官陪同他逃走。到了成皋地方，路过曹操父亲结拜兄弟吕伯奢的家门。曹操看天色已晚，便同陈宫一起借住吕家。吕伯奢说朝廷到处悬挂文书要捉拿曹操，并说曹操父亲已离开家乡到他处暂避。他很高兴地留两人住下，向陈宫说家中没有好酒，要出去买酒回来，便匆匆骑着驴子出去。

曹操和陈宫疲惫不堪，躺在床上休息。忽然听到庄后有磨刀的声音，这引起曹操的怀疑，他认为吕伯奢不是至亲，很可能出卖他。为安全起见，与陈宫联手将吕家男女八口，全都杀死。这才发现厨房内有一头猪被捆缚着，吕家是为了杀猪请客才磨刀。陈宫说曹操疑心太重，误杀这么多好人。两人逃出吕家，走了不到两里路，看见吕伯奢驴鞍前悬着两壶酒，手里还拿着果菜回来。吕伯奢问曹操为什么离去，曹操挥起剑来，把吕伯奢也杀了。

陈宫说刚才是误杀，现在却明知故犯，实在是大不义。曹操冒出一句"宁教我负天下人，休教天下人负我"的狠话。曹操这样说，固然心里十分痛快，却祸害终生，大家从此以不义之人来看待曹操，不管他多么礼贤下士，多么爱才如命，多么率性从事，都被这个不良形象完全淹没。有道是"一言可以兴邦，一言可以亡国"，曹操为一时痛快，换来无穷祸患，相信他事后想想，也会伤心后悔。我们从他后来的转变，不敢轻易说出狂妄的话，多少有一些节制，可以想见他心中之悔恨。

隔了几天，陈宫便心生害怕，认为这样狠心的人，必须把他杀掉。转念一想，自己为了国家的利益才跟他逃走，杀之不义。于是连夜离开，投奔他处去了。

曹操醒来，不见陈宫踪影，也不敢久留，赶忙回到家乡，招募义勇，准备号召各地方派系，群起讨伐董卓。彼此以大义为旗帜，和董卓展开激烈的争战。

吕伯奢全家惨遭杀害，其实是曹操多疑、残暴所致，而吕伯奢也不够谨慎，他没有设身处地多想想也是造成惨剧的原因。吕伯奢把曹操收留下来，有东西给他吃就好了，何必杀猪还要出外买好酒？真的要去，也应该亲自告诉曹操，而不是告诉陈宫。自古以来，好人多半早死，原因即在自己问心无愧，便疏于防范，以致受到祸害。大家普遍认为老天不长眼睛，不知道保护好人，其实好人自己也有很大的责任。天助自助者，凡事只有自己小心，上天才可能保佑。吕伯奢的一片好心和警告曹操到处悬赏捕捉他的气氛并不调和，要磨刀杀猪，也应该告诉曹操。因为彼时曹操有如惊弓之鸟，怎么会不起疑心呢？曹操最大的错误在误杀人之后，竟然说出"宁教我负天下人，休教天下人负我"的话来。他如果改口说"为了讨伐汉贼，此举攸关救国救民，实在是不得已，将来一定要提醒我年年隆重祭祀才好"，相信陈宫也不致不告而别。

陈宫有感于曹操的忠义，自愿放弃官职，陪同曹操一起逃亡。显秩序使他觉得曹操很值得钦敬，隐秩序促使他做出这样的行为。现职官员不把通缉在逃的犯人解送上级，显然是违法的事情。但是，隐隐约约有一种力量，让他放弃升官和奖赏，情愿相信曹操的话，随他而去。

当他发现曹操多疑，误杀吕家好人时，隐秩序提醒他，人处于万分惊恐中，难免做出过分的行动，虽然于法不合，却也多少有些无奈。后来曹操明知故犯，狠心杀死吕伯奢，显秩序使陈宫大声喊出"知而故杀，大不义也"，同时让他产生"今日留之，必为后患"的念头。就在打算拔剑杀死曹操时，隐秩序给了他一个不一样的想法："我为国家跟他到此，杀之不义。"于是挟剑上马，弃曹操他往。隐秩序使他留下曹操，让曹操有机会散家财、募义兵，继续自己的事业。同时促使他离开，因为既然道不同，不可共事，当然要及早了断。

世间的人，本找不到十全十美的。好人会做错事，坏人有时也有好的表现。上天不立即处罚曹操，仍旧给他机会，便是一方面昭示世人，曹操是不仁不义的人，一方面则借重他的才能，来制止更多比曹操更坏的人。陈宫没有杀曹操，从某个角度来看并没有错。说不定是上天为了保护陈宫，才让曹操杀死吕伯奢。而吕家人遭到杀害，则有助于世人对曹操的进一步认识。显秩序和隐秩序交互作用，目的都在于促使人类社会日趋合理。可惜大多数人自以为是，并不理会隐秩序的用意。

三、曹操推举袁绍为盟主：找到对自己最有利的位置

曹操吹起一个气球，上面写着"忠义"两个大字。又有孝廉卫弘的巨资相助，当然具有很大的吸引力。平阳乐进，山阳李典，沛国夏侯惇、夏

侯渊兄弟，以及曹仁、曹洪，个个武艺精湛，忠勇好义，都陆续来投。四方八面，送来粮食衣物，不计其数。在当时的社会，大家对忠义的热爱，由此可见。曹操打出这样的旗号，自然热销。

当时资讯不容易流通，曹操杀害吕伯奢家人的事情，大家还不知道。只看到他杀董卓不成，冒险逃回家乡，募集义军的光辉一面，对他的忠义旗帜，并无怀疑。大多数人只知其一，不知其二，而且只看表面，难以深入。广告做得好，但不一定真实。然而盲目相信的人很多，所以广告仍然有效。广告是显秩序，大家各有不同的隐秩序，因此反应不大一样。武艺高强的人，大多宁愿相信曹操的忠义是真的，才有机会完成自己的美梦，譬如夏侯惇自小习武，14岁时拜师。有人辱骂他的老师，他愤而杀之，因此逃亡在外，自然不肯放过这样的良机。何况曹操原本也姓夏侯，彼此本是一家人，所以夏侯渊也跟着来了。曹仁、曹洪更不用说，彼此都姓曹，各引兵千余而来。

一个气球，打入很多气体之后，格外光鲜美观，飞起来则更引人注目。曹操乘机行文各界，晓以大义。袁绍、袁术、公孙瓒原本就认识他，当然很捧场。隐秩序让曹操逃得掉，犯死罪而得不到惩罚，是有它的道理的。

组成联合阵线之后，当然需要盟主，以别于乌合之众。大家聚集在一起，总该有人担任这个职务，来统一步调，指挥全体行动，并做出必要的决策。曹操那时刺杀董卓未成，只剩下这一条路可走，哪里敢自告奋勇担任盟主？就算他真的有意，大家也不会赞成，因为在场的人物，论年资、论势力、论身份，都轮不到曹操。他提名袁绍，说袁绍是汉朝名将的后裔，应该担任盟主。袁绍当然很高兴，打从心里喜欢当这个盟主。但是，按照道理，依据惯例，他都必须再三推辞，表示礼让，大家都认为非他莫属，这才勉强答应，当众宣示"绍虽不才，既承公等推为盟主，有功必赏，有罪必罚"，接着指派袁术总督粮草，长沙太守孙坚自愿担任先锋，杀向汜水关而去。

现代的选举方式，产生很多弊端和笑话。其实，中国古代的推举方式更为方便而有效。因为它不致由于选举而造成派系，又能在和谐中产生领袖。大家都有面子，岂不是更好？如果加上良好的配套，应该可以成为现代选举的另一种方式，值得大家考虑和运用。

袁绍四世三公，出身世家。"世家"的意思，便是有势力的家庭。兄弟加起来，更有力量。曹操是聪明人，知道自己不够分量，不敢妄想，却也明白顺水人情的重要性。反正袁绍一定会当选，为什么不争取做第一个推荐他的人？所以曹操不等其他人发言，立即推举袁绍。

袁绍如果不孚众望，大家就会另行推举他人，甚至于怀疑曹操虚情假意，希望引起大家的注意，有意推举他人。当然，曹操心里有数，在场以袁绍当盟主最为适当，但是袁绍并不是理想的领导人。所以在袁绍宣誓就职之后，曹操马上借着喝酒装疯的机会，向袁绍进言"同扶国家，勿以强弱计较"。因为曹操和袁绍是老同事，深知袁绍为人矜骄自负，并无真才实学，不脱富家子弟的习气。他在何进要清除宦官、不被何太后同意的时候，建议何进召董卓入朝那件事情，就做得十分不妥当。如果没有合适的人才，选举、推举都一样没有效果。百般无奈，也只好推举袁绍，至少在袁绍心中，曹操可以占有更大的分量。将来他有所建议，应该容易被采纳。果然大家热烈响应，可能也是别无选择。

本是乌合之众，如果首领再有私心，加上缺乏实力，结果如何可想而知。这一次大同盟，由袁绍担任盟主，已经看出他没有什么作用，不过是各路人马聚集在一起，使董卓更加猖狂，如此而已！也正因为这样，才造成董卓的凄惨结局。所以说不论成败，这次讨伐董卓都对最终破除董卓有贡献。往往几次失败，把对手推到最高峰，让他居高而危，掉落下来，也是一种策略。

曹操是一个野心勃勃的人，他的一举一动，都有深切的用意。他的长处，是不放过任何机会找到对自己最有利的位置，然后做出最有利的行动。

董卓死后，李傕、郭汜、张济和樊稠逃到陕西，求赦不成，聚众十余万，杀奔长安而来。与董卓的女婿牛辅合兵，杀王允，并欲杀汉献帝。后由李、郭、张、樊四人，各自书写职衔，逼汉献帝加封。朝廷官员也由李、郭两人决定升降。他们和董卓一样，掌大权，残虐百姓，汉献帝却无能为力。

西凉刺史马腾、并州刺史韩遂，受汉献帝诏，前来声讨四人。马腾之子马超，当时才17岁，英勇敏捷。李傕、郭汜紧闭关防，并不迎战，将马家军内应马宇、种邵、刘范斩首。马腾见军粮已尽，内应又灭，只得退军。张济追赶马腾，樊稠引军追赶韩遂。韩遂勒马向樊稠说，此来是为国家，彼此同乡，何必如此相逼？樊稠听罢，便收兵回寨，即引起李傕的怀疑。设宴将樊稠杀死于席间，兵马拨由张济管领。李傕、郭汜战败马家军后，诸侯都不敢轻举妄动。不料青州黄巾又起，这才给了曹操一番作为的机会。

举义勤王，原本是各地方势力最乐于从事的事。只要勤王成功，往往能获得很大的利益。甚至像董卓那样，产生取而代之的念头。这次马家军勤王，不但很快就败下阵来，而且使得其他诸侯不敢贸然举义。对曹操来说，却是难逢的良机。一个人要有所作为，外在的环境也十分重要。

形势比人强，只要形势有利，自己又有实力，很容易顺势而起，趁势而上。马家军勤王，成就了曹操的有利形势。除了是天意之外，还能怎么解释？可见天意不但存在，而且像一只看不见的手，在塑造形势。

四、陶谦造成曹操家人被杀：讨好不成会反被记恨

袁绍领导无方，使曹操十分失望。他先在青州讨伐黄巾军，被朝廷加封为镇东将军，后在兖州招贤纳士，遇见荀彧，便说是我的子房，说其不是寻常的人。又把郭嘉聘来，共论天下大事，又说助我成大业的，即为奉孝了。程昱、刘晔、满宠、吕虔、毛玠，纷至沓来。于禁、夏侯惇、典韦诸勇将，也相继来归。曹操一时威镇山东，便指派泰山太守应劭前往琅琊郡，把父亲曹嵩与其弟曹德，一家老少四十余人、随从百余人、车百余辆接到兖州相聚。途经徐州时，刺史陶谦出境迎接，热诚款待。离开时也亲自欢送，并派兵护卫。

然而这些护卫的兵士，原本是黄巾余党。降顺陶谦后，并未得到好处。如今见曹家辎重车辆无数，引起兵士贪念，趁着夜晚风雨未息，他们杀了曹嵩全家。曹操闻讯，痛恨陶谦纵兵杀害父亲家人，与陶谦从此不共戴天。起兵杀向徐州，所到之处，将百姓尽行屠杀，以雪父仇。

按照天理循环的报应法则，曹操杀吕伯奢全家，招来兵士杀曹父家人。但是曹操杀人时，毫不后悔，还说什么"宁教我负天下人，不教天下人负我"。如今自己父亲被杀，便要杀人报仇。对自己和别人，采取双重衡量标准，原本是人之常情，只是曹操做得太过分，令人难以接受。

陶谦本是存心讨好曹操，就应该指派可靠的人，结果弄巧成拙，老百姓也跟着倒霉。若是不迎不送，曹操就算不高兴，也不致痛恨他到这种地步。可见讨好并不是一件容易的事情，拍马屁也要下一番功夫，不可有所轻忽。

五、曹操割发代首：奖罚严明方能统领团队

为了讨伐张绣，曹操亲自统率大军向南阳出发。当时正值麦熟之际，

因大军过境，百姓不敢收割。曹操宣告大小将士，凡路过麦田，但有践踏者，一律斩首，以示爱民。

百姓听到这个消息，无不欢喜称颂。大军经过麦田时，也都下马以手扶麦，递相传送而过，不敢违反规定。曹操自己也小心乘马而行，忽然田中飞出一只大鸠鸟，吓得马蹿入了麦田，践坏了一大片麦子。曹操马上呼叫随军的主簿，拟议自己践麦的罪过。主簿说："丞相岂可议罪？"曹操说："吾自制法，吾自犯之，何以服众？"并抽出自己的佩剑要自刎，众人赶紧劝住。郭嘉说："古春秋之义，法不加于尊。丞相统率大军，岂可自戕？"曹操沉吟了很久，说既然如此，姑且免死。便以剑割自己的头发，掷在地上，说以割发代替斩首。教人把头发传示三军说："丞相践麦，本当斩首号令，今割发以代。"于是三军悚然，无不谨守军令。后人议论这一事件，大多认为曹操玩弄权术，不过用来欺瞒大众，并不是真的要自刎，也不是真要随军主簿按照军纪定罪。其实，这样的评论并不合理。难道主簿可以照规定治曹操的罪？难道大家果真睁大眼睛，看着曹操自刎而不加以救阻？不论曹操的心里怎么想，不管曹操其他的事情怎么做的，我们都不应该用这件事来批评曹操。因为换成其他人，大概也不可能照章定罪。最起码曹操表示了自己应该受罚，也愿意被定罪，总比不声不响装成没事一样，甚至还要找借口，要好得多。

六、曹操厚待关羽：为留人才百般计

曹操为了留下关羽，确实费尽了心机。

曹操的心思，不说我们也知道。一般人见利忘义，早已见怪不怪。

利的范围很广，包括食、色、礼品、华屋、官位和礼遇，一不小心，立即让人陷入而难以自拔。使关羽和两位嫂嫂共处一室，是曹操的第一毒招。人言可畏，关羽一张嘴巴，难敌众人胡言乱语。他索性秉烛立于户外，自夜达旦，让大家编造不了任何谣言。接着曹操三日一小宴，五日一大宴，想让关羽肥了肚皮而错了脑袋。关羽吃是吃了，谢也谢了，嘴巴却丝毫不软，念头也完全没有改变。食物攻势，也不能奏效。曹操送美女，关羽尽送入内门，令她们服侍两位嫂嫂。自己每三天一次，在内门外躬身施礼，问两位嫂嫂安好，必待两位嫂嫂问事完毕，才退回，曹操叹服不已。送绫锦及金银器皿，关羽都送给两位嫂嫂。有一天，曹操看见关羽所穿绿锦战袍已旧，马上送来新的锦袍。关羽接受下来，穿在旧袍里面。曹操问他何必如此节俭，关羽回答不敢有了丞相的新袍，就忘了兄长的旧袍，曹操忍不住感叹："真义士也！"心中实际上非常不悦。

　　曹操最狠的一招是把赤兔马送给关羽。果然打动了关羽的心，关羽再三拜谢，但为的是一旦获知刘备下落，可以一日而见！这使得曹操至为后悔。

　　义高于利，曹操再三以各种厚利来诱惑，关羽始终不为所动。他还发出誓言，要立下功劳，回报曹操，然后才会离开。荀彧向曹操献计，不让关羽有立功的机会，看他如何开脱？

七、曹操官渡大战胜袁绍：智者让敌人自乱阵脚

　　袁绍听说曹操封孙权为将军，十分愤怒，起兵七十余万，往官渡进发，要直捣许都。曹操以七万军士前往迎战。按理说双方军力悬殊，袁绍应该以众胜寡才对。但由于袁绍外表华丽，实际优柔寡断，决断力极差，谋士各有意见，造成了决策层一片混乱，而招致惨败。谋士沮授丧生于曹操手

中，田丰自刎于狱中，军马死亡殆尽。袁绍抱三子痛哭，口吐鲜血，还说是天丧我也，卧病不久，闻袁尚又败，大量吐血而死。

我们常说"主帅无能，累死三军"，袁绍就是一个有代表性的案例。他出身世家，自命不凡，却又不学无术。表面上尊贤下士，实际上并不能广纳众议，择善而执，缺乏自知之明，地位愈高，就愈加自以为是而害己害人。

他的谋士很多，以沮授、田丰最为卓越。但是，他们不遇明主，非但不能发挥所长，反而易招杀身之祸。因为看不见的那只手势必假借昏庸愚昧的主人，来杀死追随他的高明谋士。沮授因为地缘的关系，一出仕便在袁绍营中，偏偏又获得提升。在袁绍身边，这实在是很大的不幸。田丰原本在朝廷为官，曾任侍御史，因不满朝政混乱，辞职返乡。袁绍起义时，礼聘田丰，让其担任别驾职务。田丰劝袁绍迎献帝，不获采纳。田丰却没有再度辞官，或者沉默少言，仍然力劝袁绍不要与曹操决战，结果被袁绍关在牢中。袁绍大败，竟然以"吾不用丰言，果为其所笑"为由，逼田丰自杀。表面上是曹操以寡胜众，实际上是袁绍自己打败自己。

曹操与袁绍都不是心存汉室的人，同质性很高，那只手更偏向曹操，使袁绍自乱而大败。

第四章

选对老板跟对人的奥秘

　　我们建议大家趁着年轻，要用心善择明主，然后全心投入。年纪稍长，便应该专心一意，不再跳槽。若是一而再、再而三找不到明主，则表示自己的眼光不行，机运欠佳。这时候不如归隐，反而有助于提升自我。否则不要担任重要职务，糊口便是。再跳槽只会坏了自己名声，并无多大好处。

一、吕布背叛丁原投奔董卓：为利跳槽难善终

谈《三国演义》，应该以人物的品德志节为中心。历来评论三国风云人物，大概都不会提及吕布，原因就在于他不是正直诚实的人，品德很不好。

我们谈吕布，主要是现代人离三国时代非常久远，很不容易想象当时的情景，加上现代人把跳槽看成正常现象，所以才以吕布为例，来说明跳槽的负面影响。

吕布生得器宇轩昂，手执方天画戟，威风凛凛。后来又得到董卓的爱马赤兔，更是英雄配良驹，为什么搞得后人不愿意提起他的名字呢？

原来他年轻的时候，拜荆州刺史丁原为义父，追随丁原作战，立下了很多战功。和董卓对阵时，杀得董卓大败，引起董卓的惊奇和恐惧。于是由吕布的同乡李肃出面，劝说吕布，希望他改投董卓的阵营。李肃为什么敢于承担这样的重任？因为他素知吕布有勇无谋，却又见利忘义，建议以赤兔良马，加上黄金一千两、明珠数十颗、玉带一条，以厚利引诱吕布。这和今天的控股公司，以高职高薪，配以名车、豪宅，要人家跳槽到另一家公司是同样的情况。所不同的是，丁原和董卓这两家公司，前者是老字号，

一切合法；后者则是不合法的仿制品工厂，当然不能随便携带公司的秘方，为利而跳槽。何况吕布竟然为了获得董卓的重视，把丁原杀死，提着丁原的首级前往请功，并且一见面就拜董卓为义父，更是令人觉得无耻至极。财关固然难过，也不致为财而不仁不义到这种地步，难怪后世人不愿提他。

赤兔马是名马，吕布应该想到董卓为什么舍得给他。他听从虎贲中郎将李肃的片面之言，说什么良禽择木而栖、贤臣择主而事；又说董卓为人敬贤礼士，赏罚分明，日久必成大业，也不想想卖主求荣，已经为人唾弃，他居然杀主求荣，而且马上改变原本以董卓为叛贼的观念，拜董卓为义父，足见其完全不知道"义"是什么。

董卓要吕布，不过是为了废汉少帝改立陈留王，自己可以完全操控大局。他本来也舍不得赤兔马，是经不起李肃"主公欲取天下，何惜一马"的劝告，才答应送给吕布。董卓舍马，是为了自身的利益。吕布为马杀主，是毁掉自己的前程。"成也赤兔，败也赤兔"。但赤兔终究是马，好坏全看骑马的人，不能把责任推到马身上。

吕布稍微改变一下，赤兔马照收，却不投董卓，骑着赤兔马斗董卓，不知道大家的感受会如何？恐怕我们也是不会认同他的做法，因为我们评断一个人，不会就赤兔马这一个案来论定。我们大多会采取综合考量，从一个人的生涯历程来看他的品德修养，然后再行评论。关羽赤兔马照收，却不投曹操，骑着赤兔马过五关斩六将，我们把他捧得天高。换成吕布，我们一定把他骂成贪取不义、光收礼不办事的小人，仍然是无耻至极。

其实，在《三国演义》众多人物之中，吕布是最可怜的一个。他拥有非常优越的条件，最后却落得像一条狗似的，向刘备乞求援手。刘备向来以仁德为怀，却出乎意料地说出不利于吕布的话，更加令人觉得其可怜而不值得同情。

曹操笑眯眯地看到病虎一般的吕布，毫无抵抗地被押到帐下。他笑什么？笑当年自己刺杀董卓时，要不是顾虑吕布的英勇，自己老早已经成为朝中的重臣，用不着像现在这样辛苦。他笑什么？笑一向万夫莫敌的吕布，今天会怎么收场！平日的威风，如今都哪里去了！

吕布如果临死不惧，表现出大将的气概，绝不求饶，也许会打动曹操的心，留他下来为自己所用。然而吕布并未如此，他向曹操求饶，要做曹操的副手。这反而更加提醒曹操用吕布当副手的危险，乃下定决心要杀掉他。

曹操喜欢借刀杀人，所以问刘备：你的看法怎么样？刘备何尝不明白曹操的用意，但是想到吕布见利忘义、反复无常、毫无骨气、不顾廉耻，不由得说出内心的真话："想想丁原、董卓的遭遇。"曹操借刘备的刀杀掉吕布，刘备也把握机会，再一次真诚表现。最可怜的还是吕布，至死都没有自知之明，还在骂刘备忘恩负义。

武艺高强，也不能保证永远不被打败，盖世英雄，也可能四面楚歌。吕布得意的时候，不能把握一个"义"字，结果多行不义必自毙，被自己的部属绑了，曹操下令把他缢死。怎么死并不重要，让后人耻笑，随着《三国演义》的流传，一直笑下去，才最可怜。

清代名臣曾国藩，认为军官必须具备五大条件：第一要才堪治民，第二要不怕死，第三要不贪图名利，第四要不畏苦难，第五则是最根本的，要有忠义血性。他认为有了忠义血性，前面所说的四个条件，应该都能够做得到。如果缺乏忠义血性，其余的几条恐怕都谈不上。

吕布一生，具有很多令人羡慕的优点。武艺高强，号称"天下无敌"，手执方天画戟，坐骑是日行千里的赤兔马。可惜他所欠缺的，正是曾国藩所说的最为根本的忠义血性。

他本来是丁原的心腹，却因为董卓送他许多珍宝和赤兔马，便见利忘义，提着丁原的头去投奔董卓。后来又由于王允利用美人计，为了和董卓夺貂蝉而杀掉董卓。

曹操求才若渴，也知道吕布是不可多得的猛将，却害怕丁原、董卓的故事有一天会在自己的身上重演，所以下决心将吕布处死。忠义之士固然厌恶不忠不义的小人，曹操本身不忠不义，竟然也害怕不忠不义的人。可见缺乏忠义血性的猛将，武艺高强反而成为累赘。

吕布和关羽同样武艺高强，关羽受人敬重，就是因为他具有强烈的忠义血性。吕布和曹操一样不忠不义，但是曹操有谋有略，又才堪治民。吕布却有勇无谋，不会善待部属，以致空有一身武艺，败在曹操手下。

我们一般不说吕布英年早逝，只说他早死，就是因为他是自作自受，自己断送了自己，不值得同情。吕布有才能而无品德，注定不会有好结果，定要以吕布为鉴。

二、赵云归刘备：为义跳槽择明主

赵云，字子龙，常山郡真定县人。原本在袁绍军中，因见袁绍并无忠君救民之心，所以投向北平太守公孙瓒。当时袁绍的地盘和势力，都远比公孙瓒大。公孙瓒对赵云颇不放心，竟然询问他为什么弃大就小，前来归顺。弄得赵云相当不满。但是，他对军令从来不曾违误，每次出战，都是威风凛凛，左冲右突，如入无人之境，十分英勇。

不久，刘备奉徐州牧陶谦之命，前来援助公孙瓒，在战争中结识赵云，彼此互相敬重，愈来愈投缘。

由于董卓假传天子旨意，要袁绍与公孙瓒和解。公孙瓒趁机表荐刘备为平原相，即日上任。刘备与赵云分别时，执手垂泪，双方都十分难过。赵云感叹说："过去误认公孙瓒为英雄，现在才知道原来和袁绍一样。"刘备劝他暂时委屈，将来一定能够重新相聚的。

吕布跳槽，被张飞骂为"三姓家奴"。赵云弃袁绍投公孙瓒，如今又有意追随刘备。两人之间，究竟有什么不同？相信大家非常明白，吕布是为利跳槽，完全没有忠义的考虑，为大家所不齿。赵云则是良禽择木而栖，慎重选择自己愿意全心全力奉献的明主，当然是正确的。

然而，一辈子都在选择明主，也很不妥当。我们建议趁着年轻，要用心善择明主，然后全心投入。年纪稍长，便应该专心一意，不再跳槽。若是一而再、再而三都找不到明主，表示自己的眼光不行，机运欠佳。这时候不如归隐，反而有助于提升自我。否则不要担任重要职务，糊口便是。再跳槽只会坏了自己名声，并无多大好处。

三、李儒被斩与蔡邕哭董卓：为坏人帮凶难免害己

一个人做坏事，坏不到哪里去。有人作为帮凶，那就坏得更加厉害，使事态严重。李儒是董卓的谋士，由于足智多谋，给董卓出了很多坏主意，甚得董卓的赏识。董卓的所有动听借口，几乎都是李儒想出来的。吕布跟在旁边，当然十分明了。李儒劝董卓不必为貂蝉而失去吕布，这一段吕布并不知悉。吕布在受禅台前刺杀董卓后，从怀中拿出诏书，大呼"奉诏讨贼臣董卓，其余不问"，然而话刚说完，他马上想起李儒。这其余不问，显然不包括李儒。这时候李儒的家奴，已经将李儒绑缚来献。王允下令将其斩首，杀了这个罪大恶极的帮凶，大快人心。

蔡邕原本任职议郎，由于把大青蛇和雌鸡变成雄鸡解释为妇女干政，得罪了宦官曹节，辞官回归故里。后来董卓专权，又把他找回来。因为这种知遇之恩，他听到董卓被刺，尸体弃于闹市，百姓经过那里，莫不手掷其头，足踏其尸，他伏在尸体上大哭。王允骂他身为汉臣，反为贼而哭，

岂有此理？蔡邕说自己颇知大义，不致背国而向董卓示好，只是一时想起往事，不觉哭了起来。大家为他求情，王允也不答应，一定要处死蔡邕。还说当今国运衰微，朝政错乱，不能把他留下来乱写历史。看来他是害怕蔡邕记他一笔，才下此决心。

蔡邕和王允，都是公私分不清楚，混淆在一起。很多人都有这样的错乱，以致因私害公，最后难免害自己。蔡邕若是不再复职，也不会遭受迫害。

乱世不一定要出头，能隐即隐，也不失为一种安全的方式。

四、陈宫宁死不向曹操求情：有才能也要跟对人才有展示机会

陈宫，字公台，东郡人，个性刚直，有见义勇为的性情。他原本想追随曹操，结果发现曹操假仁假义，立即离开。后来见吕布乃当世勇士，前往辅助。由于吕布有勇而无谋，又刚愎自用，对于陈宫的建议，也经常不能采纳。

他原任公职，由于救曹操，违反了显秩序，不敢再回头。现在找上吕布，虽然配合得不是很好，却也不能像对曹操那样，掉头就走。可见一个人的机会有限，不应该一错再错，最后逼得自己无路可走。

袁绍助曹操攻吕布时，陈宫劝吕布投降刘备，如果他乘机脱离吕布，刘备也未必敢收留他，不得已他只能陪着吕布，很不得志。袁术以娶媳妇为名，将吕布女儿当作人质，然后进贡刘备。吕布原先不肯答应，陈宫劝他趁各路诸侯尚未获得讯息之前，赶快送女儿成亲。陈登的父亲陈珪，提醒吕布这是袁术的诡计。吕布大惊，痛骂"陈宫害我"。陈宫认为徐州之祸，都由陈登父子而起，建议吕布斩两人之头献袁术，吕布当然不肯接受。

曹操斩杀吕布之后，徐晃把陈宫带来。曹操先问："公台别来无恙？"陈宫说吕布虽然无谋，但不像曹操那样诡诈奸险。曹操问他，你足智多谋，怎么搞成这个样子？陈宫回说，吕布不听话，有什么办法？自己走下楼，引颈就刑。曹操告诉左右：送公台的老母妻子回许都养老，不许怠慢。陈宫既不回头，也不开口求饶。

有才能的人，若是得不到施展的机会，不如安分守己，过平安的日子。

五、关羽降汉不降曹：忠义之人不会轻易违背盟约

徐州战败，刘、关、张三人失散。刘备、张飞各自奔命。关羽武艺高超，却为了保护两位嫂子，不得不接受张辽的劝说，他提出三个条件：事汉不降曹；食汉禄；一有刘备的下落，立即辞去。

张辽，字文远，先后追随丁原、何进、董卓和吕布，28岁才归附曹操，任中郎将，是曹操的重要将领。曹操杀吕布时，张辽也被绑缚在场。他不但不求饶，反而恶言侮辱曹操，幸亏关羽下跪求情，刘备也说好话，曹操这才亲自解缚，请张辽上坐。张辽深受感动，终于归曹。

有了这一段交情，张辽特来劝说关羽降曹，并列举关羽三罪：刘备生死不明，关羽战死，有违桃园盟誓；刘备以家眷相托，关羽弃之不义；关羽不思匡扶汉室，但求赴汤蹈火，不过匹夫之勇。关羽心动，才提出前文三项约定。

张辽对关羽的第三个条件，感到非常为难。不向曹操说明，便是不忠；若是直言相告，曹操必定不肯答应，非杀关羽不可，岂非对朋友不义？他公私分明，认为一定要据实报告，想不到曹操反而认为关羽的义气令人敬佩。曹操的心里很明白，杀关羽或者不接受这三个条件，都会招来不义的

坏名声，不如暂时接受，表示自己的胸襟和度量非一般人所能比，然后将计就计，再做其他打算。关羽和曹操见面时，重提文远代禀三事，请曹操务必遵循。曹操也坦言，一定不失信，还大方地要关羽宽心，好好打听刘备的去处。"义"这个字，是任何人都不敢挑战的，哪怕是不义之人，也不敢轻易失义。

我们姑且假设一下，如果关羽完全不理会张辽的劝说，无论如何都要下山迎战，为忠义而死，结果呢？刘备和张飞也得接着战死，否则便违反了桃园三结义的誓言。就算如此，实在并不高明，也没有太大的价值，反而引起怀疑，是不是他为了自我标榜而不顾一切？唯求自己获得忠义的名声，这样做好像太自私了。关羽当然不可能向曹操投降，却也不应该完全不顾虑刘备、张飞的立场。何况情况不明，尚未绝望到非死不可的地步。

土山约三事，对当时的关羽，实在是最为合理的处理方法。这令曹操哭笑不得，但又不能不装宽宏大量，只能表示愿意接受。曹操想尽办法，施厚恩以结其心，关羽只是礼貌性的回应，绝不动心。这是上天给曹操最好的讯息，如果能够借此自我反省，尽力改善，相信以曹操的实力，要做好乱世的治臣，应该并不困难。只要真心匡扶汉室，才德并重，不必终生劳累，便能够天下归心。

可惜曹操当局者迷，表面上赞叹关羽忠义，实际上不明白关羽的重要性，不过觉得没有面子而已。幸亏曹操爱用权谋，给了关羽保住性命的机会。人必然会死，只是死有可能重于泰山，也可能轻于鸿毛。关羽这一次不死，有他的关键性作用，为刘备日后对抗曹操带来很大的号召力量，对三国的第二阶段——诸葛亮出山，有奠定良好基础的功效。若是关羽战死，或归顺曹操，诸葛亮再有理想和能力，大概也不敢出山。很可能会终生归隐山林，不问世事。天下的情势，必然也随之改变。

袁绍无实力却有野心，他不接受田丰的谏阻，一定要出兵讨伐曹操。关羽获悉此事，自愿担任先锋。曹操怕他立功，不表同意。袁绍的先锋大将颜良连斩二将。徐晃出战，也败下阵来。曹操不得已，差人去请关羽。他料想刘备必在袁绍军中，若关羽斩杀颜良，袁绍怀疑刘备，定非杀他不可。刘备一死，关羽不就留下来了！

关羽果然神勇，手起一刀，便杀颜良于马下。袁绍获报，唤刀斧手推出刘备，便要问斩。幸亏河北名将文丑，愿为颜良报仇，并要亲眼看看，颜良是不是真的为关羽所杀。想不到与关羽交手不到三个回合，文丑又被斩下马来。袁绍大怒，要斩刘备，刘备赶忙修书要关羽来归，才留下一命。书信尚未送去，关羽已知刘备在袁绍处，立即上书曹操，说明千里寻兄的坚定决心。

关羽将曹操表奏朝廷所封汉寿亭侯的印信，悬挂在堂上，曹操累次所赠的金银，一一封置库中，美女十人，悉留在内室。带着原跟从人员，护送两位嫂嫂，由北门而出。

各关卡守将知道曹操敬重关羽，断无轻易让他离去的道理。因此揣摩上意，极力阻挡关羽离境。站在守关的立场，原属理所当然。关羽则遵守约定，立功再走，所以斩杀各将领，也毫不留情。过五关斩六将，他自叹："吾非欲沿途杀人，奈事不得已也。曹公知之，必以我为负恩之人矣！"其实曹操心中十分矛盾，否则大可以人情做到底，给关羽一道通行令。不过那么一来，关羽所欠的人情太大，将来如何回报？

六、孔融和陈登错过与刘备共事：志同道合也未必能有机会合作

陈登，字元龙，下邳人。他在陶谦处任职，却由于自视甚高，看不起

人。有时候客人来访,他不但不太说话,而且自己睡大床,让客人睡小床。但他对刘备另眼相看,说刘备雄姿卓出,有雄才大略。刘备也十分赏识他,赞叹元龙的文武胆略,大概只有古人才有。两人既相知甚深,又共同以匡复汉室为志,竟然无缘共事。陈登不久归入曹操阵营,为广陵太守,因诱攻吕布有功,又被加封为伏波将军。39岁那年便亡故了。如果不是这么年轻就离开人世,说不定曹操也会翻脸把他杀掉。

同样是气球,曹操和陈登毕竟属性不同,相处久了,难免生冲突。陈登和刘备,则属性相近,如果聚集在一起,应该能够密切配合。

孔融也是如此,他是正直的人,怎么应付得了曹操这样精于权谋的人呢?他直言不讳,终会害死自己。

陈登和孔融,都是北方知名人士。在刘备刚刚创业的时候,他们力劝刘备接受陶谦的徐州,对刘备起了很大的鼓舞作用。虽然刘备并没有获得徐州,却在世人的心目中,已取得了州牧的地位。后来他取荆州、领益州牧,大家都认为理所当然,便是受到这次礼让徐州的哄抬。陈登和孔融极力赞成他领徐州牧,给大家留下了很深的印象。可惜他们两人都不明白隐秩序的推波助澜,以致与适合的主公失之交臂,和刘备人各一方,未能志同道合地聚集在一起。刘备当时庙很小,大概也不敢请这么大的菩萨。虽然对他们推崇之至,却不敢开口,这也是刘备错失良机的主要原因。

七、孙策收降太史慈:知人善用得共赢

太史慈,字子义,东莱黄县人。当孔融紧急向刘备要求合力帮助陶谦抵抗曹操时,他曾自告奋勇对刘备说:我不是孔融的亲戚,也不是同乡,只是为了分灾共患的义务。孔融感谢太史慈,使他的高义更为出名。

扬州刺史刘繇和太史慈同乡。孙策向袁术借到兵马后，带领朱治、吕范、程普、黄盖、韩当，巧遇结拜兄弟周瑜，礼聘张昭与张纮，前来攻打刘繇。太史慈再度自告奋勇，愿为前部先锋。但是刘繇看他年轻，不敢重用，引起太史慈的不满。适逢孙策来到神亭。太史慈不顾一切，与孙策相斗，孙策刺着太史慈的马，取走太史慈项上的手戟，太史慈也取得孙策的头盔。接着两家骑兵前来应援，才各自回营。孙策欣赏太史慈的英勇，和周瑜商量活捉的计策。太史慈被捕后，孙策立即亲自为他解缚，握着太史慈的手说："如果神亭相斗，你擒得我，会怎样处置？"太史慈回答："那可不一定！"孙策邀他共同举事，他说先要把士卒聚合起来。两人约定次日中午相见。诸将不敢相信，孙策说太史慈是青州名士，以信义为先，绝对不会欺骗自己的。太史慈果然如期回来，孙策大喜。

大家对孙策的知人非常敬佩。江东老百姓都称他为"孙郎"，他遂以仁义之师，征服江南。

知人之明，是领导者十分重要的素养。孙策不可能用这种方式来对待所有人。但是，像太史慈这样的高义之士，值得孙策用心和承担风险，因为太史慈今后对孙策的助力，实在是太重要了。

孙权继位之后，把南方的事情委托给太史慈。周瑜气出病来后，孙权亲自督军。张辽差人来下战书，太史慈应战，身中数箭。孙权使张昭问安，太史慈大叫："大丈夫生于乱世，应该带着剑，立下不世的功劳。现在所愿尚未实现，怎么就这样死了？"可见相当自责。太史慈死时，才41岁。正当壮年，便万分无奈，怨怼而死。若是和赵云一样，主动投效刘备，命运应该会有所改变。因为那只看不见的手，为了警戒孙权：不要看不清楚大局，出于东吴片面的利益而危及孙、刘联盟，借张辽的手将太史慈杀死。倘若孙权因而有所改变，对未来的整合，必然有相当助益。可惜太史慈死时，孙权只知伤悼不已，却不能善体天意，用以调整自己。我们建议领袖

人物，大凡遇到重要干部死亡，都应该把它视为重大启示，细细分析其中的道理，反省调整自己。

孙权厚葬太史慈，把他的儿子太史享养在府中，还不如借此反省，力求改进。无形无迹只能够借有形有迹的现象来呈现，孙权缺乏这方面的素养，殊为遗憾。

八、郭嘉不幸早死：上下投缘也未必长久合作

曹操的众多谋士当中，郭嘉是曹操最欣赏的一位。初次见面，畅谈天下大事时，曹操便称其为建立大业的好帮手。他是荀彧的同乡，原本在袁绍处。由于袁绍好谋而不能决断，所以辞别袁绍，随曹操征服吕布，从此所献计策都十分有效。曹操也对他言听计从，他列举袁绍的十败与曹操的十胜，充满浓厚的马屁味道，更令曹操心满意足。远征乌桓时，因为水土不服，郭嘉染病不起，留在易州养病。待曹操战胜单于，返回易州，郭嘉已死亡多日。曹操大哭，说"奉孝死，乃天丧吾也"。郭嘉当时只有38岁，令曹操十分伤悲。后来赤壁之役，曹操惨败，还捶胸大哭说："哀哉，奉孝！痛哉，奉孝！惜哉，奉孝！"他认为倘若郭嘉在，自己不致有这样的惨败。弄得众多谋士都默然自惭，不敢回话。

郭嘉追随曹操十八年，却英年早逝。这是继关羽无论曹操如何厚待都坚持要离去之后，对曹操的又一重大警示。告诉他，品德不修，贤士终将离去，就算是十分投缘，那只看不见的手，也不会放过他，让郭嘉病死途中。

还有另外一种可能，便是诸葛亮快出山了。如果郭嘉依然健在，而且神算无比，诸葛亮会出山吗？来和郭嘉恶斗，有什么意思？从这个角度看

周瑜，应该有更深一层的体会，不服诸葛亮，只好自己生气而死。

以关羽为核心的时期，即将转换为以诸葛亮为重心的阶段。形势并不是人力完全可以控制的。尽人事以听天命，连孔子都这么想，曹操能不能如此，只有他自己心里明白。

九、刘表誓杀刘备：不要介入老板的家务事

刘表，字景升，坐镇荆州，兵强粮足，也是当时的汉室宗亲，说起来和刘备是亲戚。刘备兵败，接受孙乾的建议，来荆州投奔刘表，暂住新野，并产下一子，取名刘禅。刘表有二子，长子刘琦为前妻所生，为人虽贤，然柔懦不足成大事；次子刘琮为后妻蔡夫人所生，颇为聪明。刘表要废长立幼，又碍于礼法，乃请教刘备如何是好。刘备不知道蔡夫人躲在屏风后面偷听，率直说出废长立幼是取乱之道，并说蔡夫人娘家势大，可缓慢削灭，不可溺爱少子而乱了局面。蔡夫人对他十分怨恨，与弟蔡瑁商议暗算刘备。派人在刘备住所壁上写反诗一首，然后向刘表禀报，说刘备有反叛的意思。刘表大怒，拔剑发誓必杀刘备这个不义之徒。不久冷静下来，想起刘备从不作诗，可能是有人离间，要蔡瑁不可造次。刘备返回新野，十分后悔自己失言。这时蔡瑁派人来请，说是刘表要宴请刘备。

如果刘备不去，反而容易引起刘表怀疑。所以他安排赵云率领三百军士，以防万一。到了宴会场所，刘备发现刘表不在，由两位公子引一班文武官员出迎。蔡瑁预先埋伏了军马，要对刘备不利。

曹操评论当时的知名人士时，指出袁绍色厉内荏，好谋无断，干大事而惜身，见小利而忘命，又说袁术是冢中枯骨，刘表虚名无实。他认为刘

备胸怀大志，腹有良谋，和他同样是英雄人物。但是刘备东奔西走，始终不受重用，来到刘表的地盘，虽然受到很好的款待，却不能有所作为，可以说除了地缘的关系，简直是闲度时光，无所事事。但是，话说回来，很可能就是因为这样，才能够让他出乎意料地获得诸葛亮。

说起来，诸葛亮还是刘表的亲戚，不知道是诸葛亮看不上刘表，还是刘表看不上诸葛亮。反正两人的频率不接近，对面也不相识。或许隐秩序故意把他安排给刘备也说不定。

的卢是一匹特殊的马，眼下有泪槽，额边还生有白点。会相马的人说它会妨主。它原来的主人在江夏战役中，被赵云一枪刺于马下。刘备见其雄骏，夸赞为千里马，把它送给刘表，有人劝刘表不可接受，乃退还给刘备。刘表要刘备留守新野，双方互相支援。刘备骑着的卢马，径往新野。伊籍问他，刘表听说此马妨主，所以才退回来，您怎么可以乘坐呢？刘备回答："凡人死生有命，岂马所能妨哉？"伊籍深为折服。不久，伊籍将蔡瑁要杀害刘备的阴谋告诉刘备。刘备来不及通知赵云，飞身上的卢便加鞭速行。结果的卢马不但不妨主，反而创造了奇迹。

刘表对刘备再敬重，身旁的人不一定都秉持同样的态度。蔡夫人为了自己儿子的未来，蔡瑁为了保全自己的权势，都可能产生不一样的念头。谁叫刘备一时警觉性不够，介入人家的家务事呢？我们常说清官难断家务事，意思是家家有一本难念的经，身为外人，根本弄不清楚，最好不要轻易介入，免招祸患。

第五章
动荡中纵横捭阖立于不败的奥秘

一个人想要逆取顺守，必须要有高度的悟性和毅力。董卓根本没有这样的素养，他一心只想到自己的利益。后代有逆取的人，当以董卓为戒，最好早日顺守，以免遭殃！

应该得到的东西，得到以后，还要守得住。若是守不住，得到还不是等于没得到？刘备深明此理，所以三度谦让徐州。因此，仁义之名远播各地，实在收获颇大。

一、关羽温酒斩华雄：择适当时机展露锋芒

长沙太守孙坚，骁勇善战，又有程普、黄盖、韩当、祖茂四大名将助阵，所向无敌。讨伐董卓时，华雄不待吕布出战，便自告奋勇，要斩众诸侯的首级，果然把祖茂一刀砍于马下，使孙坚吃了败仗。袁术部将俞涉、冀州牧韩馥的部将潘凤，也接连为华雄所斩。袁绍感叹颜良、文丑不在眼前，正愁没人可以应战，关羽从刘备背后跳出来，大声说："小将愿往斩华雄头，献于帐下！"袁绍不认识关羽，急问："这是什么人？"听说是刘备的马弓手，袁术立即表示反对，斥责马弓手凭什么乱说话，下令把他打出。曹操忍不住替关羽求情，关羽也当众立下重誓："如不胜，请斩某头！"曹操赶快叫人端来热酒一杯，请关羽饮了再出战。关羽飞身上马，转眼间就提着华雄的首级返回帐内。曹操把酒捧给关羽时，发觉酒还是温的，因此关羽惊人的神勇从此流传开来。

这段故事和正史记载的有很大出入。依据史料，当孙坚讨伐董卓时，董卓派遣吕布和胡轸迎战。由于吕、胡两人意见不合，致使军中不战自乱。华雄原本是董卓大军的都督，也为孙坚所斩，和关羽并没有关系。

《三国演义》中写关羽温酒斩华雄的故事，至少有下述三个用意。我们分别说明如下，以供参考：

首先，关羽和刘备、张飞三人，当年在董卓打败仗的时候，救了董卓一命。因为三人都是没有官职的白身，董卓便表现出十分轻视的态度。现在袁绍和董卓打仗，袁术听说关羽是刘备帐下的马弓手，也喝声斥责，要把关羽赶出去。可见董卓和袁绍、袁术，都是官僚气息十足，双方并没有什么不同。这两大阵营，口口声声是为国为民，实际上可以说都是为了私利。我们常说现代人势利眼，用金钱地位来分高低，实际上这种风气，自古就已经形成。张飞当年气得要杀董卓，如今趁关羽大胜回营，又高声大叫杀人关去，要活捉董卓，不过都是空口说白话，因为没有占到适当的位置，说了等于白说，不是被劝阻，便是受到一番责骂。

其次，曹操从来没有见过关羽，却听说刘、关、张三兄弟打败过黄巾军的事情，看见袁术大怒，赶快出面制止，说"此人既出大言，必有勇略；试教出马，如其不胜，责之未迟"。袁绍还是不放心，生怕派马弓手出战为华雄所笑。曹操接着说："此人仪表不俗，华雄安知他是马弓手？"这才结束这一场纷争，由关羽出马。曹操爱惜人才，给人才表现的机会，于此表露无遗。论气度，有时候曹操还是表现得不错的，可惜有很多地方，却又过分喜欢玩弄权谋，给大家留下非常不好的印象。

最后，关羽如果没有实力，贸然出战华雄，同样被华雄斩于马下，后面就没有什么可说的。关羽真正有实力，若是始终得不到表现的机会，也不过空有一身本领，却没有用武之地。让他在袁绍阵营危急的紧要关头，好好表现一下，用华雄的勇冠三军来凸显关羽的实力，给读者留下非常深刻的印象，一想起关羽，便觉得武艺高超，无人可比。所以后来关羽兵败被困，大家都不敢相信，觉得他怎么可能到那样的地步。

二、孙坚为藏玉玺发重誓：成为众矢之的者难有善终

正史记载孙坚英勇无比，讨伐董卓时，自愿担任先锋。上将华雄，也是孙坚所斩。董卓以为孙坚也和吕布一样，有勇无谋，特派爱将李傕前来提亲，希望能够动摇孙坚的斗志。李傕说："丞相所敬者，惟将军耳。今特使傕来结亲，丞相有女，欲配将军之子。"孙坚大怒，严厉拒绝。董卓为了避开孙坚，甚至决定迁都长安。孙坚的战功，引起袁绍的不安，故意不发给他军粮，使其难以顺利进军。孙坚飞奔洛阳时，遥望火焰冲天，赶快发兵救火，无意中获得玉玺。这玉玺方圆四寸，上面有"受命于天，既寿永昌"八个字。袁绍得知，要他赶快交出来，免自生祸。孙坚对天发誓说："吾果得此宝，私自藏匿，异日不得善终，死于刀箭之下！"然后拔寨离洛阳而去。路过荆州，荆州刺史刘表已得袁绍通知，引兵截住孙坚去路，要孙坚留下玉玺，才放他过去。孙坚再度发誓："吾若有此物，死于刀箭之下！"

想不到不久之后，孙坚为了报刘表断路之仇，与袁术相约共击刘表，作战中竟然真的死于乱箭之中，只活了37岁。我们不迷信，但也认为不可以胡乱发重誓，孙坚可以否认，但是没必要发这样的重誓。如果说为了取信于人才发重誓，那更是自欺欺人。不用说袁绍不相信，刘表也不会相信。没有就是没有，信不信由他，何必发重誓来约束自己？万一成谶，岂不是祸害自己？幸好孙策年轻有志气，能继承孙坚的志业，并且善用玉玺，否则实在很不值得。

三、王允巧使美人计：至柔有时可以胜至刚

貂蝉这位《三国演义》中的绝色美女，并没有在正史中出现过。《三

国志》的记载，只说过吕布和董卓的侍婢私通，害怕败露，心里非常不安。司徒王允和吕布是同乡，知道了这件事情，便趁机晓以大义，要他做内应，除掉董卓。吕布说："怎奈我和他有了父子关系。"王允说："君自姓吕，本来就不是骨肉，有什么关系！"董卓的侍婢是不是叫作貂蝉？有没有这么出色？谁也不知道。《三国演义》中说，王允把他府中的歌伎貂蝉分别许嫁给吕布、上献于董卓，两人都是好色之徒，十分高兴。貂蝉不但长得美丽，而且聪明机警。王允交代她"于中取便，谋间他父子反颜，令布杀卓"，她这个柔弱女子，果然"自有道理"，完成了重大的危险任务。

王允先把貂蝉许配给吕布，再设法将其献给董卓，充分利用吕布和董卓之间的既亲近又互相怀疑的矛盾，把时间安排得非常巧妙，可以说费尽心机，绞尽脑汁。

这个美人计，带给我们三大启示：

其一，堂堂男子汉、一向自认为大丈夫的朝廷大臣，拿董卓一点办法也没有，到头来还需要借着一个弱女子的机智和冒险，来完成这么艰巨的任务。可见至强至弱，男人至刚至强，有时候反而最弱也最无力；而至柔至刚，女人平素十分柔弱，有时候比男人还要刚强。貂蝉只身周旋在两个大男人之间，随时有被杀的危险，竟然能够来往自如，取得双方的信任与同情，恐怕不是单凭男子气概，口口声声大丈夫的人所能够做得到的。男女性质不同，却各有特质。

其二，国家大事，一向是男人的专利，不许女人参与，几乎已成惯例。如今满朝文武，不都是男子汉大丈夫，为什么毫无办法？董卓的专横，加上吕布的勇猛，便能够掌握全局，这是什么道理？就是因为忠义之士太少，大多又地位不高。而有地位的人，又由于既得利益不愿意放弃，以"人在屋檐下，不得不低头"为借口，表现得不忠不义。可见当国家大事还要委任给弱女子的时候，已经是积弊已久、忠良在野的凄惨局面了。

其三，食色性也，道学先生都这样说，何况董卓、吕布这些修养不好、品德欠佳却又得到机会、占好地盘的男人？俗语也说：英雄难过美人关。现代社会，包二奶、养情妇，常用来衬托和炫耀男人的成功，哪怕是假的、不长久的，也乐此不疲。大概是"饱暖思淫欲"的生理需求，加上"逢场作戏"的心理，才使得自古已有的美人计，一直被沿用至今，始终是十分有效的计策。虽然大家都知道，迷恋女色、搞婚外情，结果无不十分凄惨。但是当局者迷，很不容易苏醒过来。董卓平日最听信李儒的话，遇到李儒劝他，为使吕布死心塌地把心交给董卓，干脆把貂蝉送给吕布，他就听不进去。他情愿为了貂蝉，送掉自己的性命，当然也就没有什么皇帝的梦想。貂蝉功成身退，更显得落寞而无奈。

四、董卓受禅台前被杀：逆取者要能顺守

挟天子以令天下，董卓立陈留王为汉献帝，自立为相国，携剑上殿。虽然没有皇帝的名分，却每夜入宫，夜宿龙床，实际上拥有皇帝的权威。如果他明白逆取顺守的道理，从此改头换面，接受李儒的劝说，擢用名流，好好把朝政治理好，使朝廷安定下来，很可能逐渐改变大家的想法，未尝不是当时作乱中的一件好事。但是，以董卓的性格和为人，断断不可能如此。一个人想要逆取顺守，必须要有高度的悟性和毅力。董卓根本没有这样的素养，一心一意，只想到自己的利益。为了迁都避难，竟然捉拿洛阳富户达数千家，妄加反臣逆党污名，杀人掠夺财产，放火焚烧宗庙宫府及百姓房屋，劫持天子后妃，到长安去建立新都。

王允看透董卓的为人和野心，一方面巧施美人计，以貂蝉离间董卓和吕布的关系，一方面密情李肃，让其向董卓报告王司徒已命人构筑受禅台，

陪同董卓前往受禅。董卓信以为真，兴奋得连90岁高龄的老母亲的劝告也听不进去。一路上有很多警讯，都是不祥的预兆，但他也只听信李肃的报喜不报忧。到了受禅台，远远看见王允等人，手中各持宝剑立于殿前，这才惊恐地问："为什么持剑？"可是已经来不及了，吕布一戟直刺其咽喉，李肃接着割下他的首级。一场皇帝梦，醒来的时候已经尸首分离。结果换来大众的欢呼，落得千古的骂名，果然是自作自受。

董卓的结局，使曹操终其一生不敢篡位。后代有逆取的，如果以董卓为戒，最好早日顺守，以免遭殃！

五、李肃、王允有功亦被杀：功过有时不能互抵

我们所说的秩序，实际上就是宇宙赖以生存的自然秩序。往昔大多以上天、老天、神明来表示，后来老子定名为常道，把显秩序称为非常道。中华民族最喜欢明道、求道和行道，对于得道高人，更是衷心敬佩。

李肃在当时的表现，依显秩序来看，当然有功。他劝降吕布，又折箭为盟，与王允同心杀董卓。但是从隐秩序来看，李肃劝人不忠不义，则是很大的罪恶。如果不是他以同乡的身份劝说，加上赤兔马的诱惑，吕布很可能不会杀丁原。董卓害怕吕布，也可能自我节制，不致如此横行霸道。所以李肃的罪行可以说十分恶劣。

蔡邕本来罢官返回故里，李儒举荐他时，他并不愿意再度任职。由于董卓威胁他，如果不服从命令，便要灭他的族，这才不得不受召入朝，拜为侍中。从显秩序看，伏在董卓尸体上大声痛哭，固然不应该，但依隐秩序而言，有感于知遇之恩，理应如此，何况他自知罪大，请大家原谅。

王允却并不答应，把蔡邕处死了，又认为李傕、郭汜、张济、樊稠四

人曾经大力帮助董卓，也必须受死，逼得他们和牛辅合力对抗吕布。因此王允罪大，必须受到报应。吕布有勇无谋，与牛辅作战时，令李肃先行抵挡。牛辅败下阵去，却趁李肃不备，前来劫寨。李肃败走三十余里，折军大半。吕布大怒之下，把他斩首，并悬其头颅于军门。李傕等人入城，向汉献帝控告王允谋杀董卓，一定要逮到王允才能退去。汉献帝不忍，王允却自己从宣平门楼上跳下来，为李傕、郭汜所杀。

就以上这几个人来看，董卓专横残暴，杀人无数，最后惨死于吕布的戟下；吕布勇猛而不讲忠义，亲手杀死前后两位义父，终于被曹操缢死；李肃不知天高地厚，劝告吕布投奔董卓，为虎作伥，结果为吕布所斩；王允杀董卓，是出于对汉室的忠，但是杀蔡邕就非常不合理。一定要把同情董卓的人一网打尽，便是马日䃅所说的："王允其无后乎！"蔡邕哭董卓，固然是不识时务，而且也得不到大家的支持。然而王允因此而缢死蔡邕，未免也不近人情，说要大赦天下，却不放过李傕、郭汜、张济和樊稠，逼迫这些人造反。而王允自己也为这些人所杀，并且连累宗族老幼被尽行杀害。岂不是现世因果，一报还一报？

我们的意思，并不是杀人者一定要被杀，而是杀人的动机至关重要。只能为除暴安良而动手，并且要合理合法，才是正当行为。若是为私仇而杀人，为自己的利益而动武，那就是蓄意、恶意杀人，一定会得到报应。这并不是迷信，而是自作自受的宇宙规律，就好像驾驶汽车的人必须遵守的行车规则一样，无人能够例外。我们在高速公路上行驶，如果连其他车道的车辆不至于横向冲过来的信心都没有，请问如何开车？善有善报，恶有恶报，若是单纯地看成迷信，并没有什么价值。把它当作警戒，视同自然规律，促使自己多行善不作恶，那才是真正的价值。宇宙间的功和过是不能够彼此互抵的。功必须赏，而过也一定要罚。所以不求有功，但求无过，值得我们体会。隐秩序在这方面的作用，可以帮助我们明白这些道理。

六、刘备不受徐州：无法守住便不要盲目争取

　　陶谦自知曹操兵多势大，难以抵挡，接受了糜竺的建议，写信向孔融求救。孔融，字文举，山东曲阜人，是孔子二十世孙，自小聪明敏捷，表现出奇异的才能，28岁时，便担任北海郡守，并且甚得民心。

　　孔融与陶谦的交情深厚，但是要和曹操对抗，也是心有余而力不足，于是他想起刘备，便委请太史慈代为致意。刘备很高兴孔融居然知道他，满口答应，向公孙瓒借兵前来支援。陶谦见刘备仪表轩昂，言谈豁达，十分欣赏，令糜竺取出徐州牌印，要将徐州让给刘备，表示自己年迈无能，情愿让贤。刘备惶恐地说明，此番前来完全是帮忙性质，绝无吞并的意思，否则皇天不佑！

　　刘备向公孙瓒借兵时，公孙瓒曾问他，你与曹操无仇，为什么这样热心？刘备说孔融为义而帮助陶谦，自己既已口头承诺，便不敢失信。为信为义，岂能夺人城池？

　　陶谦再三谦让，刘备就是不肯接受。我们不妨以小人之心来度刘备的君子之腹，分析一下。他不是一直想创业吗？如今现成的地盘他居然不要，是不是由于曹操想要，他才不敢要？因为就算他答应下来，曹操也会转移目标，绝不放过刘备。这样一来，岂不是白要？还会增加麻烦。即便他心里再想要，也应该以不要为上策。不要，才不致乱要。不要权利，只尽义务，使刘备的声望大为提高。他写信给曹操劝和，曹操当然听不进去，大骂刘备何人，也敢如此劝他。不料吕布受到陈宫的劝说，攻打曹操的大本营兖州。曹操觉得情势不妙，听了郭嘉的话，卖了个顺水人情给刘备，领兵退去。

　　刘备的举动，使陶谦更加敬重刘备。他请来了好几位见证人，推刘备上座，一定要把徐州让给刘备。刘备说："孔融邀我共救徐州，是为了正义。如今无缘无故据而有之，天下将以刘备为无义之人呀！"

糜竺、陈登是陶谦的左右手，同声劝刘备不要推辞，表明陶谦是出于真心真意让徐州。孔融也说"今日之事，天与不取，悔不可追"。刘备坚持不肯接受，只答应屯兵小沛，以保徐州。张飞对刘备说："又不是我强要他的州郡，他好意相让，何必苦苦推辞？"

张飞的话，当然颇有道理。三兄弟辛苦奔走，为的是什么？还不是寻找一个根据地，然后逐渐求发展？如今难得的机会，为什么要放弃？想不到刘备严厉地说："汝等欲陷我于不义耶？"刘备不好意思对其他人士说出这样的重话，借着对张飞小弟自家人有话直说，表白自己的真诚心态。如果是假的，那他就是十足的伪君子，连曹操这样的真小人还不如；倘若是真的，他便非常了不起，值得我们尊敬。是真是假？必须再往后看才能看清楚。

不久陶谦病危，要刘备可怜汉家城池，接受徐州牌印，并且推荐孙乾、糜竺相助。刘备始终不肯接受，陶谦以手指心而死。刘备不得已暂管徐州，后来又把徐州让给吕布，自己仍然屯兵小沛，换来吕布的辕门射戟，把袁术派来的大将纪灵弄得左右为难。但是吕布哪里守得住徐州？到头来也是一场空。

应该得到的东西，得到以后，还要守得住。若是守不住，得到还不是等于没有？刘备深明此理，所以三度辞让徐州牧。因此，仁义之名，远播各地，实在收获颇大。

七、刘备二投吕布：敌人有时也是救星

公元 197 年，刘备第二次投靠吕布，驻军于小沛。听闻袁术指派大将

纪灵率军三万来攻，赶紧向吕布求救，以策安全。吕布平时就想杀掉刘备，为什么不假借袁术的手，来完成自己的愿望呢？因为他心中有数，一旦袁术打败刘备，两军联合在一起，自己就被包围了。所以才提出"辕门射戟"的建议，吓走纪灵，解除刘备的重围。从这个案例看来，吕布一方面是刘备的敌人，一方面也是刘备的救星。

我们常说，不要把敌人赶尽杀绝。留下一些敌人，自己才不致松懈下来。有时候敌人反而成为自己的救星，换句话说，一切全凭我们怎么想：把他当作敌人，好像真的十分可恶；把他想象为救星，果真一下子就有了转机，也可以利用敌人来扭转自己的厄运。

反过来说，吕布这次辕门射戟，救了刘备，对吕布而言，完全没有好处。因为张飞随即夺取了他的好马一百五十多匹，说是吕布夺刘备的徐州，以此回报。敌人是不是救星，并非由敌人来决定，而取决于我们自己的品位修养、所作所为。刘备以仁义为重，经常有化敌为友的收获。就算不一定变成友人，至少从某一方面来看，敌人已经成为救星。吕布则不然，自己不仁不义，别人不可能以仁义来回报。

不但张飞夺他的马匹，将来刘备还会夺他的性命。就算这次吕布救了刘备，结果也还是不得好死。世道人心，终究有其道理。

八、孙策用玉玺换江东基业：大事须由自己做主

孙坚有四子，长子名策，字伯符；次子名权，字仲谋；三子名翊，字叔弼；四子名匡，字季佐。孙坚从17岁起，到37岁英年早逝，这二十年间，独自创立基业，由于攻必克，战必胜，引起九州的重视。他不但是百战百胜的猛将，而且是角逐中原的青年政治家。

孙策生得容貌秀美，性情豁达开朗，又善于用人。孙坚起兵找刘表报仇时，即随父出征。见父亲惨死于乱箭之下，乃暂投袁术。他甚得袁术的喜爱，袁术曾说有子如孙郎，死复何恨！孙策虽屡次胜利，却因不能继承父志而痛恨自己。为了向袁术借兵，以图江东大业，便拿父亲藏匿的玉玺，典质为凭，向袁术借得兵三千人，马五百匹，带领朱治、吕范、程普、黄盖、韩当诸将，途中又遇旧友周瑜推荐二张。孙策亲往邀请，张昭、张纮应允相助，又设计收服太史慈，自此人皆呼孙策为"小霸王"。

袁术死后，孙策尽收江东属地，基业十分稳固。用一个没有实际作用的玉玺换来这么大的基业，当初劝阻孙策千万不要把玉玺交给袁术的人，想来也会觉得十分不安。我们却不认为如此，因为这种重大事件，只有领袖自己才能够果敢做决定。干部要获得信任，顶多不表示意见，最好不要擅自建议，就像李肃当年劝董卓放弃赤兔马，李儒劝告董卓把貂蝉赐给吕布那样，到头来自己都要承担很大的责任。干部表示不宜，也要看上司裁定才行。无论将来后果如何，上司必须自行承担。其他事宜，部属当然要多做积极、具体、可行的建议，才算称职。

九、袁术因玉玺惹杀身之祸：经营不当到头一场空

凡是对玉玺产生很大兴趣的人，都不过是由于此物素来被视为传国的宝物。秦始皇时，才雕琢成玺，上面的字，出自李斯手笔。秦亡，子婴把玉玺献给汉高祖。十常侍作乱，劫汉少帝外出，回宫时失去了玉玺，归孙坚所有。孙策把它典当给袁术，袁术嘴上说我不是要你的玉玺，实际上心中大喜，认为自己有当皇帝的命。不然，孙策怎么舍得拿出来呢？他在淮南，自认为地广粮多，如今有了孙策典质的玉玺，就想应天顺人，自立为

皇帝。于是统领大军二十余万，分成七路，要攻取中原。不料被关羽大杀一阵，败回淮南。曹操又乘机来攻，袁术大惊，赶忙渡过淮河，从此一蹶不振。后来被刘备追杀，气得吐血斗余而死。玉玺被夺，送往许都献给了曹操。一场空欢喜，没经过多久，便烟消云散了。

有些东西，对极少数人来说是宝贝，但是对大多数人来说，根本就是祸害。袁术出身世家，四世三公，若是好好经营，本来可称霸一方。孙策用玉玺来借兵时，袁术就有心从此不再归还。他看到孙策扫平江南，并上表申奏朝廷，一面结交曹操，一面向自己索回玉玺的不同情势，就应该提高警觉，及时调整自己的策略，把玉玺归还孙策。这样就可以使曹操出兵打孙策，并把玉玺还给汉献帝。如果曹操据为己有，必成天下公敌。或者干脆将玉玺还给汉献帝，看看孙策怎样反应。也可以如约还给孙策，和他结成亲家，联合在一起，共拒曹操。可惜袁术和袁绍兄弟俩，终究都是外表体面、脑袋空空，想不出好计策来。

十、孙策步其父之后尘：乱世须自重

孙坚17岁时，便因追杀海盗而名闻于世，31岁时成为三国时代唯一出身平民的创业者。他曾劝张温依军法把董卓斩首，张温未能接受。二十年间，孙坚可以说战无不胜，攻无不克，引起了世人的重视。但是他投靠袁术，所托非人，加上忠直勇猛，常常喜欢单骑出游，在岘山为黄祖的军士所刺。一颗巨星忽然陨落，至为可惜。

他的长子孙策，十余岁便结交周瑜等好友，才气毅力，都有乃父风范。袁术死后，孙策年纪轻轻，便已经尽收江东属地。曹操十分妒忌，却也无可奈何，还把侄女嫁给孙策胞弟孙匡，又将孙策伯父孙贲的女儿娶进门来做曹彰的媳妇。他知道"孙策像狮子那样雄猛,只能安抚,很难和他争锋"。令人惋惜的是,孙策没有汲取父亲遭人暗算的教训,竟然父子同命,在 26 岁那年,为许贡的手下所刺。若非如此,相信三国的历史也很可能大不相同。孙家父子二人都是单骑轻出,猝不及防,而且死时都那么年轻,实在是对自己太轻率了。一般人如此,已经不够自重,不知道爱惜自己的性命;身为将帅,如此不接受部属的劝告和陪同,只身遇刺,危及全军,是不是太不值得了?死得一点价值都没有。作为他的部属,也太没有安全感了。领导者必须自重,因为众人的安危都寄望在他的身上。他的性命,关系到全军的前途,绝对不能疏忽大意。要不是孙权统治得长久,东吴的巩固和发展,恐怕不会如此顺利。

十一、孙权承父兄事业:敬老尊贤才能成大业

我们认为人生有三大幸运,分别为好父兄、好师长、好上司。孙权 18 岁时,乘父兄的余荫,开始掌理江东大业。孙策临终时,向母亲禀报"弟才胜儿十倍,足当大任",称赞孙权"举贤任能,使各人尽力以保江东,我不如卿",完全是安慰和勉励的话。他心里何尝不明白,这位弟弟并没有什么雄才大略,因此特别交代"内事不决可问张昭,外事不决可问周瑜",又要求诸弟同心协力,当众宣布"宗族中敢有生异心者,众共诛之。骨肉为逆,不得入祖坟安葬"以巩固领导中心,并且指示孙权继承大业的首要工作,便是尊重老臣,与父兄时期的老干部搞好关系。周瑜赶回来吊祭孙策,又举荐鲁肃。鲁肃又推荐诸葛瑾,劝孙权勿通袁绍,且顺曹操再行应变。

孙家父子中以孙权能力较差。他却因为形貌奇伟,骨骼非常,又享高寿,终能守住江东大业,殊为不易。当时曹操闻知孙策已死,即要起兵下

江南。幸亏张纮力劝，说乘人家办丧事而征伐之，并非义举。

曹操于是奏封孙权为将军，结为外应，留张纮与张昭同理政事，以顾雍为丞相，因而威震江东，深得民心。孙权所遭遇的困难，无非是内部老臣倚老卖老，亲戚熟不拘礼，外部曹操和袁绍虎视眈眈。由于他接受孙策的遗教和诸臣的高明意见，与诸臣很快搞好了关系。孙权的敬老尊贤美德，帮助他成就大业。他对老臣的忍耐力，对新人的沟通力，都十分高明。只是他爱打猎射虎的家传习惯，使许多老臣担心不已。张昭为此还厉声加以指责，但还是很难改变。

十二、袁绍死后三子内斗：未立接班人后患无穷

袁绍有三个儿子，长子袁谭，字显思，出守青州；次子袁熙，字显奕，出守幽州；三子袁尚，字显甫，留在身边。袁绍死时，谋士审配、逢纪立袁尚为大司马大将军，领冀、青、幽、并四州牧。袁谭不服，引兵攻打袁尚。二人亲自交锋，袁谭大败，派人向曹操投降，曹操大喜，假意以女许婚，并自领冀州牧。袁谭打败袁尚后，要讨回冀州。曹操大怒，写信解除婚约，并发兵追击，不准袁谭再度求降，不久斩袁谭于阵中。袁尚和袁熙，星夜奔往辽东。郭嘉向曹操进言，不必加兵，辽东必杀二袁，会提头来献。果然不出所料，辽东太守公孙康因袁绍常有并吞辽东之心，怀疑二袁来此相投，终将鸠夺鹊巢，待二袁来时，先埋伏刀斧手，于席间砍下两人的首级，用木匣装好，派人送到易州，来见曹操。

没有家产的人，立不立继承人，根本无所谓，反正没有东西可以争，大家并不在乎由谁来继承。家产丰厚时，最好生前就立下继承人，预防后患。袁绍如果把地盘给三子平分，势力必然单落，降低竞争力。所以旧制

大多传给长子，以确保原有的势力。袁绍坐拥冀、青、幽、并四州，可谓庞大。三子又是不同母亲所生，难免增加了冲突的可能性。袁尚是后妻刘氏所生，形貌俊伟，甚为袁绍喜爱，所以留在身边。刘氏常催袁绍立袁尚为继承人，却因废长立幼与礼制不符，经常成为乱源，袁绍犹疑未决，一再拖延。袁绍临终，刘氏逼迫袁绍立袁尚为嗣，这才引起兄弟相残、同归于尽的惨剧。慎选接班人，顺利交接，都是领导者生前应该办妥的大事，千万不能大意。

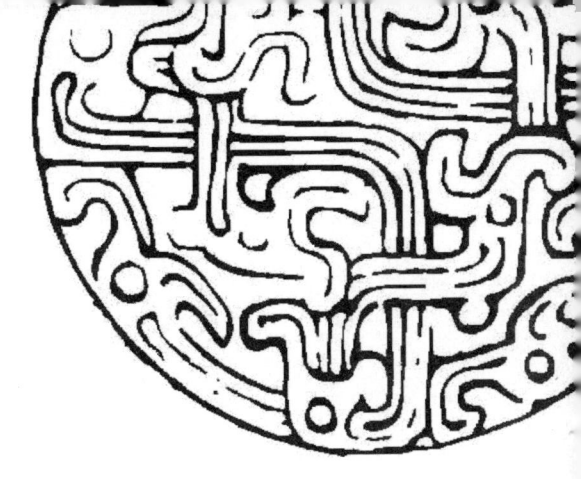

第二部
诸葛亮出山

刘备集团，文有孙乾、糜竺、简雍，武有关羽、张飞、赵云，按理说人才济济，而且志同道合，目标一致，可惜虽经多年努力，成果始终不理想。刘备自认命运不好，所以才枉费心力。经过水镜先生的指点，说明关、张、赵皆万人敌，惜无善用之人；孙、糜、简不过是白面书生，不够资格经纶济世，刘备方恍然大悟，决心礼聘高人，当然最好是王佐之才，自己才有希望完成预期的大业。

对个体户或者小企业来说，刘备集团已经表现得很好，至少令不少同业刮目相看。但是想要做大做强，则非提升人才素质不可。最需要的是有高级军师能够善用关羽、张飞和赵云。听到卧龙、凤雏的大名，刘备真的是心向往之。

征求人才，第一种方式是公开征聘，有意者自来登记，这只能适用于一般员工；第二种是请人信介，介绍人信用卓著，所推荐的人优先聘用，适用于中级人才；第三种是多方打听，自己备妥礼品，还要礼貌周到，表现最大的诚意，才请得动高明人士。用徒者亡，招之即来的人，大多不是人才。用友者霸，霸气太重的经营者，容易专权独断，有人才也不能用。只有用师者王，能够以老师的身份来礼待高明人士，让人尽心尽力，毫不保留地贡献出来，不但请动了老师，而且获得非常大的助益。

水镜集团的高级人才，既不会自动前来应征，也不会大力推荐，附上有分量的推荐信函。他们善于布局造势，使求才的主人诚心诚意地亲自来邀请。特别是卧龙先生，自比管仲、乐毅，属于顶级军师，当然有精心的安排。

这样，促成刘备三顾茅庐，对其礼遇有加，将来诸葛亮出山相助，刘备才能够对他言听计从，使诸葛亮能尽其所能。

为了造势，水镜集团先让徐庶以的卢马妨主为由劝告刘备将其赐予有仇怨的人，测试刘备是不是真的像传说的那样仁慈有德。主公甄选人才，人才同样要考验主公。让诸葛亮在应征或面谈时考验刘备并不妥当，以徐庶来充当考验人则较为合适。刘备既然以仁德为号召，不论是真是假，都必须经得起考验。徐庶敢考验刘备，自己也要有优异的表现，使刘备有信心，自己经得起考验，才够资格考验别人。

诸葛亮出山，是造成三国鼎立的关键。一切按照水镜集团的天下部署进行，联吴抗曹。把曹操的势力局限在北方。而赤壁之战，几乎粉碎了曹操统一南方的梦想。

诸葛亮以"空降部队"的姿态来到刘备阵营。关羽和张飞自认为是刘备的结拜兄弟，老将功劳大，哪里肯服这位新来的年轻军师。刘备有了徐庶的那一段经历，知道要大力支持诸葛亮，使他好做事。诸葛亮料到曹操兵败，逃走时必定经过华容道，故意叫关羽在那里埋伏，一方面提供机会让关羽还了曹操礼遇他的人情，一方面则让关羽心悦诚服，从此不敢轻忽军师的命令。军师再神机妙算，要想获得主公的全力支持，也需要一番心思、若干表现，促使旧将新人能够乐于配合，听从命令。

诸葛亮不单是刘备集团的军师，他的一举一动，也间接影响到曹操和孙权，属于跨集团的高人。刘备集团能够不断升格，晋升为跨国大企业，诸葛亮的贡献实在很大，不愧为水镜集团首脑人物。隐秩序看到各种显秩序的表现，社会失序，混乱不堪，民心虽然求安，却求助无门，十分可怜，看到刘、关、张这个气球所追求的理想，在众多气球当中最为可取。然而，老是这样拼斗下去，很难有所突破。想要对他们给予协助，才委由水镜集团出面促成。

自古以来，隐秩序由于无形无迹，相当于现代所说的能量，有力量却缺乏着力点，以致使不出来。每当要有所作为、发挥隐秩序的力量时，便通过当时最为合适的人选来表现一番。接受隐秩序委托的人，则依据当时的状况，采取不同的形象、角色和方式，来发挥应有的功能，达到预期的成果。人类最古老的隐秩序代表当推伏羲氏，然后黄帝、唐尧、虞舜，同样一脉相承，只是不同阶段被赋予不一样的代号而已。《三国演义》中，则以水镜先生司马徽为代表，我们把它称为水镜集团。

隐秩序的原则，其实是亘古不变的。即是贤能在位，百姓安宁；有德有才的人，居于领导的地位，好好治理人民的事务，使人民安居乐业。按理说显秩序的要旨更应该如此，才叫作合乎天道、顺应民心，而且自然合理。可惜由于人谋不臧，以私害公，经常说得动听，做起来则偏离正道。幸好有隐秩序在暗中配合调整，才能乱久渐趋为安。现在看到刘备这个气球逐渐获得大家的注目，正需要引进高级军师，以提升整体力量。在预测、规划、执行、改善等方面，都有赖于人员素质的增强。诸葛亮出山，是隐秩序的善意，希望以诸葛亮一人之力，来改变现有的局势。

第一章
刘备突破发展瓶颈的奥秘

　　刘备的一生中桃园三结义是一个重大的转折点。现在九死一生,惊魂未定,遇见水镜先生,受到很大的影响,从此改变观念,这又是一个重要的转折点。我们一生当中,总有某些转折点,表示另一个阶段的开始,如果能够把握时机,调整方向,做好合理的调整,那就叫作幸运。

一、刘备跃马檀溪：天救自救者

刘备听说蔡瑁设计害他，急解的卢马，开后园门牵出，飞身上马，加鞭而出。不久遇见檀溪拦住去路，溪阔数丈，波浪甚急。刘备大叹今番死矣！回头一看，追兵已近。不得不急纵马下溪，加鞭大呼："的卢！的卢！今日妨吾！"以上所述，都属于显秩序的范围，大家在这种情况下，所能做出的反应，大致上都是如此。至于那马忽从水中跃身而起，一跃三丈，飞上对岸，则是隐秩序的功能，我们称为如有神助。科学至今无法证实，所以不方便置评。

有了这种神奇的力量，刘备惊魂甫定，似醉如痴。想此阔溪一跃而过，岂非天意？这就是刘备的高明处。如果缺乏这种敬天的素养，刘备立刻寻找赵云，和关羽、张飞在一起，那就坐失良机，再也遇不见诸葛亮了。

幸亏他隐隐约约知道，有一股神奇的力量在引导他走向料想不到的新境界。这才定下心来，看得见牧童，也听得到短笛的声音。若非如此，什么景色都不在乎，一心一意想赶路，把所有隐秩序给他的警讯，全都忽略掉，就算隐秩序想帮忙，也无从帮起，只好无可奈何了！

后有追兵的危急情况下，所有潜力都忽然爆发出来。相信过后再来一次，任凭刘备怎么鞭策、呼唤，的卢也跃不过去。

　　这种只能一次、无法重复的事情，我们通常把它称为如有神助，意指不可能再有第二次同样的情况了。人们骑自行车，忽然路变得十分狭小，好像是独木桥似的，两旁又是烂泥巴，眼看着根本过不去，非跌倒不可。结果身子一晃，手脚一阵忙乱，居然安全通过，真是如有神助，觉得很庆幸。刘备当年飞跃檀溪，同样是如有神助，只不过比骑自行车更神一些，并不值得大惊小怪，过分惊奇。

　　一个人只要决心坚定，不达成预期使命，决不罢休，往往会有这样的遭遇。刘备当时的第一反应是今番死矣！如果因此而下马受擒，或者游泳逃生，大概已经天从人愿，让他心想事成，果然就死掉了。刘备马上想起，自己的任务尚未完成，今天怎么能够就这样死掉？所以加鞭大呼"的卢不要妨碍我的大事"。他这时产生的强烈的求生欲望感染到的卢。也不知道是什么原因，的卢从水中跃起，竟然一跃三丈，真是不可思议。最要紧的是刘备的强烈求生意愿救了他自己。这种意愿，如果是大公无私，完全为了公事，往往更加灵验，会产生想象不到的结果。

　　我们常说天助自助者，刘备先帮助自己，上天才有办法助他一臂之力。蔡瑁是坏人，隐秩序借用他的坏心眼，将刘备逼到南漳，又使的卢马跃过檀溪，使坏人奸计不能得逞。可惜蔡瑁只知道"是何神助也"，却不能自省自己，改变自己，枉费了隐秩序给他的善意提示。

二、刘备深信水镜先生：转变观念才能转变命运

　　刘备的一生，桃园三结义是一个重大转折点。现在死里逃生，惊魂未

定，遇见水镜先生，受到很大的影响，从此改变观念，这又是一个重要的转折点。我们一生当中，总有某些转折点，表示另一个阶段的开始，如果能够把握时机，调整方向，做好合理的调整，那就叫作幸运。

有了如有神助的经验，而且记忆犹新，这时候把原来平常的状态，看成非常神奇，实在是意料中的事情。牧童骑牛吹笛子，在乡村是常态，刘备却感叹"吾不如也"，这是他自己的心情产生的反应。牧童认识刘备，使他大为吃惊，不过是自己在受惊状态下，有种受宠若惊的感觉。水镜先生忽然停止弹琴，出来看见刘备，说是从琴声中知道英雄来访，是不是故弄玄虚？谁也不知道。水镜先生当然有很高的修养，能够未卜先知。但是此时此地的刘备，更容易相信水镜先生的话，也是心理上的期待。

水镜先生把握难得的机会，告诉刘备，赶快向奇才求助，才能成就大业。并且推荐卧龙、凤雏，使刘备一改以往的观念，诚心诚意地寻求辅助的高人。刘备这一改变，终于请出了诸葛亮，所以说是一个十分重要的转折点。

如果刘备一开始就受到各方面的重视，发展得十分顺利，不但没有机会遇见水镜先生，就算遇见也不一定肯听他的劝告。刘备走投无路，反而有幸遇见水镜先生，也可以说是一种巧妙的安排。可见天无绝人之路，只要确定方向，一路走下去，自然会绝处逢生，化凶为吉。

三、水镜先生不肯相助刘备：各人应尽己所能，各守其分

世间事有阴就有阳，同样是高人，都能够神机妙算，具备治国济世的才能。但是有人见时机不对，出山也不过白忙一场，因此决心归隐，坚持不出山。有人则明知时机不对，却愿意明知其不可为而为之，遇到明主诚

意相求，便出山相助。水镜先生属于隐士这一类，宁可举荐别人，自己从不蹚浑水。诸葛亮则属于明知不可为而为的一类。人各有志，不必勉强。我们最好尊重各人的选择，不加置评。

水镜自己不出山，却极力举荐卧龙（诸葛亮）、凤雏（庞统）、徐庶、诸葛瑾等人，是不是己所不欲而施于人？不是。他既然神机妙算，自然算得出这几位朋友的未来，谁和刘备有缘，理应出山相助，而且需要他的举荐。所以才把握机会，向刘备介绍。至于双方是否有意，他也会预先考量，不至于冒昧。

刘备是实事求是的人，心想水镜先生高才，就在眼前，何必舍近求远？于是拜请水镜先生出山相助。水镜谦称山野闲散之人不堪世用，并且告诉刘备，自有更高明的人会来相助。一方面拒绝，一方面也给予了刘备希望，使刘备求贤的心更为坚定。水镜自己不出山，却承担举荐他人的责任。

既然有自知之明，当然要尽力促成，以完成共同的使命。人生在世，各有不同的志向，有各不一样的任务；站在不同的立场，各有不一样的表现。既然没有对或不对、善或不善的分别，就应该各尽所能，各守其分才好。

四、徐庶试刘备：厚道的老板更吸引高人

徐庶本名徐福，字元直，曾经为了替人报仇而杀人，化名为徐庶。他听说刘表是明主，特别前往拜见，发现刘表徒有其名。旅途中路过水镜先生的住处，水镜告诉他刘备也在此地。两人商量，安排比较自然的情境，来吸引刘备。

徐庶知道刘备喜欢听歌，并能从中悟出一些事情，所以故意高歌一曲，说明自己选择明主的意愿。刘备正在寻访高人，对此十分敏感，当然一听就十分着迷，以为此人就是心中念念不忘的卧龙或凤雏。既然已经心存好感，所以徐庶用的卢来考验他，他也能够承受。否则求职的人，一见面就要考验主公，相信多数主公受不了，不愿意接受这样的人。徐庶呢？他自认并非等闲之辈，不是明主绝不轻易扶助，而且也有这方面的能耐，所以才敢见面就说的卢会妨害主人的事，出坏点子来试试刘备是不是像传闻中那样仁义厚道。这种面谈的过程，现在恐怕是看不到了。求职的人没有这么大的本事，用人的人也没有这么大的度量。现代人不如古人，应该惭愧才是。

徐庶知道机不可失，所以不放过机会。但是急于求职，却不能不慎选明主，以免害了自己。所以急是一回事，考验也是重要的。这一松一紧，使刘备格外看重徐庶，也显得徐庶真的有本事。刘备拜徐庶为军师，实际上是水镜先生的安排。这一切都做得不露痕迹，好像刘、徐两人的事情与水镜先生无关，这实在是举荐人的最佳方式。可惜现代人不喜欢动脑筋，不懂得拐弯抹角的妙处。

我们已经说过，第一次表现非常重要，非成功不可，否则众人失去信心，想要挽回，就实在困难。徐庶就任军师，恰巧赶上曹操派曹仁来打新野。他献出计策，一举大败曹仁，使刘备对其更加刮目相看。

但是天下事有利即有弊，徐庶的表现，同时引起曹操的注意，他想方设法要招揽徐庶，使徐庶有志难伸，虽然遇到明主，却不得不万般无奈地离开刘备，这要如何是好？

按理说胜败乃兵家常事，曹仁新败，根本不敢向曹操报告，只是报仇心切，出动大军要踏平新野。徐庶再献计策，大破曹仁的八门金锁阵。

曹仁又气又急，夜间前来劫寨，又被徐庶预先算定，并且派关羽攻占曹仁的根据地樊城，逼得曹仁无处可退。曹仁只好硬着头皮，败回许都，不得不哭着跪下请罪，并且细说徐庶用计，这才引起曹操的注意。

一个人不表现，大家把他当病猫；一个人有好的表现，四方八面的打击就紧随而来，万一招架不住，也就真的成为病猫。徐庶是一个典型的案例，他一生的表现，尽在于此。以后便无所展现，是不是命也运也？但是事实如此，聪明如徐庶，也难以改变。他这一生的任务，好像只是把场子热一热，让诸葛亮登场发挥。如果没有徐庶这场戏，刘备会不会三顾茅庐、信任诸葛亮、放心让他施展才能，恐怕谁也没有把握。徐庶的贡献，实际上已经全部完成，如果他继续担任军师，诸葛亮不会出山，刘备有没有后来的成果，则谁也不敢料定！

五、刘备三顾茅庐：要以崇敬之心求大贤

水镜集团人才济济，共推诸葛亮出山辅佐刘备。重量级人物出现之前，当然要有很多动作，把场子搞热。

首先是牧童介绍水镜出场，接着水镜弹琴，见面就说刘备逃难落魄，指出刘备的缺失在左右不得其人，很快就引出卧龙、凤雏，以吸引刘备的注意。最高明的地方，是让刘备只闻其名，不见其人，为将来的三顾茅庐埋下伏笔。接着出现的人物居然是徐庶，让刘备叹为观止，认为天下高贤以徐庶为第一。徐母的一封信，使刘备痛失左右手，要留不敢留，伤心死了。徐庶这时候推荐诸葛亮，即使刘备想要也不便明白表示出来，以免让徐庶认为有了诸葛亮便可以取代他，岂非笑话？徐庶知道刘备的个性，所以含悲离去，又走马返回，表示自己非去不可，但不荐人才不能安心。刘

备又转悲为喜，愿闻其详。徐庶好好推介一番，刘备对诸葛亮终于有了深刻的认识。

现代人喜欢自我推销，抓住机会，便要吹捧自己，想把自己推销出去。这种做法，是自己作贱，只能贱卖，不能提高地位。徐庶高歌一曲，好像是在自我推销，其实不然。如果不是水镜先生先在刘备脑海中打下一个印记，徐庶再怎么唱歌，恐怕刘备也不会在意。因为他的心目中，文有孙乾、糜竺、简雍，武有关羽、张飞、赵云，哪里还需要什么山野间人？水镜先生推荐卧龙、凤雏，先给了刘备一个模糊的概念，然后逐步具体，真人还是不出现，更增加一些神秘感，让刘备觉得可望而不可即，起了崇敬之心，乃决意求贤。

刘备安排礼物，要到隆中拜访。刚好水镜先生来访感叹徐庶中计，暗示诸葛亮比他高明。刘备说起徐庶的推荐，水镜先生却说，自己走了，为什么还要拖累别人，把孔明拉出来呕心沥血？这实际上是让刘备明白，跟着他只有辛苦，根本谈不上享受。若不是为了天下百姓，谁愿意放弃山林的悠闲生活，出来受罪呢？这能更进一步打动刘备的心，使他对水镜先生所推荐的人更加尊敬。水镜先生趁机说出诸葛亮、崔州平、石广元、孟公威、徐庶是密友，但以诸葛亮最特殊。他故意借用诸葛亮的话，说其他四人都可以担任刺史、郡守，只有诸葛亮能够和管仲、乐毅相比，以此来提高诸葛亮在刘备心中的地位。当然，这也连带着引起关羽的注意，认为诸葛亮太过自大。水镜先生这才画龙点睛，指出诸葛亮可比姜子牙、张良，为其后刘备请诸葛亮当丞相留下伏笔。水镜先生与刘备告别时，仰天大笑说，卧龙虽得其主，不得其时，惜哉！是告诉大家，水镜集团的宗旨是大公无私，替天行道而不是顾虑个人的成败。

刘备当下盛赞：真隐居贤士也。心里明白，诸葛亮如果不加以特殊的礼遇，和水镜一样，是不愿意出山相助的。水镜先生这一番话，促成刘备的诚心拜访，使三顾茅庐传为人间美谈而流传万世。这当中有进有退，有刚有柔，也有成有败，使刘备今后和诸葛亮相处，心中有一个底。这是最完整的战前辅导，使诸葛亮获得了一个良好的工作环境，也使刘备对所邀请的人有更深入的了解和合理的期待。水镜先生作为职业咨询顾问，实在是服务到家，考虑得很周全。

世世代代都可能有诸葛亮这样高明的人士，只是刘备难求。请看今日的征才广告，口气都不是很好，好像提供工作机会已经很了不起，求职的人非低声下气不可，需要求职者提出申请，还被问有什么要求？诸葛亮如果遇到这种主公，恐怕不可能加以理会。当时诸葛亮既是贤才，又有志向。有人建议他投往曹操，必定会获得重用。他认为曹操虽然求才若渴，但由于志不同道不合，不能考虑。有人建议，江东孙权是好主公，诸葛亮说他能贤亮却不能尽亮。既然无法发挥，何必浪费时间？他坚持慎选明主，否则宁可自己做做研究。即使听说刘备以仁德为怀，也先让徐庶去试一试，证明刘备果然如此，他还要亲自试试看。

他算到刘备将于近日来访，故意外出，由童子口中，说出归期不定，行踪也不明，考验刘备的耐性。再请崔州平泼冷水，说自古以来，治乱无常，就算把诸葛亮请出山，也是徒费心力，试探刘备的信心是否坚定。然后放出讯息，使刘备知道自己回到卧龙岗。那时候天寒地冻，刘、关、张三兄弟一定有不同的意见，让他们内部先沟通沟通，看他们对礼聘诸葛亮这件事，能不能达成共识，以免将来诸葛亮成为"空降部队"，关羽、张飞心里不高兴。这样可以促成刘备在内部调和上做好准备工作。同时，也故意让三人再度扑空，看看三人如何反应，刘备怎样安抚关、张二人，会不会自己也发牢骚。并安排石广元、孟公威从旁观察，最后请岳丈黄承彦面试。大家都表示同意，第三次才在家等候三人的来访。

对刘备来说，能够三次顺利成行，实在不容易，因为关羽和张飞对此都有不同看法。能够三次兄弟同行，证明刘备领导有方，展现了大哥风范。两位弟弟虽然有意见，却也能够顾全大局，配合兄长的意愿。这显然是具有高度团队精神的集体，值得诸葛亮投入，把自己的心力贡献出来。

但是，为了将来好做事起见，他还是不能亲自到门口迎接，以免一下子主从定位，失去先生的地位，今后很难做事。所以，他故意高卧不起，看刘备有什么反应，会不会叫童子吵醒他，还是故意大声说话来吵醒他，还有关、张二人是不是忍得住，将来会不会接受他的意见。刘备一切都通过考验，他这才翻身醒来，问童子有没有俗客来访。如果他开口就问有没有贵客光临，岂不是露出马脚，让刘备识破他的心思？这才整容更衣，使刘备获得很好的第一印象，并且十分谦虚，说自己年幼才疏，比不上水镜、元直。刘备更加坚定信心，好不容易见面，今天非得打动诸葛亮的心，把他请出山不可。若是诸葛亮一开口就自我膨胀，说水镜、元直不错，只是不如自己高明，又说刘备虽然命苦，还找不到立足之地，现在总算找对了人，以后可以安心，说不定刘备会恼羞成怒，反而把诸葛亮挖苦一番，拂袖而去。因为这么大的口气，这么高的姿态，以后大概很难领导，不如算了。反正大家都说时机不对，徒劳无功，不如另做打算！诸葛亮一句愿闻将军之志，把刘备的心安定下来。愿意聆听主公的理想，大多是好幕僚。这么高明的军师，当然不能错过。于是三顾茅庐，善始善终，圆满地收场。

六、隆中对策定三分：做大事要战略为先

诸葛亮未出山之前，已经做好天下布局的计划。他从战略上，对全局

做了十分深入的研究。在短短几分钟之内，对曹操和孙权的势力和地盘，做出明确的归纳，指出荆州和益州才是刘备的用武之地，三分天下，曹操靠天时，孙权占地利，刘备必须善用人和。诸葛亮说得完整具体，使刘备非常兴奋，只提出一点疑问：荆州刘表、益州刘璋，说起来都是汉室宗亲，怎么忍心抢夺这些地方？诸葛亮三言两语，就把答案说得十分明白，让刘备更加安心。

一个人如果不能在三五分钟之内把一件事情说清楚，就表示对于事情的根本还不能充分掌握，这时候说来说去，都是在枝枝节节上面兜圈子。再复杂的事情，也要在三五分钟之内说明白，才显得是抓住根本，有充分的把握。诸葛亮若是啰啰唆唆，讲个没完没了，恐怕刘备也听不进去，说不定敷衍一下，客套邀请，诸葛亮一客气，也就不勉强。三顾茅庐的结局，就成为空欢喜一场。

预测未来，只能说出大方向，不适合涉及细节。因为变数太多，过程很可能难以预料，说多了反而不准。但是大方向不会改变，只要看得准，说出来不会错，便是料事如神。隆中对把今后天下的大方向，说得十分明确。刘备是局中人，心里更是明白，诸葛亮所说的，势在必行。

只是以往自己进退无据，才浪费这么多时间。诸葛亮带着完整的战略，又与主公事先建立共识。准备妥当，又在刘备诚意相邀的礼遇下出山，可以说是未上演先轰动！

刘备和诸葛亮在室内长谈，主要是分析当时的形势，以及站在刘备的立场，为他做出未来的整体规划。由于对谈的地点称为隆中，所以大家叫它隆中对策。

首先，诸葛亮指出，曹操打败袁绍之后，已经拥有百万军队，又挟天子以令诸侯，不适合与他正面冲突。

接着说孙权据有江东，地势险要，经过父子三人的经营，民心归附，可以与他合作，也很难抢他们的地盘。

然后才针对刘备，说有一块土地，好像上天特别留下来给他使用的。那就是荆州和益州，领域也不小。

刘备虽然胸怀大志，却对天下大势并不十分了解。刚开始以为曹操打不得，孙权不能打，自己毫无希望，不免有一些伤感。忽然听到荆州和益州，不觉眼睛一亮，连忙请教如果这样的话，要怎样规划才有进展。诸葛亮暂停一下，想知道刘备的反应如何。若是刘备只想拥有荆、益两州，形成三国鼎立，便于愿已足，他实在没有必要出山，做这种没有意义的事情。三分天下，只是一种手段、一个过程，不应该是目标。幸好刘备也这样想，诸葛亮才提出三国鼎立之后的远程规划，主要有两点：

第一，联吴抗曹是基本策略，不能轻易改变。

第二，待时机成熟，分东、西两路北伐。东路由荆州，西路由益州，使曹操不得不分散兵力。如果孙权再加兵支援，则霸业可成，汉室可兴矣。这才是远程的目标。

可惜后来基本策略有所改变，后半段的规划更是无法完成。隆中对策虽好，也不能不受隐秩序的影响。

七、文武高才助刘备：识人善用为团队发展根本

刘备的"备"字，可以解释为万事皆备，或者求全责备。一方面上天看重他的抱负，给他很多东西。好像他所需要的，都替他准备齐全；另一方面，他自己必须非常注重品德修养，用最高的标准来要求自己。只有两方面配合得好，刘备才算幸运，否则的话，会不幸。

关羽武艺高强，万人莫敌。诸葛亮神机妙算，善于谋划。一武一文，

都是当世顶尖人才，领导其中一位，已经十分困难，同时共事，当然更为不易。刘备的识人功夫，堪称了得。关羽相貌堂堂，威风凛凛。董卓见了他，只问他有什么身份；袁绍看见他，同样问他现居何职；曹操也是用尽礼遇办法。唯独刘备一看到他，便和他结成异姓兄弟。诸葛亮高卧隆中，声名远播。刘表是他叔父的朋友，并没有看上他。刘备只闻其名，未见其面，就能够三顾茅庐，这实在不是一般人做得到的。刘备的年纪，比诸葛亮大20岁，隆中对谈后，立刻拜这位后生为军师，当然是慧眼识英雄，无人能比。

隐秩序没有着力点，却更富有弹性。我们常说"有缘千里来相会"，这"缘"的由来，便是隐秩序的作用。刘备、关羽和诸葛亮，各自有很多朋友，如果不是那只看不见的手在撮合，怎么能够如此圆满地把三个人聚集在一起，而且合作无间呢？刘备如果仍然是皇室要员，不能和关羽结识，就闯不出什么名堂，即使三顾茅庐，恐怕也打动不了诸葛亮的心。三顾茅庐时，关羽还很不以为然，后来却由衷地佩服诸葛亮的调兵遣将。冥冥中似乎有一股力量，在穿针引线，是不是？

八、水镜集团浮现：隐秩序尊重显秩序规律

人类社会，先有隐秩序，称为世道人心。一切本乎自然，所以顺天应人。后来由于创造力和自主性的发挥，自以为是地创造出显秩序，不但见仁见智，而且屡有争议，可见显秩序具有局限性，时间、空间有所改变，也就必须有所调整，否则不能适应大家的需求，难免会造成矛盾，甚至引发冲突。合久必分，分久必合，主要原因即在于显秩序出了严重的问题，隐秩序则始终如一，保持一以贯之的理念和态度，恒久而持续地对显秩序

提出建设性补助措施。但由于无形无迹，经常隐而不现，偶尔在必要时，才借由人、事、地、物来显示征兆，提出警讯，自古以来，便不曾中断。只是它变化多端，令人捉摸不定，不易觉察。

《三国演义》中，正式登场的隐秩序代言便是水镜先生司马徽。他适时出现，三言两语，就使得刘备急着向他请教奇才安在，这才导演出三顾茅庐的旷世大戏。

水镜集团应该称为贤能集团。贤指品德修养高明，能即才能出众。对贤能历来的称呼并不一致，神仙、得道高人、仙翁、奇士、哲学家，都曾经被用过。这一次我们用水镜集团来加以描述，并没有特别的用意。自从朝政混乱、社会失序开始，水镜集团便开始运作，只是默默耕耘，尚未打出名号而已。刘、关、张结义，实际上也是隐秩序的杰作。武局展开之后，现在推出文局，水镜先生这才隆重登场，把诸葛亮全力捧抬出来。这看似是忽然浮现，其实不然。

水镜集团，既然是隐秩序的代言人，自然和所有隐秩序代言人一样，可隐可显，时隐时显，令人摸不着头脑。它的成员，其实人数颇多，只是有时候连成员自己都搞不清楚，自己到底是不是其中一员。

气球中的气体，来自我们通称的空气。进入特定的气球中，便成为那个特定气球的成员。除非实在有必要，应该不会获得警讯，提醒它原来属于空气的一分子；或者给它警讯，仍然不能领悟，好像无事一样。

隐秩序尊重显秩序的规律，因为显秩序也是上天允许组成的团体，属于隐秩序的一部分。当显秩序十分合理的时候，隐秩序大多静观其变，而且乐观其成。只有显秩序遭受破坏或日久失序时，隐秩序才会产生作用，以资互补。实际上显秩序不可能十全十美，所以隐秩序的作用，不过是秩序上有所差异，并无一日停止。

隐秩序的作用不大时，常常不需要代言人。因为显秩序中高人很多，稍有警讯立即有所反应，并做出合理的调整。若是显秩序已经大乱，高人被逼出气球外，回到空气中，这时候就会推出代言人，做出比较显著、具体而快速的活动，用意在于加速变化，减少大多数人的痛苦，而不是为少数人的利益而有所作为。

水镜集团从黄巾起义开始，便参与相同的活动。刚开始的时候，还是不十分明显，若无其事一样，我们称为自然孕育时期。现在孕育得差不多了，才着手进行比较明显的措施。水镜先生现在才登场，是有道理的。

第二章
寻求合作共赢局面的奥秘

　　孙、刘联盟，毕竟是暂时的；双方的利害关系，才是长远的。正因为周瑜分心想杀诸葛亮，才促使诸葛亮专心部署战后的追击行动。结果赤壁之战的战利品大多归了刘备，使得周瑜更加气愤。诸葛亮离开七星坛，丁奉前来捉他时，他还站在船尾，大笑说："上复都督，好好用兵。诸葛亮暂回夏口，异日再容相见。"想不到从此以后，两人见面，都没有好脸色看。周瑜每想起诸葛亮，总觉得不杀他消不了心中的怨气。他为什么不反过来想想，几番杀诸葛亮都没有成功，是不是应该换一个角度，与其共同合作，乘胜追杀曹操，然后再做打算呢？

一、刘表未能托孤于刘备：接班人需妥善安排

对刘备来说，荆州非常重要。刘表对刘备的信任和敬重，从放心托孤给他，可以看得出来。在这种情况下，最后竟然让荆州落入曹操的手中，实在是令人遗憾！

刘备只顾虑个人的名誉，并不理会组织目标的达成，恐怕不是两全其美的态度。诸葛亮在涉及个人名誉的事情上，不方便过分坚持意见，这是深谙干部和领导者的相处之道，我们不能怪他。关羽和张飞，在这方面的素养都不够，帮不上忙。倒是局外人伊籍，有话可以直说，提供给刘备不少有用的信息。但是他的身份，原为荆州幕宾，也不便过分偏向刘备，只能通风报信而已。

刘琦和刘琮对刘备都相当敬畏。刘琮在刘表逝世时，还向众人表示，如果投降曹操，兄长刘琦在江夏，叔父刘备在新野，要是联合起来兴兵问罪，那怎么办？实际上有很多人，并不赞成投降曹操，反而欢迎刘备此时明白表示态度，来接管荆州。诸葛亮所说的良机，便是指民意的归依。

刘备应该以叔父的身份，辅佐刘表的长子刘琦，继任为荆州之主。相

信这样的做法，便可以使其善尽抚孤的责任。这样，刘表临终时，也不致盼望刘琦，大叫数声而死。荆州大多数官民，也都能够安心下来。至于蔡瑁等人，不用关羽、张飞出面，当地的将领，如文聘、王威，自然会收拾他们。这样，对于刘备本人的仁义形象，也有增无减。若是刘表遗嘱，立刘琮为继承人，刘备同样可以辅助，把刘琦安抚好。以荆州的实力，曹操不见得能攻下来。对于百姓来说，刘备安荆州，才是大家最欢迎的！

人终会死，对自己来说，大可以不了了之。因为没有人能够把所有事情办完才走，不如效仿英国前首相丘吉尔的潇洒态度："酒店打烊，我就走！"来去清白，何必挂虑？但是，对事业组织而言，则不能说走就走，撒手不管。因为群龙无首，势必引起各种争夺，造成很大的混乱与危机。所以接班人的妥善安排，十分必要。

刘表一死，蔡夫人与蔡瑁、张允商议假写遗嘱，立次子刘琮为荆州继承人，写降书向曹操投献。曹操大喜，派大军南下。一方面大军逼近，一方面派徐庶前来招降。刘备不为所动，曹操大怒，下令即日进兵。刘备不忍百姓受害，带领大家向江陵而逃。一路上行动十分缓慢，赵云保护老小，张飞断后，关羽和诸葛亮分头求取援兵，大家人心惶惶。又时值秋末冬初，走得和天气一样凄冷。刘备爱护百姓，却又无力保护百姓，内心更是悲伤！

曹操杀掉刘琮母子，又派人往隆中搜寻诸葛亮妻小。幸好诸葛亮已先一步把家人迁往他处，才免遭毒手。

刘表生前对次子有所偏爱，却又拿不定主意，对接班人并无妥善的处置；死后家人受害，乡土也守不住。可见这些严重的后果，是刘表未尽责任的后遗症。话说回来，如果不是这样，像袁绍兄弟和刘表，如此庞大的事业，怎么可能说倒就倒呢？富不过三代的教训，比比皆是。重视家教，把下一代教养成人，慎选接班人，好好加以培育和引导，才是组织生生不息的必要措施。

二、曹操百万雄师南下：既联合又斗争是难以避免的规律

曹操的远程目标是平天下。这是我国历史上，有远大志向的人士共同的愿望。曹操自官渡之战以寡胜众以来，声势日愈壮大。荀攸见刘备投奔江夏，唯恐其与东吴联结，建议曹操邀约孙权共擒刘备，平分荆州。曹操大喜，一面遣使赴东吴，一面计点马步水军八十三万，诈称一百万，水陆并进，直奔东吴而来。

孙权接受鲁肃的意见，派鲁肃以吊丧为名，向刘备打听军情。鲁肃与诸葛亮见面，力邀其过江向孙权表明联合抗曹的决心。诸葛亮来到东吴，不免与群儒舌战一番。因为文人相轻，武将更是永不认输，对诸葛亮如此盛名，当然心中不服。诸葛亮面对众人，有问必答，而且声势惊人。他事前对各人已有深入了解，自然能够应付自如。

诸葛亮针对孙权爱面子的个性，不顾鲁肃的劝阻，夸大曹军的阵容，一方面建议孙权归顺曹操，一方面却坚定刘备不降的决心。孙权很不高兴，向鲁肃抱怨"孔明欺吾太甚"。鲁肃说诸葛亮故意以言词相激，实际上是有良好的策略，孙权赶快再请诸葛亮叙话，虚心请教。

诸葛亮也以同样的态度来刺激周瑜，促使周瑜主战，加强孙权的信心。诸葛亮联吴制曹的策略，获得孙权的支持，当然是当时对刘备最有利的方式。周瑜知道诸葛亮的大才，请诸葛瑾劝告兄弟，离开刘备，到东吴共同效力。诸葛亮不肯，周瑜心生恨意，存心要杀诸葛亮。嫉妒心的可怕，在周瑜身上表现得格外强烈。孙权受到周瑜的影响，势必不利于刘备和诸葛

亮。既联合又斗争，原本是难以避免的事情。

鲁肃，字子敬，早年丧父，事母至孝。他的家产丰厚，经常散财济贫。周瑜有一次缺粮，听说鲁肃家存米六千斛，前往求助，鲁肃一口气答应把一半存米借给他，慷慨之至。他平生喜好击剑骑射，又善于策划。孙权继承父兄大业时，周瑜郑重把他推荐给孙权。孙权和他商谈军国大事，到了晚上还同榻抵足而卧，问鲁肃，今后要怎么做？鲁肃认为汉室不可能复兴，曹操也不可能一下子被消灭，最好是先剿除黄祖，进伐刘表，据守长江险要，以图天下。孙权大喜，一切照他的计划而行。鲁肃接着推荐博学多才的诸葛瑾，也就是诸葛亮的兄长，孙权也拜之为上宾。

这样就构成了东吴坚强的核心团队，得以与曹操争天下，建立帝业。我们认为鲁肃和诸葛瑾，都是水镜集团的成员，部署在孙权身边，以便随时呼应。这种隐秩序的布局，当事人未必知晓，不像显秩序的间谍，至少当事人明白。鲁肃和诸葛亮，都有北定中原的共同理想，所以一见如故，十分投机。两人也有不同之处，鲁肃料定曹操必然篡位，汉室不保，所以鼓励孙权自己称帝，以统一天下。诸葛亮则心存汉室，因此看重刘备的皇亲血统，希望他以荆、益两州为基地，北伐中原。两人的观点大同小异，有一个牢不可破的共识，便是双方联合抗曹。因为这个共同的策略，鲁肃才与诸葛亮密切配合，使刘备在兵败途穷，不知何去何从的困境当中，获得一线生机。孙刘联盟，如果单凭诸葛亮定计，没有鲁肃协助，恐怕很难成为现实。

三、蒋干劝降周瑜：急于表现者易被利用

曹操输了一阵，又被周瑜偷看到水寨的军情，心里很不高兴。蒋干自

告奋勇，愿凭三寸不烂之舌，劝说周瑜投降。曹操第一句话，问蒋干和周瑜交情够不够深厚，蒋干此时未能觉悟，只请丞相放心，要以老同学身份，到周瑜寨中探访。结果被周瑜戏弄一番，还不明白周瑜的心思，竟然中计把假的信函带回曹营，害得曹操误杀蔡瑁、张允两位水军都督。要不是为了面子不肯承认，曹操一定会把蒋干斩首。蔡瑁、张允卖主求荣，固然死有余辜，但蒋干不自量力，不明状况，又中计害死同僚，则更为可笑！

老同学这种关系，变化最大。当年年纪小，天真无邪，如今已成家立业，各有不同背景，观念立场都已经有很大变化，怎么可以凭着老同学的交情，就劝人来降？蒋干的举动，过分幼稚，周瑜年纪轻轻，已经官拜都督，又是孙权长兄孙策的连襟。孙策临终特别吩咐孙权内事不决问张昭，外事不决问周瑜，可见与周瑜关系不同一般。双方地位、情势、利害如此不同，蒋干怎么可能劝说得动周瑜呢？曹操一语道破，蒋干仍然执迷不悟，可见当局者迷，很容易一厢情愿地自以为是。就算蒋干和周瑜地位相当，也应该考虑各为其主，除非情况特殊，实在不应该贸然为之。

蒋干身为曹操幕宾，平日没有什么表现，这次抓到机会，想要有所作为。不料为周瑜识破，一见面就提出严重警告，让他不必当说客，也不许谈政治。周瑜在群英会中，说出"大丈夫处世，遇知己之主，外托君臣之义，内结骨肉之恩，言必行，计必从，祸福共之，假使苏秦、张仪、陆贾、邵生复出，安能动我心哉"的一番话，弄得蒋干面如土色，被周瑜利用来自我表白，何苦来哉！

蒋干求功心切，居然还不死心，存心想获得点什么，好向曹操交代。周瑜看准他这种心态，也不肯轻易放过这种好机会，想尽办法，也要利用蒋干，做一些有利于东吴的事情。他事先准备好假信函，要他上当。蒋干的警觉性并不低，可惜用在了不正确的地方。他应该警觉：周瑜既然心存芥蒂，为什么还带他四处参观，似乎有意泄露军情？为什么还邀他同床共寝，难道真的是酒后不够清醒？他关注的居然是在周瑜室内可有什么机密文件，以及如何在周瑜尚未发觉之前，跑回曹营。显然是一步一步，完全配合周瑜的计划去执行。我们与其说周瑜神算，不如说蒋干听话。

一个人再聪明，再能言善道，再有计谋，倘若财迷心窍，或者急于求表现，为功名所诱惑，警觉性就会用错地方，自认为十分聪明地上当，然后又怨天尤人，从不检讨自己。蒋干太不了解周瑜，而周瑜又似乎太了解蒋干。在这种情况下，蒋干若有自知之明，赶快回曹营请罪，还不至于闯下大祸。曹操斩了蔡、张二人，蒋干还蒙在鼓里，以为自己立了大功。曹操挥手叫他退下，不知道他当时是不是已经省悟。如果不能，实在是太不聪明了。

以蒋干的才智，自然斗不过周瑜。这一番假情报事件，也是避免不了的。

四、周瑜欲杀诸葛亮：只顾自己利益的联盟不能长久

周瑜并不是一个小气的人，否则怎么会推荐鲁肃、程普这样卓越的人才给孙权呢？他不但有远见、善谋略，而且用兵遣将都有独到之处，是东吴的大功臣。

他对诸葛亮也不是不佩服，只是孙刘联盟毕竟是暂时的，双方的利害关系才是长远的。他每想及此，总觉得诸葛亮实在太厉害，如不早除，终必危害东吴。

孙策和他是挚友，临终时又告诉孙权，外事不决可问周瑜。这使他深深觉得，东吴和他的关系高于一切。他先请诸葛亮的兄长诸葛瑾，劝诸葛亮弃刘备而投孙权。诸葛亮坚决表示不可能，他这才转而兴起杀诸葛亮的念头。

诸葛亮又何尝不知道，自己的锋芒太露会引起周瑜的不安，因此他处处提防，时时小心。加上鲁肃对孙权多少有些失望，难免有一点偏向刘备，

并至少给予刘备很大的同情,多方协助诸葛亮,致使周瑜的计策始终不能奏效。

正因为周瑜分心想杀诸葛亮,才促使诸葛亮专心部署战后的追击行动。结果赤壁之战的战利品大多归于刘备,使得周瑜更加气愤。诸葛亮离开七星坛,丁奉前来捉他时,他还站在船尾,大笑说:"上复都督,好好用兵。诸葛亮暂回夏口,异日再容相见。"想不到从此以后,两人见面,都没有好脸色看。周瑜每想起诸葛亮,总觉得不杀他消不了心中的怨气。他为什么不反过来想想,几番杀诸葛亮都没有成功,是不是应该换一个角度,和他共同合作,乘胜追杀曹操,然后再做打算呢?

五、关羽华容道放曹操:敌人有时也是朋友

对有能力的人,请将往往不如激将。诸葛亮知道,不给关羽任务,他会气得不得了。因此指派赵云取乌林小路,要张飞到葫芦谷口埋伏;又唤糜竺、糜芳、刘封三人,绕江缴擒败军,请公子刘琦回守武昌;刘备则屯兵樊口,静候周瑜大破曹军,以缴获战利品。各人皆有任务,而关羽独无。关羽忍耐不住,大声询问是什么原因。诸葛亮这才笑着对他说:"本来要请你把守一个最为紧要的隘口,不过有一些顾虑。"关羽追问下去,诸葛亮说曹操兵败必走华容道,如关羽去守,必然放他一马。

关羽再三保证,不可能放他。诸葛亮要他先立下军令状,关羽心中不服,反问,若是曹操不从那里经过,又该如何?于是,双方都立下军令状,违犯的人定依军法处置。刘备看到两人如此认真,急得要命,任何一方有闪失,对刘备都不利。

诸葛亮向刘备说明,曹操一定走华容道,但是他命不该绝,所以特别

让关羽去守,把这个人情留给关羽去做。刘备这才放下心来,大叹先生神算,世所罕及。

请关羽去守华容道,把曹操放走了,不过是平常事一桩,得不到什么教训,也收不到任何效果。现在改用激将法,就完全不一样。关羽起先不相信自己会放走曹操,如今立下军令状,居然还放他走,岂不十分严重?回来后乖乖认罪,诸葛亮也毫不留情,要斩关羽。刘备也默契配合,以三结义誓同生死为由,诸葛亮这才罢手。君臣两人,合演了一出收心大戏,使关羽永远亏欠两人天大的人情,不得不诚意交心。从此三人愈同心,力量也愈加强大。

说曹操命不该绝,完全是站在无形无迹的立场来看。若是采取有形有迹的观点,那就是这个时候,还不能让曹操死掉。因为在这种曹军惨败、东吴得意扬扬的关键时刻,让曹操就这样死在关羽手中,曹操的部属一定会把矛头对准刘备,说不定和孙权联合起来,刘备就完了。站在刘备的立场,绝对不能在这种特殊的情况下杀死曹操。诸葛亮故意不派赵云或张飞去守华容道,因为曹操要是落在这两位大将手中非死不可,那就不妙了。

曹操在关羽得知刘备下落坚决要离他而去的时候,心里也着实挣扎了一阵子。他反复思索,如果不让关羽离开,以关羽的神勇,简直做不到;如果让关羽离开,又实在不情愿。所以他避不见面,故意不发给关羽通行证,使关羽过五关斩六将,欠下他很重的人情,最后才指派张辽劝退夏侯惇,送一个大人情给关羽。曹操何尝不知道,自己难免有一天要栽在关羽手中。所以趁早让关羽欠下一大堆人情,将来必要时,说不定还能救自己一命。曹操和诸葛亮,对关羽都十分了解,可以说两人合演了一出华容道大戏,使关羽有情有义地表现一番。

关羽当然要放走曹操,否则大家对他的忠义就不会那么推崇。对刘备忠心,是一回事;还曹操人情,也是合乎义理的表现。何况如果关羽一刀砍下曹操的首级，接下来诸葛亮就必须承担刘备败亡的重大责任。"三国"演义，势必提早结束。刘备的壮志，诸葛亮出山，都将会毫无意义。无论有形迹、无形迹，关羽这一次放走曹操，都合乎道义。

六、孙权讨要荆州：劣势时联盟才能共存

　　孙权和刘备联手，前者是被动的，后者才是主动的。被动的人，往往走一步算一步，缺乏长远的计划，也没有周全的盘算。主动的人，才会自动地全心全意投入。不但看得长远，而且周全。赤壁之战结束后，周瑜收兵点将，正准备热烈庆功。刘备这边，已经依据早先的计划，一方面和东吴的特使鲁肃说三道四，拖延时间，并分散周瑜的注意力；一方面指派赵云攻取南郡，张飞袭取荆州，关羽也取得了襄阳。气得周瑜大叫一声，金疮迸发，誓言必杀诸葛亮，以消心中怨气。他不检讨自己，为什么不早做打算，现在只能认倒霉，谁让自己碰到诸葛亮这号人物？

　　但是怎样也不能认输，因为这关系到东吴的命脉。但凡战后的战利品分配，都会引起某种程度的争执。周瑜认为东吴用计策、损兵马、费钱粮，刘备却图现成，岂不可恨？于是派鲁肃前往荆州，与诸葛亮理论。鲁肃开门见山，说曹操百万雄师南下，目的在攻打刘备，幸得东吴杀退曹兵，救了刘备，所以荆州九郡，理应归东吴管辖，刘备怎么可以使用诡计抢夺荆、襄？东吴出钱出力，刘备却安享其利，怎么也说不过去。诸葛亮则辩称，荆、襄九郡原本是刘表的基业，与东吴毫无关系，刘备是刘表的弟弟，刘表传给他的儿子刘琦，由刘备这位叔叔代为辅助，取回荆州，当然合情合理。鲁肃责问"公子何在"，想不到诸葛亮叫人把刘琦从屏风后面扶出来，向鲁肃抱歉生病不方便施礼。鲁肃这位老实人，一时想不出办法，过了一

会儿,才想出"公子若不在,便如何?"这句话。诸葛亮说:"公子在一日,守一日;若不在,别有商议。"他和鲁肃打过好几次交道,认为鲁肃好说话,所以不太在意,打算用"拖"字诀来应付。

想不到鲁肃忽然间机灵起来,大概是多次和诸葛亮交手,所累积的经验使他有了可贵的灵感:"若公子不在,须将城池还我东吴。"诸葛亮还是顺着他的意见:"子敬之言是也!"我们认为鲁肃和诸葛亮都是水镜集团的一分子,便是看出鲁肃和诸葛亮一样,都胸怀北定中原的大志。鲁肃认为曹操虽托名汉相,实在是汉贼。他和周瑜两人,力劝孙权以江东为基地,与曹操争天下。诸葛亮则心存汉室,扶助刘备先据有荆、益两州,然后出师北伐。两人各为其主,目标却十分一致。周瑜一心要杀诸葛亮,鲁肃几番劝阻。隆中对策的联吴抗曹,三分天下之策,单靠诸葛亮一人,想要实现实在非常困难,要不是有鲁肃与他充分合作,恐怕没有那么容易。有"借"才有"还",鲁肃回东吴后,周瑜气问荆州什么时候能还,鲁肃推说刘琦病重,半年之内必死,到时要向诸葛亮讨回荆州,包在他身上。就这样造成"借荆州"的事件,以后还有争吵。东吴自孙策以来,一直想要荆州,如今一下子掉到刘备手里,当然心有不甘。借荆州只是一种外交辞令,是诸葛亮用来安抚鲁肃,鲁肃用以安抚孙权的。但是孙、刘的关系,可以说无孙权即无刘备,而无刘备,孙权也就危险,双方都不方便翻脸,这才演变成难解的戏码。鲁肃和诸葛亮配合演出,一直到鲁肃去世,这种似借非借的局面才改变。而孙、刘联盟,届时也将出现重大变化。

七、刘备重返荆州:找对人做对事

刘备毕竟是落魄王孙,而不是曹操眼中的织席小儿,或者一般人所说的市井小人。他知道汉末的政治有很多弊端，必须改善，首要的任务便是找对人做对事。他这次重返荆州，形势不同，身份也不一样。

伊籍建议他向贤士请教久远之计，刘备大喜，急问有哪些贤士。伊籍曾经救过刘备，由他来推荐，刘备必然更加重视。他推荐马氏兄弟，幼者名谡，字幼常；最贤的眉间有白毛，名良，字季常。刘备当然先请马良来见，请问保守荆、襄的计策。马良建议表奏刘琦为荆州刺史，以安民心。然后南征武陵、长沙、桂阳、零陵四郡，积收钱粮以为根本。刘备用马良为从事，以伊籍副之。

从这件事可以看出刘备是一个聪明而又机警的人。他知道什么时候应该做什么样的事情，表现出什么样的态度。刘表临终时，曾经托孤给他。诸葛亮当时劝他取荆州，他不忍心乘人之危，现在真正据有荆州，就要为人民负责。他的仁义，正好与曹操的奸诈，孙权的虚伪，形成强烈的对比。因此每到一个地方，都受到大家的欢迎，品德良好的人才，也都为他所吸引。

曹操的谋士中，郭嘉最了解刘备。他曾经对曹操说：刘备有雄才，而又极得众心，众人肯为他尽心尽力。他和程昱，都极力主张杀掉刘备，以免后患。周瑜也看出刘备的高明在于他绝对不肯长久屈服，所以一直不敢真诚和诸葛亮相处，要不是鲁肃居中协调，恐怕老早就闹翻了。

第三章
长远竞争中树立自我品牌的奥秘

既然是天命,该得到的就跑不掉,何必急于一时?暂时不拿,总有一天会拿,急什么?天命由天下达,人的反应还是要由人自己负责。刘备顾虑现在取荆州,将来死后在九泉之下,不好意思和刘表见面,是正确的。诸葛亮没有这方面的顾虑,因为刘表并未托孤于他。

一、刘备放走徐庶：仁德为先有时不一定有好结果

水镜集团如果牺牲徐母来成全大业，就是不仁不义，哪里是高明人士应有的做法？可见徐母殉节，并未在计划之内，而是因为谋士程昱的诡计，才出现这样的变数。神仙打鼓，有时候也会出错。徐庶再高明，这件事情突然发生，也使得他方寸大乱。偏偏孙乾劝告刘备，必须留住徐庶，以免为曹操重用而危害我方。还说徐庶不去，徐母必为曹操所害，徐母一死，徐庶就会力攻曹操为母报仇。说得很有道理，刘备一句也听不进去，所以也没有办法冷静地分析利害得失。徐庶一片孝心，刘备仁德为先，两人一厢情愿地认为徐庶到许昌，徐母便能得救。刘备大方地祝福徐庶善事新主，以成功名。徐庶则发誓终生不设一谋，使曹操白忙一场。两人仁至义尽，仍然间接害死徐母。一个人应该用理智来指导感情，不应该以感情考虑事情，由徐母殉节这件事情，可以明白这种道理。如果刘备和徐庶都冷静下来，相信会进一步推论出后来水镜所说的——徐庶不去，徐母还可以存活；徐庶一去，徐母必定殉节。

这件事刘备要负很大的责任，因为徐庶是孝子，一心一意求去是必然

的。刘备应该冷静地为他分析，帮助他用理智指引感情。然而刘备是只顾仁德、不够实际的个性，在后来的发展中，刘备受这种个性的影响很大。

最不应该的，还是孙乾说一些反效果的话。难怪水镜先生说他不过是白面书生，并非经纶济世之才。跟着刘备那么久、那么近，居然不了解刘备。

二、黄祖被杀的连锁反应：任何事情皆有因果

孙权继承父兄基业，在江东广纳贤士。曹操破袁绍后，命孙权遣子入朝随驾。周瑜劝阻，引起曹操不满。由于黄祖的杀父大仇仍然未报，适逢黄祖部将甘宁来降，呈献破黄祖策略，孙权于是亲自督军攻打夏口，杀黄祖祭亡父之灵。刘表闻知黄祖遇害，急请刘备过来共商大计，表示自己年老多病，不能理事，要把荆州送给刘备。诸葛亮请刘备答应，刘备坚决不依，使诸葛亮衷心感叹："真仁慈之主也！"尽管如此，刘备也已经引起曹操的重视。徐庶趁机大力吹嘘诸葛亮，说刘备有了诸葛亮，简直如虎添翼，这使曹操在心理上承受了很大的压力。

任何事情都是无风不起浪，有因才有果。黄祖当年不杀孙坚，孙权未必急于攻打夏口。黄祖不死，刘表不一定产生把荆州送给刘备的念头。曹操原本对刘备很不放心，现在听到这些消息，更是惶恐不安。于是派夏侯惇杀奔新野，这给诸葛亮提供了首度大显身手的机会。

刘表和袁绍兄弟一样，都不识人才，也不善于用人。当时北方战乱不安，许多人都南下避难，刘表却不予重视。两个儿子刘琦和刘琮，同父异母而不能相容，刘琦也得请教诸葛亮如何避祸，因此刘表自己也不得不求救于刘备。荆州是兵家必争之地，刘备当然想要，并且非常想要。但是，

想起上一次陶谦让徐州的故事，使他警觉到现在还不是该要的时候。吃不下来的东西，吃了反而不能消化。不如暂时不要，该得的迟早会得到，急什么呢？因而获得诸葛亮的信任，使其更加全心投入地为自己谋划，岂不更好！

三、刘备不取荆州的盘算：长久累积的信用更有价值

　　依据诸葛亮的预测，荆州这个地区，应该是刘备所要争取的目标。他在隆中对谈时，已经明白指出，这是刘备的天命。现在刘表病危，正是取荆州的良好时机，所以劝告刘备及时拿取。刘备却说不忍心乘人之危，不表同意。诸葛亮说："今若不取，后悔何及？"刘备则坚持宁死不忍做这种忘恩负义的事情。他们两人的目标，实际上是相同的。只因为身份不同，立场不一样，才各有坚持。诸葛亮是军师，站在参谋作业的角度，当然要把握时间，能取便取，何必顾虑太多？万一情况有变，岂非坐失良机？刘备是主帅，形象十分重要，给大家以不义的印象，很可能前功尽弃，把长久累积下来的信用都用光了。

　　诸葛亮的预测是正确的，刘表一死，刘琮即在蔡夫人与蔡瑁的策划之下，向曹操投降。刘备闻知大哭，也无法挽回。刘备的想法也很正确，既然是天命，该得到的就跑不掉，何必急于一时？暂时不拿，总有一天会拿到，急什么？这两种说法，其实并没有差别，都在解释隐秩序的同一信息，不过是说法不一样而已。因为隐秩序无形无迹，所透露的信息并不能确切地传递人物、时间、地点和作业细节，还是要靠接受信息的人做出合理的解说，才能发挥功效。由于各人有不同的解说，所以对于同样的信息，可能产生不一样的反应。天命由天下达，人的反应还是要由人自己负责。刘

备顾虑现在取荆州,将来死后,在九泉之下,不好意思和刘表见面,是正确的。诸葛亮没有这方面的顾虑,因为刘表并未托孤于他。

四、徐庶重返新野却不留:信用比天大

曹操看到别人,不一定会想起"仁义"这两个字。但他一想到刘备,便联想到仁义。这种隐秩序的交感作用,看不见也说不清楚,但这种作用却实实在在,随时随地发挥功能。

他催动三军,漫山遍野,来到新野下寨。想起徐庶是刘备的好友,命他去招降刘备。刘备投降最好,就算不投降也显示了曹操的仁义,不愿见黎民百姓受苦受难,足以收买人心。有些人是真仁义,有些人则善于假借仁义的美名,大行不仁不义的事情。显秩序不一定分得清楚,隐秩序却一清二楚,怎么也隐瞒不了。曹操对徐庶说:"我今欲踏平樊城,奈怜众百姓之命,公可往说刘备,如肯来降,免罪赐爵。若更执迷,玉石俱焚。"徐庶来到樊城,与刘备、诸葛亮共诉旧日之情。徐庶明白指出,曹操的目的,其实只在收买人心。刘备请徐庶留下来,干脆不要回去。徐庶说不回去会惹大家笑话。这句话,现代人听起来很难理解。不回去就不回去,人家笑话,不管它就好了,怕什么?但是,那个时代的显秩序和现代大不相同,不讲信用的后果十分严重。像徐庶这样的人,把信用看得比性命还重要。他回去向曹操复命,刘备并无降意,了却一件公事。他如果要离开曹操,也应该另作打算,不可以浑水摸鱼,一去不回头。然而,他因为老母已丧,抱恨终天,人虽然活在曹营,却誓不为曹操提供任何计谋,和不在并没有什么两样,所以也不需要跑。何况刘备已经请出诸葛亮,应该放手让诸葛亮表现,自己不需要回来干扰,于是安心返回曹营。

五、刘备携民渡江：举大事者应以人为本

诸葛亮建议，曹操大军当前，樊城守不住，不如去襄阳暂住，再作打算。刘备说百姓相随已久，实在不忍心弃他们而去。诸葛亮表示不妨公告：百姓愿意留下来的，自便；想要一起走的，同去。想不到百姓的反应，竟然是宁愿死，也要追随刘备，扶老携幼，哭声不断。刘备在船上，看见这种悲惨的景象，大为悲伤，为了他一人，使百姓遭此大难，活着又有什么意思？他想要投江而死，幸好左右及时阻止。大家听到这个消息，更是痛哭不止。

刘备投江的动机究竟如何，唯有他自己知道。我们无法，也不应该加以猜测。因为动机看不见，说来说去，都找不到证据，岂不等于白说？刘备来到襄阳，刘琮不敢见他。蔡瑁令军士乱箭射下，魏延大骂蔡瑁卖主，砍死守门将士，大开城门，欢迎刘备入城。文聘飞马引军而出，大喝：魏延无名小卒，安敢造乱！认得我大将文聘吗？刘备说他本来想保护百姓，现在两下军兵自己打自己，反而害民，决定不入襄阳，改走江陵。众将建议暂弃百姓，先行为上。刘备哭着说：举大事者必以人为本。今人归我，奈何弃之？这样一路看来，刘备应该是真心爱民才对。由此可见，他和曹操相比较，更显得仁义。

显秩序和隐秩序的共同标准，都是以人为本。但是以人为本的内涵和方式，则有所不同。显秩序表现在看得见的行为，隐秩序侧重看不见的动机。两个人的行为，可能十分相似，而动机则各有不同。最好双方都用心加以了解，才能够发现真相，不容易受骗。

六、刘备摔阿斗：彰显人性化领导的魅力

刘备一生最成功的地方，在于充分信任部属，能够放手让大家发挥潜

力。也就是把众人的成就看成自己的成就，真正表现出"成功不必在我"的伟大胸襟，令人敬佩。新野失守，在逃亡途中，部将糜芳受伤，向刘备报告"赵子龙反投曹操去了"，刘备完全不相信。张飞在旁煽动，刘备还是坚信不疑，说"子龙必不弃我也"。

他这种态度，其实对他最为有利。如果赵云真的弃他而去，大家听了刘备的话，一定对赵云更不谅解：主公那么信任你，居然如此不讲道义。若是赵云并无反叛的企图，将来知道刘备十分信任他，势必更竭忠尽力。无论如何，大家对刘备的好感，都会因而增加。假定刘备一听到报告，便怒斥赵云为不义之徒，甚至说出老早料定有这么一天的话来，刘备的仁义便成为虚名。不久赵云回来，发现刘备的假仁假义，恐怕真的有一天会弃他而去。可见上司对下属的信任，非常重要。

赵云当然不可能投靠曹操，他和诸葛亮一样慎择明主，自然知所进退。他费尽苦心，冒着性命的危险，好不容易把甘夫人从沙场中救了出来。回头还救了糜竺一命，夺取两匹马，请甘夫人上马，送回长坂坡。张飞听说赵云投奔曹操而去，十分愤怒，看见赵云，大声责问他："为何反我哥哥？"赵云说正在寻觅主母和小主人，便折回去继续寻找。糜夫人身受重伤，为了不拖累赵云，把阿斗放在地上，翻身投入枯井中而死。赵云恐曹军盗尸，便将土墙推倒，掩盖枯井，将阿斗抱在怀中，杀退众军将，突破重围。曹操正在景山顶上观战，看见赵云如此神勇，惊为虎将，下令务必生擒，不许放冷箭，想不到因而救了赵云和阿斗。从此常山赵子龙声名大噪。

刘备与众人在树下，赵云怀抱阿斗，下得马来，双手把阿斗捧给刘备。这时候刘备的反应，是普天下想得人心的首领都应该用心学习的。

他双手长得比常人要长，据说双手下垂，长可过膝。所以把阿斗接过来，顺手放下去，就好像掷在地上一样，不面对赵云，却对这个不会听话的孩子大声地说:"为了你这个孩子,害我差一点折损一员大将。"相信赵云听了,心里一定牢牢记住:"下一次阿斗有难,务必尽心尽力救他。"虽然嘴上讲"云虽肝脑涂地,不能报也",心里却坚定地告诉自己:这样的领导者,为他战死也值得。其他同人,也都敬佩刘备的气度,坚决服从他的领导。

如果刘备不以关怀导向,而改为工作导向,接过阿斗,第一句话便是"快拿小鬼惊风散",认为救阿斗的命要紧,其他的事情慢慢再来。相信赵云失望之余,会暗自决定:以后阿斗的事情,交由"小鬼惊风散"去处理,我保命要紧,不再如此冒险了。其他同人,也会觉得心灰意冷:这样的领导,用不着为他拼命,太没有人情味了。中西文化的差异,在这种地方最为明显。中华民族的关怀导向,远比西方文化所重视的工作导向,要有情有义得多,更合乎人性化的管理。

七、赵云看破美人计:做事须智勇双全细心考量

赵云奉令攻取桂阳,太守赵范紧急聚众商议。陈应、鲍龙主战,赵范则有意投降。陈应被赵云活捉,要他回去告诉赵范早日来降。赵范携带印信来访,赵云出寨迎接。饮酒中赵范表示两人同学又同乡,愿结为兄弟。赵云大喜,发现两人同年,赵云略大。次日,赵范请赵云入城安民,并邀请入衙饮宴。待赵云略有醉意,赵范将寡嫂樊氏请出。这女子身穿缟素,却有倾国倾城的美貌,表示赵云如不嫌弃愿意嫁其为妻。赵范认为赵云必然受宠若惊而欣然接受。不料赵云厉声指责,说既是兄弟,你兄即我兄,你嫂便是我嫂,岂可做出这种乱人伦的事情?赵范看他这般无礼,暗示左右,要加害赵云。赵云一拳打倒赵范,上马出城而去。赵范赶紧指示陈、

鲍两人诈降，以求里应外合，擒拿赵云。

两人来到帐下，向赵云报告：赵范用美人计，只等赵云醉了，便扶入后堂谋杀。赵云心知两人诈降，假装十分欢迎，把两人灌醉后斩杀，又派降兵向赵范报捷。赵范急忙出城，被赵云捉下。赵云不但神勇，而且心思缜密，考虑也很周到，从其识破美人计、假装不知道诈降，可见一斑。

凡事有真便有假。有形有迹的表现好像都是真的，无形无迹的动机才有真假的分别，如果不够细心，很容易受到欺骗。一旦发现是假的，立即表现出来，也不见得是好的。有时候假装什么都不知道，反而更妙！一阴一阳的变化，果然错综复杂，虚虚实实，真真假假，稍有大意，便掉入陷阱！

八、诸葛亮欲杀魏延：要树立团队忠诚的文化

关羽攻打长沙时，只领本部五百名校刀手，便夸下海口，要斩黄忠、杀韩玄。黄忠，字汉升，南阳人，已年近六旬，却有万夫不当之勇。诸葛亮再三叮咛关羽，千万不可大意。韩玄是太守，性急多疑，不得人心。黄忠出战，果然名不虚传，与关羽斗至一百回合，全无破绽。关羽虽然骄傲，十分好强，但对真正勇敢善战的义士，却也十分敬重。他和黄忠交手后，已改变主意，想要降服黄忠。

次日再战，黄忠战马失蹄，被掀在地上。关羽并不杀他，要他换马再来一决生死。韩玄知道黄忠射箭百发百中，问他为什么不射箭，黄忠心想，关羽如此义气，不忍杀害自己，自己又怎么能够暗箭射他？韩玄怀疑黄忠作战不力，必有私心，因此喝令左右捉下黄忠，推出城门外斩首。魏延平日就厌恨韩玄残暴不仁，轻贤慢士，当下挺身而出，救下黄忠，叫百姓同

杀韩玄，向关羽投降。

关羽请黄忠相见，黄忠托病不出。刘备与诸葛亮随后到来，待黄忠甚厚，亲自到府上拜访，黄忠终于投降。关羽引魏延来见，诸葛亮却喝令刀斧手将其推出斩了。原来，他想起由樊城走襄阳的时候，魏延开门欢迎的那一番举动。刘备惊问，魏延是有功无罪的人，为什么要杀他？诸葛亮说："食其粮而杀其主，是不忠也。居其土而献其地，是不义也。吾观魏延脑后有反骨，久后必反，所以先斩之，以绝祸根。"刘备说："若斩此人，恐降者人人自危。"诸葛亮指着魏延说："吾今饶汝性命，汝可尽忠报主，勿生异心。"魏延诺诺连声而退。黄忠和魏延同时归顺，命运却完全不同，其中的道理值得好好研究。

魏延，字文长，义阳人。原本自襄阳就要投入刘备阵营，由于稍有落后，不得已来投韩玄。但是韩玄责怪其傲慢少礼，不肯重用。所以魏延很感委屈，这才趁机杀韩。诸葛亮是不是由于这种原因断定他不忠不义，我们不便猜测。说他脑后有反骨，久后必反，我们觉得一眼看得出的东西，未必准确。以诸葛亮的谨慎，又正值需要大量人才之际，很可能这都只是借口，而不是真实依据。

诸葛亮对刘备、曹操、孙权、周瑜、鲁肃，以及东吴群儒、刘备核心圈子的人物，当然知之甚详。魏延在当时，不过是微不足道的小人物，不可能列入诸葛亮个案研究的范围之内。这事件让我们明白，就算是诸葛亮这样神通广大的人物，对于不熟悉的人，仍然免不了"以第一印象来论断"而有所偏失。魏延虽然在刘备劝阻下，留在军中，却从此以后，一直隐隐约约和诸葛亮有一些芥蒂。实际上，这是两人的频率不相合，我们通称为不够投缘，以致难有默契。诸葛亮最好不要当着魏延的面，尚未和刘备商量好，便独自作出判决。刘备事先同意，杀就杀了，不但不致留下后遗症，而且杀一儆百，叫某些心存不良的投机分子心存畏惧。

魏延呢？有了诸葛亮这个下马威，应该自做抉择，是改变自己，还是改变环境。两样都不改，迟早会丧命。看起来魏延真是个悲剧性角色，做好了却不得赏识，常常遭受误解和委屈。诸葛亮的原意是当众给予他难堪，希望他记住教训，改一改自己的态度。不幸的是，江山易改而本性难移。魏延一路走下来，终究不顺。

九、诸葛亮出山：时势造英雄与英雄造时势

天下大乱的时候，武艺最要紧，谁的武艺高强，谁就自然受到重视。武艺同样高强，也分阴分阳。品德不良的，如吕布，好像靠近谁，谁就要倒霉。先是丁原，后有董卓，弄得曹操再欣赏也不敢留下他。品德良好的，如关羽，大家抢着要，不想要的人倒霉。董卓、袁绍不重视他，都不久于人世。曹操、刘备都要他，人才闻风来归，所以愈来愈壮大。特别是关羽忠义善战，当然成为天下的重心。

地盘分得差不多，似乎大势已定，这时候最需要的是文才。白面书生，如孙乾、糜竺、李儒、王允、陈宫、张昭、贾诩，为数很多。经纶济世的高人，如诸葛亮、庞统、郭嘉、陈登、孔融、沮授、周瑜，为数不多。其中有寿命不长的，如庞统、郭嘉、陈登、周瑜；有不幸遇害的，如孔融、沮授。真正获得发挥的，好像只剩下诸葛亮一人。徐庶也是高明人士，却隐于进退两难的困境，而无所发挥。若干高明，如石广元、孟公威、崔州平，俱皆归隐而不出山。诸葛亮成为天下的重心，实在是多种因素造成的。并不是诸葛亮有意如此，而是天命所归。试想曹操亲率大军南征，孙权有意投降，若无诸葛亮，刘备根本抵挡不了，岂不是如曹操所言，何患不成功呢！诸葛亮不出山，天下归于曹操。诸葛亮归曹操，统一提早完成。诸

葛亮归孙权，整天和周瑜、张昭内斗，势必促使东吴早日投降。就算精诚团结，大概刘备也不会和他联合抗曹，所以也打不过曹操。只有诸葛亮归刘备，曹操与孙权都不得不依照他的预测而行事，天下当然以他为重心。

桃园三结义，象征着人人都可以追求理想；诸葛亮出山，表示大家都必须面对现实。前一阶段，重点在时势造英雄。若是显秩序和隐秩序互相调和的太平盛世，大家按部就班，根本用不着打打杀杀。这种时势所造出来的英雄，以治世的能臣为主。东汉末年，显秩序遭受严重扭曲，与隐秩序相去甚远，所造成的英雄，自然以武将为主。关羽、张飞、赵云、吕布、张辽、华雄、颜良、文丑、于禁、典韦、乐进、李典、黄忠、魏延、程普、黄盖、韩当、太史慈、甘宁、夏侯惇、夏侯渊、曹仁、曹洪等，如果不是因为当时的社会失序，混乱不安，哪里有这么宽广的平台，让他们尽情施展？后一阶段，重点转移成英雄造时势。唯有极高明的人士，才知道如何利用各种英雄打造出来的平台，以高瞻远瞩的眼光、出奇制胜的策略，一人改变天下大势。诸葛亮未出山之前，刘备一会儿投奔这里、一会儿投奔那里，带着关羽、张飞、赵云到处乱窜，而且活像扫帚星似的奔到哪里就败在哪里，弄得所在的地方也很不安宁。隐秩序不断透露一个重要讯息：光凭武艺高强是不够的，必须要有极为高明的策略才行。

显秩序告诉我们，时势造英雄把天定胜人的思维弘扬起来；隐秩序则适时提示，英雄造时势，将人定胜天的主张通过某些特殊的贤能人士来付诸实践。

为什么说时势造英雄表示天定胜人呢？因为天代表隐秩序，无形无迹。必须经由英雄来开拓，才显现得出来。没有这些勇于向现实环境挑战的英雄，哪里有什么时势可言？黄巾军和各路英雄，处于同样的时势，对隐秩序来说，机会是平等的。哪一路英雄获得胜利，谁被兼并或消灭，都由当事人的理想和努力来决定。隐秩序只提供机会，并不指定谁可以充当代言人。关羽若是自己不争气，上天还是帮不了忙。若是当时各路人马一致认同黄巾军的主张，大家集结在一起，很快就推翻汉朝，相信隐秩序也会认同，可见时势不说话，只把英雄造出来，至于造成什么样的英雄，则由英雄自己来表现。关羽若是心甘情愿地为曹操卖力，隐秩序也有办法使他和吕布一样早日归天。如果大部分武艺高强的英雄都追随曹操，恐怕隐秩序也只好将天命归于曹操了。时势造英雄，不过是提供环境，让英雄们各自发挥，反过来造成明显的时势，使隐秩序依据当时大部分人的意向，做出合理的调节。曹操势大，孙权据险，但都不得天命。诸葛亮看出这种局势，才不得不出山，扮演顶级军师的角色，创造三国鼎立的时势，提供下一步整合天下的有利基础。

诸葛亮出山之后，发挥人定胜天的能力，把英雄造时势的角色，扮演得惟妙惟肖。隆中对策，分析了今后天下大势的走向。刘备不接受刘表赠与的荆州，诸葛亮并不气馁，继续按照既定策略，和鲁肃密切配合，劝说孙权联合刘备，共同抵抗曹操。孙权的反应，符合预期的要求。赤壁之战，孙、刘合作大败曹操，刘备趁机收复南郡、武陵、长沙、桂阳、零陵等郡。诸葛亮三分天下的策略，获得了初步的成功。从此以后，刘备才有自己的根据地。他自领荆州牧，同时上表奏请封孙权为徐州牧。

这种重大改变，看起来是诸葛亮一人而改变天下，实际上是隐秩序看到刘备集团逐渐获得大家的认定，成为三大气球中唯一有希望吸引大众眼光的焦点，才借由水镜先生的精心策划，把诸葛亮推上刘备集团首席军师的宝座。说起来是当时的情势，促使隐秩序放心地把诸葛亮推向刘备，让他们携手合作，共创未来。

桃园三结义，把刘、关、张三人，用义结合起来，屡经各种严苛的考验，证明三人同心，并非任何力量所能分割。现在刘备和诸葛亮又紧密合作。刘备形容自己的愉快心情，不小心说出"如鱼得水"这样的话来，甚至引起关羽和张飞的不满。幸亏诸葛亮知道自己的处境，设法化解了两人的猜疑，才使他们终于口服心服，**精诚团结**。

隐秩序如果看重刘备，关羽和诸葛亮这两位重量级人士都心向于他，是不是上天已经把刘备当作真命天子，要把这一次分而复合的重大使命，交付给他呢？这倒未必，因为兹事重大，必须再加以更严苛的考验和磨炼，然后再看情况而定。

第四章
蜀汉集团由弱转强的奥秘

　　诸葛亮如果遇不到刘备，将一生躬耕南阳，大志难伸。刘备如果请不动诸葛亮，将孤寡浪荡，也难成大事。两人互补，各施所长，使蜀汉集团快速发展，与曹操、孙权两大集团鼎足而立，果然按照隆中对的分析，三分天下。诸葛亮的贡献很大，刘备的度量也不小。两人缺一不可，被称为最佳拍档，最合适。

一、徐庶来去匆匆：隐秩序将机会留给更适合的人

徐庶精于计策，反而为计策所害。可见旁观者清，要算计别人比较容易；而当局者迷，防止自己上当很不容易。我们也怀疑这是水镜集团的长期策略，借用刘备的皇亲血统和关羽、张飞、赵云的实力，先推出徐庶，接着由诸葛亮登场，毫不费力地掌握三分天下的蜀汉，岂非高明？

徐母的个性，徐庶当然很清楚，她不可能写这样的书信，让儿子为难。徐母的笔迹，尽管仿得很像，以徐庶的神机妙算，难道还看不出来？他只是按照集团策略，先打动刘备的心，占据着舞台，然后找机会离开，自然地引出诸葛亮来主持更大的场面。水镜先生自己不出山，才有办法把这些小老弟安排出去。他自己在暗地里操控，某些人才方便在明处表现。这种天衣无缝的配合，刘备当然看不出来。

徐庶将计就计，写了一封信，坦诚告知刘备，在水镜先生处已经知道刘备的身份，故意唱歌来吸引。现在由于母亲被曹操软禁，非到许都不可。用母子天性再一次打动刘备的心，实在是知人知心的攻心计策。

刘备不敢强留，又万分舍不得。徐庶并不直接举荐诸葛亮，只是哭泣

拜别，十分悲伤无奈。纵马拜别，又匆匆返回，在刘备绝望中举荐诸葛亮，这是何等的高明！诸葛亮还没有出山，就已经热场了，有助于水镜集团的步步发展。所以，徐庶的功劳还是不可抹杀。明知是假的，也当成真的，虽然救不了徐母，却也尽了孝心，而且留在曹操身旁，必要时提供讯息，自然是上策。

徐庶很有才能，否则刘备不会那么赏识他，曹操也不可能想尽办法要把他骗到许都。气球所需要的是良好品质的气体。刘备和曹操所极力争取的莫非良才。徐庶不表现，他的母亲反而很安全。如今徐庶表现得十分杰出，他的母亲便成了曹操动坏脑筋的对象。天下事有利必有弊，徐庶再有智慧，徐母再有福气，恐怕也难逃劫难。当然，徐庶可以提早将母亲隐藏在安全的地方。但是依徐母的个性，也未必会接受，说不定会为了让徐庶专心为刘备工作，也可能提前结束自己的生命，要是这样，岂不成了刘备将她害死？

再说，以徐庶的聪明和孝心，立即判断出徐母的家书是假造的，他又能怎样？动用军队的力量将徐母抢回来，不可能；不加以理会，便是贪图自己的前程，完全置母亲的安危于不顾，这种人在刘备阵营中担任要职，妥当吗？就算他果真如此，刘备也为了公事而不计较这些私事。而以刘备对他的赏识，还会三顾茅庐，去礼聘诸葛亮吗？诸葛亮不出山，仅凭徐庶的才能，有可能三分天下吗？徐庶的贡献，和阻挡诸葛亮出山，两相比较，哪一种比较重要？

由此可见，像这样曲折离奇的演变，实在不是显秩序的规律所能够解释的。只有隐秩序，才能够促使程昱出这种馊主意，曹操居然也接纳。刘备不忍离别，远送一程，徐庶走了又回来推荐诸葛亮。就隐秩序的立场，经常把好人当好人，把坏人也当作好人来使唤，实在比显秩序更为灵活。

二、诸葛亮追随刘备：有才能的人更需要有度量的领导者

刘备力邀诸葛亮鼎力相助，其一再推辞，刘备又献上金帛礼物，表示精神和物质方面都将尽力让诸葛亮满意。这是主公最大的诚意，诸葛亮只好接受。天色已晚，商请刘备等人在卧龙岗住一宿。第二天诸葛均回来，诸葛亮交代，刘皇叔的好意他不能不出山，家人要继续农务，在家留守，因为功成之日，便要回来归隐，预留个去处才好。

这些话主要是说给刘备听的，意思是三顾茅庐的知遇之恩诸葛亮一定会用心报答，这一次出山，必然尽心尽力，有幺弟在家主持，不致有后顾之忧。同时表明心迹，只同苦不同甘，将来功成，不会留恋世俗的荣华，也不致率亲引戚，把家人亲友都带去凑热闹。诸葛亮这种光明磊落的心态，实在令人钦敬，更值得我们学习，不像一般人，趁机引见家人，想获得一官半职，或者功成名就便忘掉自己的根本，不把乡里故人当一回事。

诸葛亮的一举一动，都合情合理，一点也不矫揉造作、装腔作势；刘备的一言一行，也都出乎至诚，有情有义。这两位搭档，能够长久合作，互相信任，实在难能可贵，绝不是一般的君臣、同志所能比。诸葛亮如果遇不到刘备，将一生躬耕南阳，大志难伸；刘备如果请不动诸葛亮，将孤寡浪荡，也难成大事。两人互补，各施所长，使蜀汉集团快速发展，与曹操、孙权两大集团鼎足而立，果然按照隆中对的分析，三分天下。

诸葛亮的贡献很大，刘备的度量也不小。两人缺一不可，被称为最佳拍档，最合适。

三、隆中对策：首先要定位好自己的对手

诸葛亮好不容易出山，大家都在期待他会有什么样的表现。刘备待他

像老师一般，他也真的像军师一样，预测曹操有南侵的意图，派人到江东打听情况。他必须设法引起孙权和曹操的注意，获得挥洒的空间，才有表现的机会。

一个人最怕的，是人家不把他当对手，大家都不把他当一回事，表示他根本不是举足轻重的人物。有了对手，还要看属于哪一等级，等级愈高，自己的分量就愈重。当时的重量级人物，便是孙权和曹操。

诸葛亮的目标，当然要锁定这两位。他知道必须把刘备的地位提高，和曹操、孙权等量齐观，才可能三分天下。诸葛亮的首要策略，便是利用曹操和孙权的矛盾来给自己制造机会。联吴抗曹的盘算，在他心中已经成形。于是打听虚实，搜集情报，成为第一要务。刘表差人请刘备到荆州商量大事，诸葛亮知道机会来了，自动追随刘备前往，准备取得荆州。对诸葛亮来说，抓住差异性是他的主要任务，对任何风吹草动都十分警觉，绝不能轻易放过。刘表的长公子刘琦向刘备求救，刘备向诸葛亮请教。诸葛亮推说家务事外人不方便表示意见，刘备却暗示刘琦，想办法问诸葛亮。对刘备而言，同样是任何风吹草动，都要找机会让诸葛亮表现。双方密切配合，很有默契。

徐庶的第一次表现，是曹操派兵攻打荆州提供的良好机会。现在曹操不来，诸葛亮暂时不打仗，从而有更充裕的时间，可以好好布置。他的第一次表现，说起来还是打一场漂亮仗，其所作所为，都是为了这一次而准备。

四、火烧博望坡："空降兵"要烧好上任"三把火"

诸葛亮这位"空降兵"，和当年孙权接棒时一样，同样要面对严厉的考验。只不过孙权面对的是老臣，诸葛亮所面对的，则是桃园三结义的关羽和张飞。这两人看见大哥如此礼待诸葛亮，心中不悦："孔明年幼，有甚才学？兄长待之太过，又未见他真实效验！"刘备一时兴奋，竟然回答："吾得孔明，犹鱼之得水也。"这让两人更加不高兴，听说夏侯惇引兵前来，毫不客气地问刘备："为什么不叫你的'水'去应战呢？"诸葛亮十分明了这种情况，请刘备把剑印交付给他，刘备也宣布大家都不能违抗军师之令。

诸葛亮事先把相关地形地貌皆仔细侦察，胸中已经有了完整的作战计划，这才发号施令，调度各将分头御敌。众将虽然听令，却心存疑惑。张飞还问诸葛亮，你自己做些什么？诸葛亮大方地回答："我只坐守此城。"惹得张飞冷笑。而刘备的内心，其实也疑惑不定。

博望坡一战，夏侯惇中计深入狭道，诸葛亮安排火攻。曹军死伤无数，夏侯惇冒烟突火而逃。关羽和张飞这才口服心服，相互说道："孔明真英杰也！"新野百姓，更是庆幸刘备获得贤士相助而欢喜万分。

空降部队，并不是依赖老板的全力支持，便能够发挥所长。更重要的是，上任后的前三件事，必须处理得令众人满意。我们称为新官上任三把火，如果这三把火烧得不好，说不定就烧掉自己的眉毛，惹大家笑话。诸葛亮事先准备周全，一切都在掌控之中，在轻松愉快的气氛中，完成了第一次表演，赢得了大家的掌声和信任，果然不同凡响！

五、草船借箭：借力解决自己的问题

周瑜心怀嫉妒，决意杀诸葛亮以绝后患。他故意问诸葛亮，水路交兵，以哪一种兵器为优先？诸葛亮心中有数，装得一本正经："以弓箭为先。"

周瑜趁机表示，军中急需十万支箭，请先生监制。诸葛亮还是装得很像，拜问何时要用，周瑜说十天之内，诸葛亮居然满口答应。鲁肃是老实人，急得要命。诸葛亮要他救命，鲁肃居然骂他自取其祸，真是可爱！

草船借箭，用现代话来说，根本就是把工作外包，请同业分担，解决自己的问题。

诸葛亮对天文地理都有很深的造诣，他知道不日之内必有浓雾。曹操人生地不熟，又不熟悉水性，不敢在浓雾中出战。如果以船只逼近，伪装进攻，曹操必定箭如雨发，不敢停息。于是不用费力，便能够借得十万支箭。但是，这样一来，周瑜必然更加气愤，也更为嫉妒，很可能不择手段，非置诸葛亮于死地不可。诸葛亮并不是故意卖弄才华，使自己陷入险境的，只是周瑜这样的人，不能让他看不起，否则无法合作，不得不承担风险，采取如此措施来换取共同的利益。应该做的，绝对不推辞，不应该做的，再有利也不能做，这才是做人的基本原则。

工作有很多人会做，不一定样样要自己亲自去做。外包给别人做，并不代表自己偷懒，而是分散风险，由大家共同承担任务。草船借箭，说明一个问题可以有好几种解决方案。自己做十万支箭，费时费力又费神，不如向有箭的人借，一下子就凑齐了。问题是怎么借？向谁借？什么时候借？有没有把握？这些才是我们要学的。

六、诸葛亮七星坛祭风：巧用玄虚实现目的

诸葛亮设祭坛借东南风的故事，如果换成现代的科学语言，应该改写为：诸葛亮知道周瑜想用火攻烧毁曹操的船舰，万事俱备，只欠东风，心中非常焦急，因为时届隆冬，刮的是西风、北风，很少有东南风出现。程

昱就向曹操报告，把船只连锁起来，固然平稳，但是东吴如果采取火攻，实在难以回避。曹操凭着丰富的常识，马上回答，方今隆冬之际，但有西风、北风，安有东风、南风？弄得程昱十分难堪。周瑜为了这件事情急得卧病在床，连药都吃不下。诸葛亮对天文气象有很深入的研究。他知道天有不测风云，气候随时在变化，即使隆冬时节，也很可能偶尔出现东南风，时间可能不会太长，但是短暂的时间，若是把握得准确，对于火攻已经够用了。所以他建议周瑜在江边南屏山设置气象观测站，指派若干士兵轮流值班，一旦东南风起，立即向周瑜报告，以便及时行动。周瑜欣然接受，指定最可靠的鲁肃陪同诸葛亮负责办理，周瑜和程普等将领在帐中伺候，只等东南风起便调兵遣将，由黄盖的二十只火船，到曹营点火。诸葛亮小心翼翼，丝毫不敢怠慢。终于在十一月二十日午夜，测得东南风。周瑜大喜，一方面派丁奉、徐盛二位将领，各带一百人，分由水陆两路，到南屏山气象观测台，擒住诸葛亮便行斩首，一方面全体官兵总动员，把曹操杀得片甲不留。

当时科学尚不发达，没有足够的科学知识可以彼此沟通。诸葛亮若是如实说会有东南风，周瑜可能根本不会相信，必须适度地装神弄鬼搞一些神秘色彩，才能够让周瑜和其他将领相信。但是，诸葛亮也料到，周瑜必然以"此人有夺天地造化之法，鬼神不测之术！若留此人，乃东吴祸根也"为理由，做出"及早杀却，免生他日之忧"的决定。于是，他事先安排赵云及时前来救援。

鲁肃的老实人角色最适合穿针引线，充当沟通的桥梁。诸葛亮并非存心整他，或者看他的笑话，而是有些事情直接和周瑜说，还不如通过鲁肃更为有效。

周瑜当然也不是存心捉弄鲁肃，他实际上和诸葛亮也没有什么私人恩怨。他这样做，完全是对东吴的一片忠心。他自幼聪敏过人，24岁便出任建威中郎将，先随孙策，后事孙权，与孙策又是连襟，难怪特别忠诚。

　　对诸葛亮来说，如果联吴不成，或者东吴向曹操低头，他们的隆中对策便没有实现的可能。这一次过江来到东吴，在他们的生涯规划中，具有非常重要的作用。无论如何，要和东吴联手打败曹操，以后的计划才能够逐步进行，因此冒再大的风险也是势在必行。他一方面冒险，一方面预先留好安全的退路，充分显示他的神机妙算。实际上他所做的是对未来的预测，而不是真的如周瑜所言有那么高的法术。预测必须有科学的依据，只是当时民智未开，不得不借用一些神通之类的说法。什么沐浴斋戒，不过是表示诚心诚意，身披道衣，跣足散发，也只是吓唬大家，不要分心，做自己的事情，以免东南风来时，耽误了宝贵的时刻。如此而已，并不值得大惊小怪，以为诸葛亮真的具有神通的法力。

七、赤壁之战：事在人为，以弱胜强

　　诸葛亮过江东，舌战群儒，对孙权和周瑜，费尽了心机，因为赤壁之战，对刘备实在太重要了。倘若孙权降曹，刘备很快就被曹操消灭。就算孙、刘联合起来，要战胜曹操，谈何容易？因此逼得诸葛亮装神弄鬼，竭尽所能，务求联吴成功。赤壁胜曹，奠定了今后发展的基础。

　　实际上，当时的刘备且战且退，兵微将寡，已经是十分危急。可以说生死存亡，就在赤壁这一战役。

　　果然不出诸葛亮所料，曹操一再上当，百万雄兵，顷刻化为灰烬。刘备趁机占领南郡、长沙、零陵、桂阳等地，总算有了一些地盘，勉强称得上鼎足而立，三分天下。但是，和曹操、孙权相比，仍然是最为弱小的势力。就算如此，毕竟顺利完成了隆中对策的第一步。对刘备来说，可以说是有生以来首次站稳脚跟。

如果说官渡之战使曹操以寡胜众，气势大增，那么赤壁之战，刘备同样以寡胜众，大增气势，从此天下三分，比官渡之战的作用更为重大。我们常说人有旦夕祸福，刘备这次喜出望外，更能充分体会这种感觉。不过事在人为，如果不是诸葛亮竭尽心力，岂能有这样的成果？以人为本的中华文化，可贵处即在有人才有事。

八、诸葛亮算准曹操的逃亡路径：机会属于有准备的人

历来很多人都不敢相信诸葛亮能精算到这种地步，简直太神了。实际上诸葛亮出山前，在卧龙岗潜修至少十余年。他既然自比管仲、乐毅，有安天下的抱负，对彼时的重要人物，必然做过深入的研究和分析。初见刘备时，便能够掌握刘备的个性，说得他心里痒痒的，非礼聘诸葛亮出山不可。见孙权时，不顾鲁肃的事先提示，一再惹孙权生气，弄得鲁肃心急如焚。便是孙权其人，也早已成为诸葛亮研究的个案。甚至于江东群儒，他也摸得一清二楚，所以舌战时能逐一击破，各有令人折服的对策。

曹操在当时，无论如何都是举足轻重的人物。诸葛亮的研究档案中，有关曹操的相关资讯必然很多。曹操的一举一动，诸葛亮不但了如指掌，而且能够明察其动机。所以曹操兵败，逃亡时会做出什么样的选择，诸葛亮有足够的时间，可以预先详尽地进行沙盘推演，算得十分精准，这才调兵遣将。

我们常说皇天不负苦心人，意思是用心再用心，变成苦心的时候，上天就会让我们心想事成。问题是用心和苦心之间，有一段相当长的距离。一般人认为用心就好了，殊不知力道不足，仍然是不行的。必须用心再用

心，潜心苦修，才够力度。

诸葛亮准备了多年，刚刚出山，精气神都十分充足，当然料事如神。从博望坡开始，一直到料定曹操必然败走华容道，无不精准如神。从这种角度来看，关羽和他打赌，简直必输无疑。

第五章
曹操得势却依然失败的奥秘

曹操善用计谋，一向警觉性很高，疑心很重。这一次庞统献计，他居然毫不怀疑，马上指示部属照办，弄得大家都不敢表达意见。徐庶识破，但他不会表示出来。如果曹操和往常一样，先欣然接受，却不立即指示照办，待庞统离开，再询问大家的意见，相信有人会提出异议，至少有反复思虑的机会。

一、曹操杀孔融：刚直太过易取祸

孔融是孔子第二十世孙，自小聪明。10岁时，有人说他"小时聪明，大时未必聪明"，他立即回应"如所言，君幼时必聪明者"，可见其直言不讳的习性已经养成。后为中郎将，累迁为北海太守，极好宾客，常说"座上客常满，杯中酒不空，吾之愿也"。他一直以大汉的臣子自居，秉性正直，又急公好义，甚得人望。

曹操和诸葛亮交手之后，更加觉得刘备的可怕。他认为自己真正的对手，只有刘备和孙权，其他人都不足介意。于是传令起大兵五十万，要扫平江南。那时候孔融在朝中担任太中大夫的职务，劝谏曹操说，刘备、刘表皆为汉室宗亲，不可轻伐。又说，兴无义之师，恐失天下之望。曹操大怒，下令如有再谏者斩。孔融感叹说："以至不仁伐至仁，安得不败乎！"有人密告曹操，曹操下令加以捕捉。孔融的两个孩子在家下棋。家人叫他们赶快逃避，两个孩子却认为破巢之下没有完好的卵，结果也被捕捉，一并斩首。父子都很刚直，所以命运相同。

从显秩序看，曹操不听忠言，孔融则过分直言，让曹操恼羞成怒，以致满门抄斩。从隐秩序看，曹操不觉悟，不知道隐秩序通过孔融在给他一些警讯，不应该再如此不义，否则不可能让他得逞。孔融父子则牺牲自己，给世人一种警惕，让人认清曹操的真面目，不要再上当。

然而，隐秩序的警讯，毕竟需要高度冷静的领悟力才能够正确地理解。孔融所传递的信息，似乎并未达到预期的效果，反而因"刚直太过，取祸之道"，留给我们很大的启示。

二、曹操对酒高歌刺死刘馥：正确的建议也要选择正确的时机

一切准备妥当，曹操在出师攻打东吴的前夕，在大船上置酒设宴，大会诸将。他自称今年已经54岁，如果征服江南，有意要孙策、周瑜的妻子大乔、小乔，以娱晚年。说得兴起，便要对酒高歌，请大家一起来和。

身为领导人，当手下业务干部整装待发，打算出外开拓市场的时候，居然说一些不三不四的话，已经不合时宜。大家为了顾全他的颜面，不得不随着领导人的笑声而呼应，实际上，心里已颇有不祥的感觉。至少天上的乌鸦在夜里飞鸣，已经表达了鸟兽比人类更灵敏的预感。曹操也有所警觉，问道，乌鸦为什么夜鸣？干部只好回答月亮光辉普照，使乌鸦误认为是白天因而飞鸣。这不是干部不诚实，而是曹操过分狂妄自大，才失去了平日原有的警戒心。

曹操又在歌词中唱出"忧从中来，不可断绝"，以及"月明星稀，乌鹊南飞，绕树三匝，何枝可依"这样不吉祥的诗句。言为心声，可见曹操心中，已经知道这次南征殊难取胜，却由于自以为是而沾沾自喜。这才一反常态，忽略了心中的预感，无视各种不祥的预兆。

按理说，曹操一向疑心甚重，警觉性很高，不可能对久久不献一计忽然自告奋勇要星夜赶往散关把守隘口的徐庶丝毫不起疑心。

对乌鸦夜鸣，自己口出恶言，也全不在意。这一连串的不祥预兆，原本可以救近百万人的性命，却由于领导者的饮酒作乐，口出狂言，丧失了机会。最可怜的莫过于基层员工，平白死于非命。

曹操对酒当歌，大家都欢乐相和。刘馥忽然说出"大军即将出发，丞相为什么唱出这样不祥的字句"如此唐突不敬的话来。曹操问他："有什么不吉祥？"刘馥答："月明星稀，乌鹊南飞，绕树三匝，何枝可依。这就是不吉祥的话。"曹操大怒，当场以手中的槊刺死刘馥。第二天，曹操酒醒，自感懊悔不已，厚葬刘馥。

刘馥的举动，囿于自作自受的人生定律，我们实在不便置评。但是，即使在不得不说的时候，我们仍然以为欠妥。理由有三，分别说明如下，以供参考：

第一，曹操饮酒颇多，已经有醉意。在这种情况之下，提出任何批评或建议，实际上时机并不合适。刘馥为什么不能忍耐一下，事后待有合适时机，再行提出？

第二，曹操手中握有一槊，随时可以伤人，在酒醉的时候，很容易失控。万一发生误杀，根本无法补救。刘馥为什么不预先想一想可能产生的后果？

第三，在座那么多人，资历比刘馥深的、职位比刘馥高的，难道都不如刘馥聪明？为什么刘馥不把批评的机会让给这些人？偏偏要自我表现，用性命做赌注，而不设想一下，别人有顾虑，何以自己独无？

这还不算，刘馥进谏所带来的后遗症更令人震惊。若是刘馥知道可能衍生的恶果，就算再急迫，恐怕也不会如此想到就说。因为事隔两天，曹操在水军中央大战船上观看训练,心中以为必胜,接连赞叹"铁索连舟,果然渡江如履平地",程昱不得不提出警告:"万一对方用火攻,实在难以回避。"曹操大笑,说他虽有远虑,却没有想到,时届隆冬,但有西风、北风,哪里有东风、南风?周瑜用火攻,岂不是烧他自己?

程昱还是不放心,准备再次劝谏。旁边的同僚拉住他的手,提醒他刘馥进谏的不幸后果,使程昱不敢再说话。后来火烧连环船,死伤不计其数。曹操固然应该负起最大的责任,刘馥唐突冒犯致死的延伸症候群,难道不是十分重要的近因?诸将领拜伏赞叹"丞相高见,众人不及",是不是刘馥被刺死的反面效果呢?

我们无意把这些罪过都平白加在刘馥身上,对死者的不敬,原来就不是中国人应该有的态度。我们只是认为,凭勇气做事,远不如有智慧判断时机和后果。同样进谏,曹操有时候欣然接受,有时候却愤怒得不能见容。因为曹操毕竟是人而不是神,有情绪反应,也可能喜怒无常。

身为曹操的干部,必须心中有曹操,凡事先站在曹操的立场来考虑,而不是自己想怎样便立即表现出来。否则受害的是自己,别人帮不上忙。

刘馥可以说意见,但是不必在这种不适宜的场合与不稳定的气氛中直率地说出来。曹操用了一些不吉祥的字句,很可能心中已经有一些后悔。大家在含混嘈杂中,不一定听得清楚,也不一定有不祥的感觉,反而不会产生什么不良影响。被刘馥一一说明,岂不是愈描愈黑?弄得大家情绪不安,更加于战不利。想来,这些都由于一时气急,没有考虑周到。

三、曹操中计:心有成见的人易犯错误

刘表的后妻蔡氏和她的弟弟蔡瑁谋害刘备不成,待刘表死后,又和张

允等人拒绝刘备进入襄阳，不久便向曹操投降。蔡瑁和张允被封为水军都督和副都督，蔡夫人及公子刘琮则在被假意封官后于途中被杀。

那时候荀攸曾经提醒曹操，蔡瑁和张允是谄妄之徒，为什么放心让他们掌管水军呢？曹操大笑说：我难道不知道？只是我们来自北方，不熟悉水性，不习惯水战，所以暂时留下他们的性命，待成事之后，别有理会。可见那时候，曹操已经有杀这两人的念头。为了权宜之计，才假装很欣赏他们两个的样子，以免引起他俩的疑心。

后来他们的表现，曹操也都不满意，怀疑他们两个不尽力。这些都显示在心理上，曹操已经有了上当的基础。蒋干出访周瑜，曹操早已料到不可能有效，只不过既然他们是老同学，让他们会会面，说不定有意料不到的收获。在这种期待的心态下，蒋干拿出来的信函，如果事关其他将领，曹操还会深思，如今恰巧是事关蔡、张二人，他不由得怒气冲天，不假思虑就急着把二人斩首。刚一下令，曹操的反应很快，马上知道中计了。偏偏斩首的人行动更快，两颗人头已经提上来，蔡、张二人该当命绝。曹操心中后悔，只有蒋干还在那里扬扬得意。曹操不方便责罚他，只能挥手叫他快去。

自古以来，精于刀者死于刀，精于游泳者死于水。精于用计的曹操，现在也中了别人的计。

计有没有用，要看使用的时机、场合和对象。如今曹操正在怀疑蔡、张二人不用心训练水军，反为东吴所败。恰逢信件又从周瑜处获得，加上蔡、张二人本来就是投机分子，若有意反叛也并不出乎意料。曹操这几天也正在气头上，被自己任命的都督叫喊要把自己的头献给周瑜，真是岂有此理！在各种因素密切配合下，曹操马上把蔡、张二人召来，由于心中已有成见，愈看他们愈不对劲。曹操是人而不是神，犯这种错误，应该不算意外。

曹操心知中计，却不肯认错，若无其事地对众将说，是他二人怠慢军法，所以处斩。大家不敢再问，十分惊讶，怎么忽然间有这样的怪事？曹操杀蔡瑁、张允，我们看起来，并不为他着急，倒是做错事不认错，可能会引起一些争议。小孩子做错事，当然应该认错，加深印象，希望以后不要再犯。基层主管做错事，应该认错，因为基层员工做错了也要承认，主管必须要以身作则。中层主管做错事，向高层认错，对下属则不提起。高层主管就很少承认错误，有时还会恼羞成怒，模糊焦点，用其他事情来转移目标。曹操错了，有时承认，有时则找理由搪塞。这一点我们不能怪他，因为这样表现，合乎人之常情。

黄盖，字公覆，为东吴三世大将，为求破曹，配合周瑜的计策，甘愿受脊杖，被打得昏厥好几次。众将苦苦哀求，周瑜才暂时告停。苦肉计的用意，是要向曹操诈降，使火攻得以起效。周瑜选黄盖，当然是出于不得已，人选难得，曹操又不容易受蒙骗。虽然黄盖年岁已高，仍然要他受苦。最难能可贵的是黄盖主动接受。这种忠义精神，令人敬仰，更使人感动。"一个愿打，一个愿挨"，打者痛在心里、挨者痛在骨肉的佳话，一直流传到现代。黄盖一生战功无数，却以这一次行苦肉计最为引人注意。万一曹操识破，他也会毫无怨言，实在难得。

周瑜演出苦肉计的时候，诸葛亮以客卿身份在场。他冷眼旁观，完全不表示意见。鲁肃忠厚，还怪责他太无情，为什么不劝劝周瑜，对老人家行这么重的刑罚？我们想想，若是诸葛亮也和在场的东吴将领一起恳求周瑜，他还是向曹操借箭十万的诸葛亮吗？他老早从周瑜的言辞与手势、姿态中，明白了周瑜和黄盖的计策，所以闷声不响。而蔡中、蔡和毕竟智慧不高，不能体会诸葛亮不言不语却拿药物医治黄盖的用意。

我们常说：皇天不负苦心人。黄盖行苦肉计，周瑜、诸葛亮、鲁肃、蔡中、蔡和等人，也都恪尽人事，密切配合。所谓尽人事，听天命，无论如何，黄老先生的忠义，已经感动了上天。

曹操善用计谋，一向警觉性很高，疑心很重，但却对庞统的献计，居然毫不怀疑，马上指示部属照办，弄得大家都不敢有意见。徐庶识破庞统的计谋，当然不会说出来。如果曹操和往常一样，先欣然接受，却不立即指示照办，待庞统离开，再询问大家的意见，相信有人会提出异议，至少有反复思虑的机会。由于庞统久负盛名，曹操仰慕已久，不敢像对待一般人那样，先采取反面姿态，喝令左右拿下，指出这等奸计居然用来蒙骗，以探其虚实，至少也应该首先不发表意见，让大家向庞统提出质疑，然后再做决定。庞统献策完毕，居然还要离去。虽然离去的理由说得十分动听——要劝降更多的东吴豪杰，但曹操这时候也应该心生怀疑才对，怎么会深信不疑，以致在场无人敢有异议？

看来庞统果然高明，和曹操刚刚见面，就要求参观军事设施。相信一般人不敢这样大胆，因为军事机密，外人怎么可以随便看呢？庞统一下子就攻破了曹操的心防，又遥指江南，说什么"周郎，周郎，克期必亡"，把曹操捧得天高，几乎失去理智。而且献计之前，他还先问军中有没有良医，再转回话题，提出连环计。这种沟通本领，实在高明。曹操心防既破，心中的疑虑又被他一击命中，哪有不信的道理？曹操兴致高昂，谁敢在这个时候表示异议，岂不是太不识相？庞统的高帽子策略、攻心为上战术，曹操都抵挡不住，使连环计轻易得逞。我们还是认为曹操是自作自受，怪不得诸葛亮、周瑜或庞统。至于蒋干，那更是可怜的工具。

四、赤壁一战之鉴：骄兵必败千古不变

曹操看不起当时的各种势力，唯独对刘备和孙权存有戒心。一个是"天下英雄唯使君与操耳"，一个则是"生子当如孙仲谋"，都是十分不容易

听到的美言。现在这两位人物，居然联合在一起对抗曹操。如果赤壁这一役，能够大破孙、刘联军，岂不是同时消除心中大患？眼看着一切准备就绪，既有庞大的连环战舰，又有老将黄盖愿为内应。难怪曹操先说"今吾有百万雄师，更赖诸公用命，何患不成功耶"，又说"黄盖来降，此天助我也"，得意大笑，自以为得志，似乎天下将定，即在弹指之间。

我们常说骄兵必败，用来诠释赤壁之战实在十分恰当。曹操平日颇能接纳谋士的意见，现在由于骄傲的心态，什么风向、火攻、反间的劝谏，全都听不进去。草船借箭的教训，曹操虽然懊悔不已，平白送给敌方十多万支箭，心中气闷，却不能提高警觉预防再次上当。黄盖是东吴三世老臣，怎么可能来降？因一句"非为爵禄而来，实应天顺人"的好听的话，便信以为真。庞统来路不明，很可能卧龙、凤雏是同一伙人，一方面捧曹操，"丞相用兵如此，名不虚传"，一方面骂周瑜，"周郎，周郎，克期必亡"，以曹操的机智，居然不起疑。特别是蒋干已经出了一次大洋相，这次引进庞统，还不再三考虑？徐庶从不发表意见，现在却主动要求去散关把守。刘馥指出不吉祥的用语，被曹操当场刺死之后，有谁还愿意冒性命危险，有所规劝呢？种种失误，已经种下了骄兵必败的祸根。赤壁之战的惨败，其实是必然的。

五、曹操败逃中大笑：永不认输才能东山再起

我中华儿女有一种特性，就是永远不认输，只肯承认倒霉。因为霉气很快会消散，运气能改变。一旦认输，等于承认失败，那就会兵败如山倒，毫无东山再起的可能。倒霉算不算一种借口，我们暂且不管它。

认错而不认输，是我中华民族生生不息、文化绵延不断的主要因素。

曹操大败而逃，一路上稍获喘息，便大笑不止。诸将惊魂未定，问他为什么大笑。他说不笑别人，单笑周瑜无谋，诸葛亮不够厉害。乌林笑出赵云，大叫"奉军师将令在此等候多时"。逃到葫芦谷口，又笑出张飞大喝"操贼哪里去"。逃得人皆饥饿，马尽困乏。勉强支撑到华容道，曹操在马上，竟然又扬鞭大笑，把关羽笑出来，只好苦苦哀求。但是他的心里，仍然不服输，只是自认倒霉而已。

曹操每笑，必引起更大的险难。这是上天对曹操的警讯，要他戒掉骄傲的习性。曹操的笑，是他壮志健在，还要继续坚持下去的表现，是一种良好的现象。倘若他路上愁眉苦脸，不发一语，或者长叹不止，自认不如周瑜、诸葛亮，试问此后如何领导下去？脱离华容道后，他还是不认输，把责任推给众谋士，在他们面前搥胸大哭，借追思郭嘉来促使众谋士反省，以巩固领导中心。曹操的特性，在这里充分呈现。若非如此，那就不是曹操了。江山易改，本性难移！曹操一生的结果如何，从这里可以推想而知。

六、曹操赤壁惨败的宿命：合理的不公平

一般人认为命运有两种可能性：一种说命运由自己创造，能够加以改变，称为创造论；另一种视命运为既定，无法改变，属于命定论。这两种说法，实际上是一样的，都是说人有宿命。想要改变的人，秉持创造论，自然有所改变；不想或不知改变的人，一切遵照既定的命运，当然相信命定论。而相信创造论或命定论，或者由此改变，甚至于改来改去，不都是宿命吗？曹操夸下海口，要一举扫平江南，他心目中的两个敌人，孙权和刘备，都将在这一战役俯首称臣。

结果呢？三江口折兵、蒋干中计、草船借箭、黄盖行苦肉计，依曹操

的智见和经验,应该提高警觉。此番战争,非同一般,必须特别谨慎,格外小心才是。为什么庞统献连环计,程昱、荀攸怀疑周瑜用火攻时难以回避,饮酒赋歌时又杀了刘馥,还不及时惊醒?隐秩序已经带给他那么多的讯息,竟然执迷不悟。

　　隐秩序是公平的,对每个人都一视同仁。只是各人的造化不一样,有的人警觉得到,有的人完全没有感觉,有的人正确解说,有的人则解说错误,看起来很不公平,其实是自己的问题。反而显秩序标榜公平,却经常出现不公平,令人十分愤慨。最好是用隐秩序的公平来调剂显秩序的不公平,以形成合理的不公平。可惜一般人只知道盲目追求公平,反而造成很多不合理的现象。

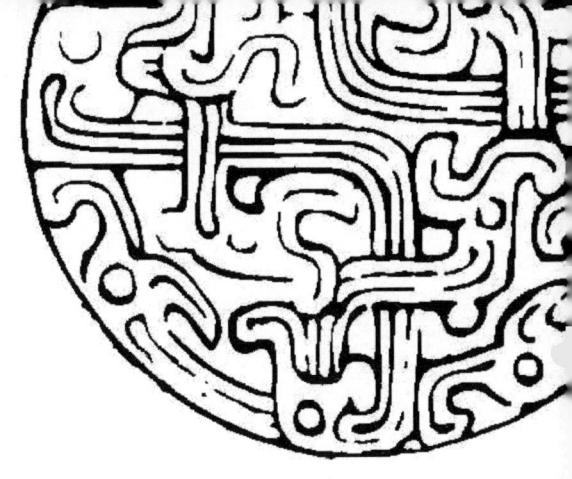

第三部
大意失荆州

每个人在生命中都有不顺遂的时候，唯一可以控制的是要怎样做出合理的反应。每一个集团，随时都可能发生令人想象不到的意外。唯一能够掌握的，是未雨绸缪，人人提高警觉，预防各种变数带来的灾祸。

刘备兵败新野，几乎走投无路的时候，孙权为了抗拒曹操而收容刘备，让他暂时驻在荆州。后来刘备拥有西蜀，荆州还是只借不还。孙权觉得很不对劲，趁着刘备忙于四川的业务、只留关羽在南郡镇守、关羽的部队又正与曹军交锋的时机，通知曹操，要袭击关羽，并由吕蒙和陆逊两人设法夺取了荆州。

关羽自知大意，而且关系重大，却不能做出合理的回应。刘备那时候已经是汉中王，听到关羽父子遇害的消息，哭倒在地上。他也犯了同样的错误，只想到桃园三结义的誓同生死，却没有理智区分公私。

有恩报恩，有仇报仇，实际上只能用在私事。公事的处理，并不能这样。

诸葛亮劝刘备保养身体，再想办法报仇，刘备却怎么也听不进去。加上张飞日夜哭泣，下令三军挂孝伐吴，部将赶不及制办白旗白甲，恐为张飞所杀，于是趁着张飞夜寝帐中将他杀害。刘备更加哀痛，决心亲征东吴。

蜀、吴联盟一破，魏国乘机南下，三国再也不能鼎立，而即将统一了。

桃园三结义一直是刘备集团最大的助力，如今却成为刘备心中最痛苦的负担。不复仇，有违誓言，平日的仁德表现好像都变成假的。一般人这样想，是理所当然。刘备自负重任，刚好又碰上曹丕自立为帝，献帝遇害。刘备为了继承汉统，即皇帝位，更应该接受赵云"汉贼之仇，公也；兄弟之仇，私也"的劝告，以天下为重，不应该在这种特殊的紧急状态下，坚持为弟报仇。可见政策错误，比什么都可怕。刘备下这个决心，把诸葛亮的整个计划推翻了。正如水镜先生所说：孔明虽遇明主，惜不得其时！

如果关羽不失去荆州，或者刘备公而忘私，不鲁莽伐吴，结果如何？三国会僵在那里，谁也统一不了天下。从统一这个角度来看，关羽大意失荆州，未尝不是一件好事。

但若因此而便宜了曹丕，哪里还有什么天理？所以司马氏逐渐接手，也是曹家自作自受的必然结果。曹操以王莽为戒，不敢篡位。他的儿子曹丕篡了，引起刘备、孙权称帝的连锁反应。这也给了司马氏一个活生生的范例。很多事情，从另一种角度来看，坏的也是好的，大意失荆州便是如此。

借荆州，关羽出了大力；失荆州，关羽难辞其咎。但关羽的声誉，却没有受到减损，反倒是吕蒙斩了关羽后，来不及受到封赏便病死了，曹操看到关羽首级，也被吓得头疼病复发，很快就去世了。关羽的忠义气节，在这里彰显得十分突出。

曹操去世，刘备除去心中大患，如果他接受诸葛亮缓图报仇的建议，实在也大有可为。但是结义时的誓言，把他捆得牢牢的。可见成也结义，败也结义。任何一件事，有利必有弊，有得必有失。孔子主张尽人事以听天命，想来是高度智慧深入体悟的心得，谁能例外呢？

我们一再说明，隐秩序永远是公平的，反而显秩序很僵化，不容易随机应变，或者应变而难以合理，常常造成不公平的现象。隐秩序的不二法则便是人人自作自受，必须对自己的所言所行负起全部的责任，而且功过不得互抵，有功必赏，有过必罚，谁也不能例外。

上天给了关羽丰厚的资本，也给了他很多难得的机会。但是，任何人都不能够骄傲，否则便要付出相当痛苦的代价，关羽当然也不可能例外。

大意失荆州，关羽必须以死相抵，虽然他很不情愿，但也有人害得了他。

诸葛亮出山之后，大局的重心从关羽转到诸葛亮。然而荆州的重要性，却由于诸葛亮的隆中对策而更为增强。

现在失掉荆州，大局的重心又从诸葛亮转移到刘备。因为刘备的反应，正是上天对他的最大考验。同时，诸葛亮能不能坚持自己的主张，也将成为此后发展的关键。

从显秩序看，曹丕已经毁掉虚有其表的汉室大气球。从隐秩序看，刘备仍然有机会可以继承正统，把汉室的香火延续下来。魏国这个大气球，由于体制不健全，有很多漏洞，也随时可能爆破。蜀汉这个气球，由于人才大量丧生，又来不及补充，也出现很多问题。至于孙权要怎样回应，还要看后续的演变而定。

刘备的态度，似乎愈来愈喜欢自作主张。诸葛亮的修养，又使他愈来愈谨慎，不愿意过分表达自己的意见。赵云说话过于直率，刘备好像对他不很满意。这种种变数，都是隐秩序密切注意的重点。关羽的重大挫败，到底是怎么回事？值得我们仔细研究，用心体会。

第一章
处理好竞争合作关系的奥秘

  曹操原本以为,孙、刘在战前尚有可能联合,战后必然因各有盘算而分裂,使自己有机会重振军威,伺机再来。后来,他知道鲁肃居中策应的能耐,对鲁肃也十分敬重。一个人如果不能顾全大局,终究是一隅之见。曹操的梦想,始终不能实现。孙、刘联盟的维系,除了诸葛亮之外,鲁肃是贡献最大的人物。他夹在孙、刘中间,扮演老实人的角色,真是恰到好处。

一、鲁肃讨荆州：居中策应者贡献最大

荆州从来没有被孙权占领过，但是孙权始终心有不甘，认为被刘备占了太多便宜，诸葛亮又为了顾全大局，不愿意和孙权撕破脸，以免妨害孙、刘联盟，所以无中生有地造出"借荆州"的名目，拖下一个难以了断的尾巴。有借就有还，不还便要打，弄得关羽和刘备，都为了荆州而伤透脑筋。大意失荆州，一下子把好不容易建立起来的基础，几乎毁于一旦。

东吴听说刘琦病亡，想起诸葛亮当初"公子不在，即还荆州"的承诺，请鲁肃以吊唁为由，前来催讨。诸葛亮这一次毫不含糊，指出刘备是当今皇上的叔父，又是荆州牧刘表的弟弟，弟承兄业，有什么不对？孙氏兄弟素无功德，凭空占领六郡八十一州，居然贪心不足，还要侵吞汉朝土地？这次赤壁战役，如果不是借到东南风，周瑜还不是一筹莫展？若江南一破，孙氏什么都没有了，还来讨什么荆州？说得鲁肃半天说不出话来，勉强和诸葛亮套旧交情，要诸葛亮体谅他夹在中间的难处，替他想想办法。

这一套果然有效，诸葛亮答应请刘备以文书为证，暂借荆州，将来获得其他城池，再将荆州交还东吴。鲁肃追问什么城池，诸葛亮说若得西川，那时便还。鲁肃把文书带回江东，周瑜说，文书有什么用？鲁肃知道上当，心甚不安。鲁肃当然不是糊涂，他心里明白，诸葛亮根本就是拖延时间，以待日后的进展。但是，他顾及孙、刘合则两利、分则两害的大原则，情愿忍气吞声，为顾全大局而独自承担责任。那一边诸葛亮连篇大道理，这一边周瑜大骂刘备枭雄、诸葛亮奸诈，他都若无其事，分别冷处理。

曹操原本以为，孙、刘在战前尚有可能联合，战后必然因各有盘算而分裂，使自己有机会重振军威，伺机再来。后来，他知道鲁肃居中策应的能耐，对鲁肃也十分敬重。一个人如果不能顾全大局，终究是一隅之见。曹操的梦想，始终不能实现。孙、刘联盟的维系，除了诸葛亮之外，鲁肃是贡献最大的人物。他夹在孙、刘中间，扮演老实人的角色，真是恰到好处。

二、孙权嫁妹：不可为了目的不择手段

孙权受周瑜的影响，非要把诸葛亮制服不可。听说刘备没了甘夫人，两人商议，假意将孙权妹妹许配给刘备，把他骗过江东来，看诸葛亮如何回应。他们的目标是让诸葛亮以荆州换回刘备。诸葛亮见东吴特使吕范到来，便已识破对方来意，建议刘备将计就计，既要得孙权之妹，又要保住荆州。刘备觉得此举太过冒险，犹疑不决。诸葛亮叫孙乾与吕范同往江东，传达两府合婚的意愿，并且预先定下三条计策，要赵云陪同刘备，一起过江完婚。

刘备与赵云、孙乾取快船十只，随行五百人，依计而行。首先拜访乔

国老，使吴国太出面，逼使孙权弄假成真，把妹妹嫁给刘备，完成了一桩政治婚姻。

新娘自幼习武，婚后常与刘备舞剑为乐。刘备毕竟是男人，有名有利有势之后，最难过的便是美人关。与孙权妹妹婚后，刘备竟然把荆州大事忘得一干二净。孙权接受周瑜意见，拨款修整东府，广栽花木，请刘备与妹居住。又增女侍数十人，并赠送刘备金玉锦绮好玩的东西。刘备果然为声色所迷，完全不想回荆州。幸好赵云遵照诸葛亮的锦囊妙计，虚报荆州危急。刘备才和夫人返回荆州。

孙权和周瑜听说刘备夫妇逃回荆州，气急败坏，屡次加派追兵，无论如何也要把他们抓回来。赵云依第三计，恳请孙夫人亲自抵挡追兵。

刘备吃尽苦头，才返回荆州。周瑜不死心，亲自赶到江边。诸葛亮前来接应，喝令军士大叫："周郎妙计安天下，赔了夫人又折兵！"周瑜气得大叫一声，倒在船上，不省人事。

政治人物常常喜欢借着结成亲家，以增强实力，或交换利益。这桩婚事，原本是一场骗局。孙权事先连母亲都没有禀报，认为把刘备骗过江东，神不知鬼不觉地结束他的性命，便一切船过水也不留痕迹，当然不需要让母亲知道。诸葛亮算准了这一招，第一计就是上岸后，让随行五百军士全部披红挂彩，到处传播刘备入赘东吴的消息，使城中人纷纷口耳相传，并且拜访乔国老，赠送名贵礼品。乔国老是孙策和周瑜的岳丈，和孙府交情甚厚，心想如此大事，自己居然完全不知，还是从刘备口中才知道，实在没面子。于是专程求见孙权母亲吴国太，一方面贺喜，一方面抱怨不通知他，想不到吴国太竟然也不知道。诸葛亮这一招，完全是抓住了人性的弱点。乔国老没面子，必然会找吴国太问。自己的女儿要出嫁，做母亲的居然不知道，吴国太恼羞成怒，立即把孙权喊来，大骂孙权为何瞒她。一连串的演变，俱在诸葛亮的掌握之中，对孙权和周瑜来说，却是样样都是意外，弄得他们手忙脚乱，完全乱了阵法。

结果如何？自然是诸葛亮妙计比周瑜高明。周瑜果真赔了夫人又折兵，气死也是活该。把领导者的妹妹当作工具，大施美人计，也亏周瑜想得出来，而孙权身为兄长，竟配合行事，难怪吴国太气愤至极，反而促成这一桩原本虚假的婚事。

如果真的结成亲家，对孙、刘联盟有助益，那也不错。偏偏周瑜不甘受辱，一再设法破坏双方的合作，那只看不见的手，才会暗助诸葛亮，使周瑜节节败退。

政治婚姻，本来就是一种残酷无情的手段。孙权嫁妹，原意是要以妹妹为工具，将刘备骗来江东，然后把他谋杀，以杜绝后患。想不到弄假成真，使孙权十分恼火。妹妹又和妹夫情投意合，好像完全没有国家意识。这种妹妹，必要时也要杀。刘备这种妹夫，更应该杀。

人有时为了某种特殊强烈的意识，会不顾一切，把所有的东西都集中在这一个目标上面。平时情绪冷静的时候，知道人生的目标是多元的，不应该是单一的。现在情绪起伏不定，既不安又恼怒，人生的目标就变成单一的。为了江山，什么亲情、友情、爱情，全都是假的。隐瞒母亲、欺骗妹妹、计诱刘备，都在开拓疆域这一个大目标之下，成为正义的行动。何况孙策临终时，以外事多问周瑜为指导纲要。周瑜和刘备、诸葛亮，并没有什么私人恩怨。要杀刘备、诸葛亮，完全是出于公的需要。

孙权全力支持，处处配合，也同样为公而不是为私。

同样一件事，站在公的立场和站在私的立场，往往有不同的看法。站在公的立场，孙权的做法，并没有错。但是，站在私的立场，真是太卑鄙了，几乎毫无人性。公和私的距离，有时候竟然差这么远！

当公与私相矛盾、相冲突时，如何寻找合理点？那就需要我们通常所说的政治智慧。孙权这种决定，显然不合情理，也就是政治智慧不高。以妹妹为饵来钓刘备,这种事情根本就不能做。相信孙坚、孙策地下有灵,都不会赞成孙权的做法。和父兄相比,孙权除了寿长,其他方面显然都不如他们。

三、刘备剁石发誓破曹兴汉:提防壮志为声色所迷

孙权把亲妹妹嫁给刘备,实际上是可以加强孙、刘联盟。周瑜建议趁刘备迎亲时,囚禁刘备,使之与关羽、张飞分离,以便分别加以击破。刘备对这门亲事,完全出于自愿,并不是诸葛亮力劝才勉强答应的,目的也是为了加强关系。

按照常理,周瑜应该不敢以孙权的妹妹为赌注,诸葛亮也不应该要刘备冒这么大的危险。但是,孙权和刘备的战略高度,毕竟不如周瑜和诸葛亮。

孙权只知道联盟,周瑜指出困住刘备的大好时机,他也做不到。刘备也是身入险地而不自知。幸亏诸葛亮及时挽救,才得以脱离险境。周瑜的建议,孙权欣然接受,却由于没有事先做好家人的协调工作,而功亏一篑。诸葛亮原先谏阻刘备答应这门亲事,刘备不听,诸葛亮不得已才提出三个锦囊之计,要赵云依计行事。当时刘备对诸葛亮的意见,已经有一些不尊重。君臣之间,并不是我们所想象的那样投缘。五分钟热度,看来到处都是这样。

权力使人腐化,对孙权和刘备来说,都是难以避免的事实。周瑜和诸葛亮表现得愈好,孙权和刘备的内心不见得愈愉快。人与人之间的感情和关系,充满了矛盾。以周瑜和诸葛亮这样的智慧和才能,好不容易才遇上孙权和刘备这样的好领导,结果还是会有一些解不开的心结。上司和部属之间,大概除了忠诚和关爱之外,更需要一些技巧,才有办法长期相处而

彼此尊重。人与人之间的关系，其实并非科学，而是高度的艺术！

孙权埋伏刀斧手要杀刘备，被赵云发现。刘备施展看家本领，跪于吴国太席前，哭泣禀告。大丈夫能屈能伸，此时不跪，很可能保不住性命。果然吴国太大怒，救了刘备一命。刘备惊慌而出，见庭下有一石块。他拔起随从的佩剑，仰天祈祷说："如果能回荆州，成王霸之业，一剑挥石为两段。如死于此地，剑剁石不开。"言毕手起剑落，石裂为两段。可见刘备一直有此决心，要破曹兴汉。然而，他还是经不起华堂广厦、美女金帛的引诱。赵云见刘备贪恋女色，依计谎报曹操起精兵五十万，要报赤壁的仇恨，荆州十分危急。刘备信以为真，才和夫人商量，推称江边祭祖，瞒着吴国太，打算不告而别。

刘备从小就生活很贫苦，受过很多磨难。年近半百，又逢丧妻之痛。在这种情况下，为声色所迷，其实也是人之常情。一个人的警觉性，很容易为食色享受所淹没。诸葛亮依常人的习性，推知刘备在顺利完婚之后，很可能会乐不思荆州，所以第二个锦囊妙计，即为此而产生。当时刘备的儿子阿斗年纪还小，不了解刘备的所作所为，但是，我们相信当阿斗稍为长大时，有人会把他父亲这一段意乱情迷的往事告诉他，用意提醒阿斗，以后千万不要如此。想不到数十年后，阿斗也乐不思蜀，居然和乃父一模一样。刘备应该以身为戒，抓住机会向阿斗说明，自己一时糊涂，才闹出这样的笑话，希望阿斗以后，无论如何不能重蹈覆辙才对。

四、瑜、亮合作：联盟者合则有利，分则有害

诸葛亮为了联吴抗曹，抬高刘备集团的声势，必须和周瑜打交道。因

为孙权内事不决问张昭,外事不决问周瑜,对于东吴的军事来说,周瑜的作用可以说举足轻重。诸葛亮知道他年轻气盛,于是采取请将不如激将的策略,果然激得周瑜勃然大怒,被孙权封为大都督,并亲授佩剑,誓与曹操决一死战。

有一些话,按照交浅不言深的道理,诸葛亮原本不应该说。现在因为共同的利害,加上时间十分紧急,不得不说出来,以致引起周瑜的疑虑,心想诸葛亮这么厉害,为刘备所用,将来必为江东大患,几次动脑筋要杀诸葛亮。

周瑜并不知道自己和诸葛亮的关系是合则有利,分则有害。周瑜遇见诸葛亮,唯一的办法就是和他诚心合作,暗地里像鲁肃那样,多向诸葛亮学习,以增进自己的实力。至少在可见的未来,双方合作的必要性很大,还不至于翻脸无情。但是周瑜心胸不够广阔,十分嫉妒诸葛亮的才华。特别是料事方面,更觉得不如诸葛亮,难免每次看到诸葛亮的表现,就非常气恼。自己用尽苦心,诸葛亮却分毫未受到损伤。于是一气,再气,经不起军士高喊"赔了夫人又折兵",当场大叫一声,金疮崩裂,昏倒在船上。第三次气得他仰天长叹:"既生瑜,何生亮?"连叫数声而亡,终年不过36岁。我们不认为是诸葛亮气死周瑜,而是周瑜把自己活活气死。他千方百计要气诸葛亮,诸葛亮不为所动,产生不了效果。诸葛亮不一定是存心气他,他却气得半死。第三次被气,竟死掉了。

五、周瑜之失:成大事还需格局宏大

周瑜,字公瑾,由于智勇兼备,24岁时便出任建威中郎将。当时程普是江东资格最老的武将,大家尊称他为程公,相对地周瑜便是周郎。孙策取荆州,以周瑜为中护军,领江夏太守。孙策和周瑜,成为乔玄的大小女婿,在当时被传为佳话。周瑜精于音律,每听唱歌奏乐,都能听出错误的地方。他的长河吟,被诸葛亮弹得幽雅深刻,令他十分不安,决心和诸葛亮一决生死。

其实,周瑜的内心并不是妒忌诸葛亮的才华。鲁肃原来是袁术的部属,因为得不到重用而萌生去意。周瑜打听到鲁肃是一位了不起的人才,赶快把鲁肃的母亲接过来,然后全力说动鲁肃来归,不但为孙权增添了一位贤才,而且在临终时,还极力向孙权推荐鲁肃。孙权接受他的建议,让鲁肃继任都督。

他大肚能容鲁肃,却千方百计要迫害诸葛亮,这是什么道理?我们从他初次和诸葛亮见面,便请诸葛亮的兄长、同在东吴任职的诸葛瑾前来商议"令弟孔明有王佐之才,如何屈身事刘备"来看,相信诸葛亮若是和鲁肃一样,能够弃刘备而事东吴,他也会像对待鲁肃那样,善待诸葛亮,说不定会向孙权推荐,以诸葛亮为都督,也很有可能。

周瑜最大的错误在于缺乏宏大的"国际观",以为东吴可以独力抗拒曹操,而不需要外力帮助。倘若他和诸葛亮一样,知道只有两家联合在一起,才有足够的力量来抗曹,相信他对诸葛亮的态度,就会比较理性,不致如此偏激。包容、厚待诸葛亮,对东吴和周瑜本人,都有好处。

当然,从长远看,孙权和刘备迟早要一争高下,这一点孙权心里十分明白。他们都知道,曹操所不喜欢的人,吕布、刘表、袁绍、袁术,都已经灭亡,只剩下刘备和孙权,曹操不可能放过他们。两方联合抗曹,也是权宜之计,将来两雄相争,看来也免不了。

周瑜大概就是有这样的想法,所以才急于除掉诸葛亮。实际上凡事都需要有一个过程,许多事情真的是欲速则不达,急不来的。周瑜如果做出阶段性的计划,先和诸葛亮合作,以后再做其他的盘算,他们的关系是不是会缓和一些？我们相信他也想到了这一点，只是一向十分顺利的人，往往不会顾虑这么多，而是认为事不宜迟，不如当机立断，在刘备还没有站稳之前，杀掉诸葛亮，以免刘备势大，诸葛亮更难以应付。于是想做就做，甚至不和孙权商量，便决定下毒手。他一定没有想到，自己反而被气死。

我们从周瑜的死，应该可以推想，孙权以及他的后代，谁都无法一统天下。否则上天不会这样安排，让周瑜年纪轻轻便活活气死。同理可以看出，孙权和刘备当中，刘备获得诸葛亮的协助，会逐步强大。孙权存在的意义，不过是联合刘备，使曹操不敢南下而已。当然，孙权如果由周瑜的死亡，能够更深一层体会其中的道理，认真反躬自省，做出合理的调整，那么周瑜的死，便很有价值，贡献很大。可惜古往今来，特别是居高位的领导者，殊少有这样的素养。周瑜早死，就换上鲁肃，鲁肃不在了，就再换一个，总之，领导者自己不被换掉才是最重要的。郭嘉的死，对曹操来说也是如此，他虽悲哉，痛哉，行事还不是依然故我！

六、诸葛亮吊唁周瑜：巧表悲痛化众怒

周瑜临终一句"既生瑜，何生亮"，把责任统统推到了诸葛亮身上。我们一向认为是人死为大，东吴将领对周瑜这句话当然非常重视。诸葛亮是关键人物，如果不亲自吊祭周瑜，会永远化解不了东吴将领对他的怨恨，如此将对今后两大集团的运作十分不利。因此无论如何，他都要亲自到江东吊丧。去，固然是危机；不去，现状永远改变不了。想好办法再去，说不定危机就成了转机。

诸葛亮首先料定，鲁肃会继任都督。鲁肃虽然不一定是水镜集团的人，但至少对诸葛亮十分敬仰和同情，且几次危难，他都给诸葛亮提供了重要

帮助。诸葛亮相信这一次过江，他也会好意接待。然后是准备祭文，一定要把自己的心情借着祭奠的机会，向东吴将领表白，趁机化解他们的怨恨。使原本要杀他的人，也心酸手软而改变主意，反而促进今后他们互相尊重。

对周瑜的死，诸葛亮真是一则以喜，一则以忧。喜的是由鲁肃接任，鲁肃比周瑜容易对付；忧的是东吴将士对他的怨恨累积很深。他这一去，必须加强鲁肃的信心，解除将士的怨恨。诸葛亮准备周全，才由赵云陪同，过江而去。

他采用人未到声先行的方式，避免人一出现就引起众怒，来不及解释便被杀死的危机。虽然说赵云英勇无比，毕竟厮杀起来，对大家都很不好。果然诸葛亮的声音传来，很多人就愤怒得想要动手，只是没有看到人，无从下手。这时声音所传达的讯息，十分感人，大家才了解到诸葛亮的悲切真情，缓和了愤怒的情绪。加上鲁肃的从旁照顾，剑拔弩张的紧张形势，终于化解为哀恸悲切的感人局面。

七、孙权屡次讨荆州：做强做大不如做久

曹操为离间孙权和刘备的关系，表奏周瑜为南郡太守，程普为江夏太守。周瑜原本就对诸葛亮愤愤不平，趁机上书孙权，请派鲁肃前去讨还荆州。孙权问鲁肃：你身为保证人，知道刘备什么时候还荆州吗？鲁肃回说文书上写得很明白，刘备得了西川便还。孙权很不高兴，责问他说：只说取西川，至今还不动兵，不是要把人等老了？鲁肃不得已，只好再度硬着头皮，前来催讨。

孙权如果具备良好的国际观和未来观，应该对鲁肃三番两次为了孙、刘联盟而委曲求全的表现，给予肯定和赞赏。然而，他的脑海里，只有自

己做强做大的梦想,并没有做久和做得有价值的念头,只一心想要讨回荆州,扩充版图,以致对鲁肃的苦心,完全不加以理会。

诸葛亮一眼便看穿孙权的诡计:一方面表刘备为荆州牧,刺激曹操,告诉他刘备有了地盘,看曹操怎么办;一方面派鲁肃来催讨荆州,看刘备如何应付。这种一石二鸟的伎俩,其实并不稀罕,谁都会玩,也都看得出来。

刘备最擅长的便是哭。男儿有泪不轻弹,但真哭起来的力量,有时候比女人还要大。鲁肃来讨荆州时,刘备大哭,诸葛亮趁机解释,益州刘璋是刘备宗亲,刘备打自己人会惹外人唾骂;若是不取西川,还了荆州,在哪里安身?这么一说,果真触动刘备的苦衷,他更是哭得捶胸顿足,连鲁肃都掉下泪来。诸葛亮拜托鲁肃,回去报告孙权,再容一些时候。鲁肃返回,周瑜说他又中了诸葛亮的计策,要鲁肃再找刘备,干脆由东吴代攻西川。这样,好在途经荆州时,杀刘备,夺荆州。真是一个比一个狠。

鲁肃有如夹心饼干,承受两边的压力,听到周瑜的高见,不禁大喜。再到荆州和诸葛亮商议,说孙权十分称赞刘备的仁义盛德,和诸将商量后,决定替刘备打西川,将来再以西川交换荆州,大家都有好处。再老实的人,有时候也无法老老实实说老实话。诸葛亮看到鲁肃这么快又转回来,已经断定他根本没有和孙权见面,便带着周瑜"假途灭虢"的计策回来了,想借代打西川,途经荆州时,把荆州抢夺回去。他也装得很像,听完鲁肃的话,赶忙点头说:"难得吴侯好心!"刘备更是拱手称谢,说都是鲁肃的功劳,十分感谢。两个人把鲁肃哄得十分高兴,宾主喝酒尽欢。待鲁肃告辞离去,诸葛亮大笑:"周郎死日近也!"当即吩咐赵云,依计而行。鲁肃回到江东,向周瑜报告诸葛亮的回应,显然不知是计。周瑜这么聪明,竟然也没有发觉,诸葛亮为什么问都不问便会信以为真?居然大笑说:"原来今番也中了吾计!"他对诸葛亮又不是不了解,诸葛亮怎么会如此粗心大意？莫非是天意要他这样？否则聪明一世，糊涂一时，又将如何解释。他这一去，气死在半路上，岂不是自作自受！

他临终时，对众将说："吾非不欲尽忠报国，奈天命已绝。"可见心里十分明白，自己的眼光，没有鲁肃那么长远；自己的胸襟，不如鲁肃那么宽阔；自己的修养，也不及鲁肃那么高明。因此专书呈请孙权，荐鲁肃以自代。这总算做了一件好事情，等于向孙权报告，他也应该重新体认鲁肃的心情。可惜孙权只看到书面的文字，以鲁肃继任都督，却不能体会出文字以外的用意！

八、刘备归还荆州三郡：各有盘算之下的妥协

孙、刘联盟，实际上各怀鬼胎。刘备要还荆州三郡，张昭马上想到刘备的真正用意，是害怕曹操进攻西川。顺着这个思路，他建议孙权趁曹操在汉中，派兵攻取合肥。孙权派鲁肃接收荆州三郡，自己则亲率吕蒙、甘宁、凌统，起兵进取合肥。那时候曹军的守将是张辽、李典和乐进。曹操闻知孙权来攻，也自汉中领兵四十万，前来救援合肥。两军苦斗，俱皆死伤无数。张昭、顾雍禀告孙权："曹操势大，不可力取；若与久战，大损士卒。不如求和，安民为上。"张昭似乎是骑墙派，主战的是他，求和的也是他。严格说起来，他所患的，是恐曹症，每次看到曹操势大，总想求和。孙权在战争中被困在核心，惊险至极。双方相持月余，均不能取胜，便派人向曹营求和，答应按年进贡。曹操见江南急未可下，留曹仁、张辽屯守合肥，自己则班师返回许都。

曹操、孙权、刘备，都不是好对付的，三个人各有盘算，各自拥有不同的智囊团，每天绞尽脑汁在三足鼎立的形势中，寻思突破的策略。刘备

一动,孙权马上想起曹操。可见棋逢对手,所以常常杀得难分难解。最可怜的是士兵,一年到头,都是东奔西走,看着将领一个个出头,也一个个没头,想到自己只有一个脑袋,真的不知道要怎么办。中国人合大于分,便是合的时候,才有天下太平的可能。一旦分开来,由于谁也不服谁,而且谁也不认输,势必打打杀杀,永不停息。《三国演义》我们看起来很有趣,当时的百姓,可真够可怜!

第二章
抓住机会做大局面的奥秘

  大凡高明的领导人士,都明白"自己做好人,让干部当坏人"的道理。刘备表示自己何德何能,不敢接受。由诸葛亮和庞统,一唱一和,更加凸显刘备的仁义和谦虚美德。

  纯粹从军事的立场来看,刘备席间杀刘璋,可以省去不少事情。然而,如此一来,刘备便和曹操没有区别。何况刘璋这样一死,刘备的信用丧失,蜀地人士必然奋力抵抗。刘备的方式是先仁至义尽,再翻脸无情,则是先缓后急。

  做出决定的时候,谁也料想不到后果如何,所以还是以仁义为重,比较务实。

一、张松舍曹从刘：人格魅力作用大

益州牧刘璋，曾杀汉宁太守张鲁的母亲及弟弟。曹操南下受阻，打算改取汉中。张鲁与弟张衡，商议趁机攻占益州。消息传来，刘璋大为恐慌。他的别驾从事张松，认为刘备是曹操真正的敌人，不如把他请来，让他去攻打张鲁。汉中一破，益州的力量增强，就不必害怕曹操了。刘璋大喜，派张松为代表，欢迎刘备入蜀。张松收拾金珠锦绮，先赴许都一探虚实。张松来到许都，求见曹操。不料曹操自破马超以后，十分得意，每日除饮宴外，无事少出。张松等了三天，还要贿赂左右近侍，这才得见。曹操开口便问，为什么这几年都未见益州进贡？张松回说路途艰难，又有贼寇。曹操拂袖而起，转入后堂。主簿杨修和张松舌辩半天，你来我往，更加坚定了张松的信心，必须舍曹操而请刘备。

刘备因曹操南下而获得荆州，现在又将因曹操有意而来，得到进入西川的机会。曹操最害怕刘备开拓势力，却阴差阳错给了刘备很大的助益。岂不是恩生于害，而害生于恩吗？曹操若是知道是这样的后果，会不会改变主意？恐怕只有他自己才知道了。

世间事原本就是牵一发而动全身。牵这一发,由人决定,全身要怎么动,则由那只看不见的手决定。到底是天从人愿,还是事与愿违?就要看主要人物的品德修养了。张松可投刘备,也可投曹操。他所想的不过是立下一桩功劳。最后舍曹操而就刘备,则是这两人的品德不同所造成的结果。

张松离开许都,望荆州而来。诸葛亮早已得到讯息,指派赵云前往迎接。军士跪奉酒食,与曹操左右强索贿赂,形成强烈的对比。刘备与张松一见面,便说久闻大夫高名,与曹操马上打官腔,也显然不同。刘备与曹操声势不一样,表现自然不相同。但是张松自己的感受,才是决定他要怎么做的主要因素。为什么要礼贤下士,以大事小?从张松的反应,可以找到十分清楚的答案。

庞统这时候也在旁边敲边鼓,大叹"堂堂汉朝皇叔,反而不能占据州郡。那些汉贼,却都强占土地,实在令人不平"。张松见刘备谦虚推辞,不敢答应入川,内心对刘备更加钦敬。张松回到益州,先见友人法正,大骂曹操轻贤傲士,只可同忧,不可同乐。大谈刘备,又说已将益州许给刘备。法正当下表示,他早有相同的心,不必见疑。

大凡高明的领导人士,都明白"自己做好人,让干部当坏人"的道理。刘备自己表示何德何能,不敢接受益州。由诸葛亮和庞统,一唱一和,更加凸显刘备的仁义和谦虚美德。有人会说刘备这样表现,根本就是假仁假义,存心骗取益州。动机如何,只有刘备自己知道。我们的看法是,持久性比较重要。就算是假的,如果能够假一辈子,也变成真的了。原本是真的,若是不能持久,一时真诚,不久便变心,又有何用?至少在当时三位主要人物身上,刘备表现出来的仁义,远比其他两位深厚,而且终其一生,也没有什么大不了的不仁不义。站在不要的立场来要,只要合理,并不违背仁义。

二、刘璋请刘备入川却又怀疑：天下事无法十全十美

　　刘璋懦弱无能，遇事难决。张松和法正力主迎刘备入川支援。主簿黄权、从事官王累则极力劝阻，认为一地不容二主，刘备必然不肯做小伏低，主张先杀张松，后绝刘备。刘璋这时候害怕张鲁，偏向于迎刘备入川，他相信刘备既为同宗，必定不肯夺他基业。于是派法正为特使，专程赴荆州，面请刘备。法正开门见山，指出刘璋不能用贤，此业不久必属他人，今日自己交付给刘备，千万不可错失良机。刘备还是推辞，口称尚容商议。经过庞统的分析与建议，终于决定留诸葛亮与关羽、张飞、赵云守荆州，自己则率领庞统、黄忠、魏延前往西川。

　　黄权见大事已定，叩首流血苦谏。不久张松的长兄广汉太守张肃，发现张松与刘备同谋，欲得西川，即刻禀告刘璋。刘璋于是下令捉拿张松全家，尽斩于市，并接受黄权建议，差人到各处关隘，添兵把守，不放荆州一人一骑入关。加上刘备一路上号令严明、厚树恩德、争取民心，刘璋更为生疑。这一转变，对刘备有利有弊，利的是正好有借口攻打西川，获得益州；弊的是兵力不足，不得不牵动诸葛亮，率领张飞、赵云等荆州基本部队入川增援，使荆州安危增加很大的变数。天下事有利必有弊，难得十全十美。刘璋若是不生疑心，刘备便会逐渐在西川生根发展。诸葛亮仍在荆州，双方都不致顾此失彼，当然最好。刘璋生疑，刘备进退都难，只好要求诸葛亮前来支援。一得一失之间，并不是人力所能够完全掌握的。那一只看不见的手，我们称之为天数，不能忽视。

三、刘备善用张松、法正：对德行有亏之人只用其才

　　张松，字永年，知识广博，熟知益州情况。他身长不满五尺，说话的

声音却有如洪钟。最先代表刘璋与刘备接触,并且暗中携带西川的地理图本以供刘备入川之用,不但建议刘备早日拿下益州,以免今日不取,为他人所取,悔之晚矣,而且表示愿与心腹契友法正和孟达作为内应。这使刘备和诸葛亮感激不已!

法正,字孝直,董卓作乱时,因闹饥荒而避居蜀地,出身书香门第,才学和能力都很高强,可惜为了追逐富贵功名,和张松同流合污,并无志节可言。

张松和法正,对刘璋而言,都是不折不扣的叛逆分子。但是张松被胞兄张肃检举,全家人都被斩首示众。法正却甚受刘备重用,从此飞黄腾达。两人的遭遇,完全不同。因为刘璋杀了张松之后,法正已投入刘备阵营。此时诸葛亮远在荆州,而不久庞统又中箭身亡,法正很快就成为刘备的重要参谋,所以刘璋拿他一点办法都没有。人世间有阴就有阳,张松如果是阴,法正便是阳。

法正在官场上固然十分得意,在生活上则相当糜烂。刘备也发现他有才无德,却由于他的工作表现而对他心存感激。诸葛亮竟然也因此而不予制止,大概是顾虑刘备未必同意的缘故。不过,法正还是活得不长,45 岁那年便告死亡。刘备为他流泪多日,还特别谥为翼侯。对刘备来说,这个有才无德的青年才俊,毕竟忠心耿耿,为他做出过许多重大的贡献。凡事换一个角度,似乎观感很不一样。然而有才无德,终究是很大的缺陷。

四、刘备不听庞统劝谏:凡事须顾及信用

刘璋听说刘备率军来援,亲自到涪城相迎。张松与法正、庞统商议,要刘备在宴席中杀刘璋,蜀地唾手可得。刘备则坚持刘璋既为同宗,又诚

心相待，不同意如此。庞统再三相劝，刘备还是以"初入蜀中，恩信未立，此事决不可行"为由，坚决不依。但是，法正和庞统认为机不可失，教魏延登堂舞剑，要伺机杀刘璋。刘备大惊，喝令即刻停止。刘璋归寨后，还是不相信众将的劝说，忽闻张鲁来犯葭萌关，于是请刘备前往拒敌。哪里知道刘备到了葭萌关，并不进兵打张鲁，却广施恩惠，以收民心，这才引起刘璋的怀疑，从此对他严加提防。

纯粹从军事的立场来看，刘备席间杀刘璋，可以省去不少事情。然而，如此一来，刘备便和曹操没有什么区别。何况刘璋这样一死，刘备的信用丧失，蜀地人士，必然奋力抵抗。刘备不接受徐州，反而得到荆州。如今面对刘璋，同样是同宗兄弟，当然依样画葫芦，以期获得更好的成果。刘璋如果对刘备深信不疑，刘备不论仁义是真是假，反而不方便翻脸。刘璋对刘备生疑，提供给了刘备毁书发怒的机会，先取涪城然后攻取成都。庞统的计策，属于先急后缓，杀刘璋很快，要取蜀土很缓慢。刘备的方式，先仁至义尽，再翻脸无情，则是先缓后急。下决心取涪城，要经过一段时间。但是接下去的进展，应该比较顺利。凡事缓急、先后、轻重，只在一念之间。做出决定的时候，谁也料想不到后果如何，所以还是以仁义为重，比较务实。

五、庞统之死：凡事最好从两面考量

庞统，字士元，襄阳人。少年时代，便被水镜先生夸赞为南州人士中的冠冕。他和诸葛亮一样，自尊自重，不愿求人，也不愿做第二流人物。周瑜担任南郡太守时，曾聘请庞统为功曹。周瑜死时，他送丧到吴，也和江东群儒畅谈天下大事。《三国演义》把这一段故事的主角，换成诸葛亮，更增加了戏剧性。庞统向曹操献连环计，其实也是《三国演义》虚构的。曹操由于是北方人不习惯水战，难以适应长江的风浪，用铁链把船连在一起，以减少颠簸，这说不定就是曹操自己想出来的点子。程昱怕被火攻，曹操还笑他多虑。庞统接受诸葛亮的推荐，来投刘备。刚开始未获重视，经过与刘备一次长谈之后，才受重用。入川时庞统为首席军师，其地位有如留守荆州的诸葛亮。

入川以后，取得涪水关，打算进攻雒城。忽然听说诸葛亮有书信来，说将帅身上多凶少吉，请多小心。庞统以为诸葛亮怕他取了西川，立下大功劳，故意说这些话来作弄人。便说自己也善于预测，请刘备放心进兵。

大军分两路前进，庞统却死于乱箭之下，年仅36岁，真是英年早逝，非常可惜。诸葛亮既然推崇庞统的才能，何必又书信告警？徒然造成庞统的疑虑，增加他心理上的不平衡。庞统若是相信诸葛亮是出于善意，不过是担心他当局者迷，冷静客观地重新评估，再做调整，说不定能顺利通过这一战役，继续为大业做出贡献。可见任何风吹草动，最好都从正反两方面，做不同的思虑，然后综合判断，寻求合理点。庞统早死，对诸葛亮同样有警诫作用。

隆中对策如果把目标放在三国鼎立，诸葛亮大可以终生归隐，永不出山。因为只求分不求合，董卓坚守西凉，也不必奉诏入京。袁绍、袁术、刘表、孙坚等人，又何必打来打去？曹操挟天子以令诸侯，大可不必南讨西征。各安其分，又何止三国？那样整个中国，从三国时代开始，就会分裂成许多国家，和欧洲的情况十分相像。

自从秦始皇吞并六国，统一天下后，中华文化的合就大于分，在政治上充分展现。隆中对策的最终目标，必然是匡复汉室，一统天下。要达到这样的目标，三分天下只是第一阶段的任务。刘备先据荆州，然后西取益州，完成了第二阶段使命。最后由荆州、益州东西两路，分击并进，完成北伐，务求统一全国。刘备破贼安民的理想才能真正实现。诸葛亮的辅佐大功，也才称得上完成。

这种一统天下的观念，用现代话来说，便是地球村的形成。天下事有合有分，地球村是合大于分的表现。从这个角度来看，中华文化终将成为世界的主流。

诸葛亮原先留在荆州，便是打算在刘备获得益州之后，执行第二阶段的任务。不料益州来信，庞统中箭身亡。刘备进退两难，诸葛亮不得不前往协助。果然天有不测风云，人有旦夕祸福。原来卧龙、凤雏各领一个团队，现在则诸葛亮一人，难以分身。隆中对策的实现，势必更加困难。可见计划之后，仍然可能出现很多变数。荆州并未全得，主权也不完整。益州前程未卜，不知道会变成什么样子。人算不如天算，特别是大事，更难预料。

六、张飞义释严颜：榜样的力量很强大

张飞欣赏关羽的武艺，虽然不服输，却也很想向关羽学习。关羽义释老将黄忠的时候，受到刘备和诸葛亮的赞赏。张飞心里也想，有一天遇上哪一位老将，自己也要仿效一番。张飞离开荆州，来到巴郡。听说巴郡太守严颜是蜀中名将。严颜年纪虽高，但精力仍然旺盛，善开硬弓、使大刀，有万夫不当之勇，据守城中，并没有投降的意思。听起来和当年的黄忠，似乎一模一样，只是严颜自己担任太守，而黄忠不是。张飞粗中有细，早已用心盘算要义释严颜，不落在关羽之后。他首先采用恐吓的语气，说严颜若不归顺，他即将踏平城郭，老幼不留。严颜也早知道张飞在当阳长坂

坡的厉害，于是坚守不出，想长时间耗下去，以激怒张飞，使其重犯鞭打士兵的坏毛病，那时候军心有变，再杀张飞不迟。张飞由于心理上早有准备，所以一方面伪装大怒，叫军士到城下大骂，一方面派人入山探听，得知有一条小路，可以绕过巴郡，乃故意大声命令军士，趁着月明之夜，要悄悄越过。严颜获得情报，认为张飞忍耐不得，便率军截住其后路，谁知被张飞逮个正着，生擒过来，用绳索绑住。严颜全无惧色，大呼"但有断头将军，无降将军"。张飞对其更加敬重，亲解其缚，把他扶在正中高坐，低头便拜："素知老将军乃豪杰之士。"严颜感动而降。

附近的人马都是严颜所管，严颜投降之后，张飞的进展十分顺利。

见到好榜样，就应该虚心学习。心理上预先做好准备，才能够稳定情绪。有板有眼地把事情做好，以竟全功。张飞义释严颜，便是最好的个案，值得仿效。

七、刘备自领益州牧：新面貌会带来新考验

刘璋继承父亲刘焉的基业，由于害怕曹操，听信张松的建议，要向曹操投诚。因曹操看不起张松，使他很难堪，不久曹操要攻汉中，张松和法正都建议请刘备入蜀，刘璋表示赞同。但是刘备入川后，刘璋却又和刘备闹翻。刘备先攻下涪关，诸葛亮又兵分两路，由荆州杀入。

刘璋二十余年的基业，竟于三年之内，完全纳入刘备手中。刘璋自责知人不明，十分后悔，乃要求投降以安百姓。刘备入成都，百姓香花灯烛，大表欢迎。黄权、刘巴坚决不降，刘备下令严加保护，并亲自登门，请两人出仕。两人感恩，刘巴出任左将军，黄权为右将军。刘备自领益州牧，总算有了一个自己的根据地。诸葛亮为军师，关羽为荡寇将军汉寿亭侯，

张飞为征远将军新亭侯，赵云为镇远将军，黄忠为征西将军，马超为平西将军，魏延为扬武将军。其他文武百官，俱皆晋级给赏。诸葛亮建议将刘璋送去荆州，刘备表示暂时不宜处置。刘备要将成都有名田宅，分赐诸官。赵云劝说应该归还百姓，使大家安居复业，以安民心。刘备使诸葛亮拟订治国条例，刑法颇重。一个国家的规模，俨然呈现。这是刘备赤手空拳打天下后最为像样的崭新面貌。魏、蜀、吴三国鼎立的形势，也初具雏形。但是，孙权看到这种局面，更加急着要讨还荆州。曹操那边，自然也会加紧准备，要打汉中。双方对刘备的敌意，只会增强，不可能减弱。益州牧刘备，如何应变，怎样持续发展，都有待考验。

第三章
曹操得天时却最终失去机会的奥秘

　　曹操的智谋，诸葛亮也称赞没有人比得上。曹操很幸运，有机会听到左慈的良言；曹操也十分不幸，死到临头还执迷不悟。我们记取这个宝贵的教训，最好保持高度的警觉性。遇见不是精神病的人，说出类似精神病的话，便要特别小心。好好听一听，仔细想一想，说不定能想出一些非常有益的东西，给自己带来很大的好处。何必一下子就加以排斥，使上天无从保佑呢？

一、曹操大宴铜雀台：落败之后需想法提振士气

曹操的才智出众，在汉灵帝末年极力反对何进、袁绍等人召董卓杀宦官时，便已经显露出来。董卓作乱时，他首倡义师。后来迎汉献帝，挟天子以令诸侯。他一方面以伊尹、周公自居，说"如国家无孤一人，正不知几人称帝，几人称王"，一方面又仿效王莽，以汉献帝为傀儡，完全控制朝政。最后则师法周文王，自己不篡位，却由其子曹丕来实现。

可能是幼年的家教，使他重才不重德。他用这种原则来招揽人才，所以当时的奸雄之人，大多归魏。少数正人君子，如荀彧、荀攸和崔琰等，无不为其所害。他又用这种原则来表现自己。提出"宁教我负天下人，休教天下人负我"，凡怀恨的对象，必设法加害，并公然宣称，不仁不孝而有治国用兵的才能之人，也要加以重用，由此把社会风气搞坏，还影响到后代子孙。自曹操以后，篡弑的行为层出不穷。他的许多做法，太欺负弱者，很不忠厚，绝对不是正直的人做得出来的。曹操晚年，由魏公而魏王，无非为曹丕篡汉打好基础。只是他万万料想不到，司马氏完全步他的后尘，走他的老路，很快就把曹家的政权吃掉了。如果早知如此，想来他应该会

有一些改变。

曹操是治世的能臣，乱世的奸雄。他的问题是两项都要，既为善也为恶。由于为善，所以能够奠定中原；由于为恶，以致不能一统天下。自作自受，因果分明。

一项大工程，完成时有两种处理方式：一种是大肆铺张，热烈庆祝；一种是简单仪式，低调处理。曹操兵败赤壁后，想要重振士气，正好铜雀台落成，抓住机会，搞一些花样，当然是最好的时机。

战乱时期，以武艺为重。比赛射箭，既娱乐又显威勇。红队代表曹氏宗族，绿队为其余将士，俱皆尽情演出。又让众文官进献诗章，结论当然是"虽伊尹、周公，不及丞相"了。曹操趁着醉意，要写铜雀台诗。忽报"东吴表奏刘备为荆州牧"，曹操手慌脚乱，投笔于地。他一向不放心刘备，眼见困龙游入大海，当然慌乱！

曹操的治国长才，使他能够从众多官员中脱颖而出。他十分重视人才，而且知人善任。可惜他重才不重德，只要有才能，不论出身和品德，他都大力提拔。他对部属的激励，也能够适时变化。平日休闲时，与众同乐，说一些感动人心的话。作战决胜时，则气势凌人，果敢决断，使众人不敢不从。有宽有紧，能放也能收。铜雀台的兴建，也是展示实力的一种方式。铜雀台未完成之前，已经被诸葛亮用来刺激周瑜，激发周瑜抗曹的决心。诸葛亮假装不知大乔和小乔原来是孙策和周瑜的妻子，以致周瑜勃然大怒，痛骂老贼欺人太甚，誓言必破曹操。现在工程落成，被曹操用来鼓舞士气。可见同一样东西，从不同的角度，会产生不一样的观感。站在不同的立场，也会产生不一样的作用，用得恰到好处，自然造成合理的效果。铜雀台只有一个，不同的人应用起来却各有巧妙。

二、曹操应对马超：计谋常常胜武力

曹操闻知周瑜已死，即想南征，为防西凉来袭，以加封征南将军，以讨孙权为由，诱杀马腾。马腾之子马超咬牙切齿，誓杀曹操报仇，与并州刺史韩遂，起二十万大兵，杀奔长安。曹操亲率大军，前来迎战。西凉兵人人勇健，个个英雄。马超面如敷粉，声雄力猛，杀得曹军大败，曹操狼狈而逃。在乱军中，曹操听见西凉军大叫"穿红袍的是曹操"，就马上脱下红袍；又听得大叫"长胡须的是曹操"，又赶紧用佩刀割断胡须；马超接着大喊"短胡须的是曹操"，逼得曹操扯旗角包着头部急逃。

马超赶上曹操，左右将校各自逃命。马超厉声大叫"曹操休走"，曹操惊得马鞭堕地。曹洪抡刀纵马，拦住马超，曹操才得命逃走。曹操不敢再战，设计离间马超和韩遂。马超果然上当，怀疑韩遂密谋加害。

韩遂不得不投降曹操，被封为西凉侯。曹操传令诸将，不分昼夜，务必擒到马超。于是马超人困马乏，往陇西而去。

马腾和韩遂是结拜兄弟。马超称韩遂为叔父，却终究信不过他。可见离间计的作用，对于互信不足的人，经常十分有效。马超年轻气盛，倚仗勇武，常有欺凌韩遂的表现，以致韩遂的部属都认为就算共同战胜曹操，也将受马超的气，不如暗投曹操，还可以封侯。

曹操的智谋，诸葛亮也称赞没有人能比得上他。打不过就用计谋，这一点马超应该想得到。但是，父辈的交情终究和自己的关系难以相提并论。若是不重视伦理，那就更容易产生怀疑。这就导致大好的情势，转眼便毁坏。

许褚，字仲康，容貌雄毅，勇猛有力，用手拉着牛尾，可以让牛倒退百步。曹操出巡时，许褚率众来投。曹操大喜，说："真是我的樊哙！"立

刻任命他为都尉。

官渡之战,有随从人员想刺杀曹操,刚好被许褚发现。从此曹操对他愈加信任,出入不离左右。这次马超兴兵,把曹操打得割胡须、丢战枪,要不是许褚救他上船,恐怕他已为马超所擒,一命呜呼了。韩遂提醒马超,许褚勇猛过人,大家都称他"虎痴",下次再遇到,要特别小心。马超也说:"已久闻其名。"曹操逃回寨中,下令构筑土城。马超赶来挑战,大声问,虎侯安在?许褚提刀而出,威风抖擞。马超不敢动手,勒马而回。两方军士看得目瞪口呆,曹操大喜,说仲康果然是虎侯。

许褚下战书,单挑马超来日决战。马超大怒,誓杀"虎痴"。两人见面,曹操说马超不减当年吕布之勇,要许褚小心。斗了一百回合,胜负不分。换马再战一百回合,不分胜负。许褚干脆卸下盔甲,赤体提刀,再来决战。曹操恐许褚有失,令夏侯渊、曹洪齐出夹攻。马超一方的庞德、马岱也来助阵。许褚臂中两箭,曹兵折伤大半。曹操下令坚守不出。马超向韩遂说:许褚真虎痴也!

力大如虎,做人又痴,因而被大家称为"虎痴"。马超问候他时,客气地称"虎侯"。曹操趁此高抬,大家也改称他为"虎侯"。吕布、马超、许褚武功都十分了得,结果却皆不相同。要不是曹操用离间计,使马超与韩遂翻脸,许褚和马超,胜负未知。

三、曹操平定汉中:凡事不可得陇望蜀

曹操的见识高明,志在统一天下。刘备、孙权的逐渐强大,使他寝食难安。南下受阻,便要打汉中,企图以得胜之兵,先取蜀,再攻打东吴。他这次兴师西征,由夏侯渊、张郃担任先锋。张鲁以马超旧部庞德前来抵

挡。曹操深知庞德原属马超，善战骁勇，现在虽然依附张鲁，但并未交心，乃设法收买庞德的谋士杨松，向张鲁密告，说庞德接受曹操贿赂。张鲁怒骂庞德，庞德怀恨在心。曹操次日设下陷阱，活捉庞德。曹操亲自松缚，庞德拜降。张鲁听从杨松劝告，也降曹操。于是曹操平定汉中，封张鲁为镇南将军，杀杨松以警惕小人。主簿司马懿认为刘备以诈力取刘璋，蜀人尚未归心，建议趁胜攻取益州，以瓦解刘备势力。

曹操感叹说："人心不足，既得陇，又望蜀！"暂时按兵不动，再做打算。刘备方面，料想曹操必来，一日数惊。诸葛亮使人照会关羽，向东吴交割三郡，并且言明，待取了东川，即将荆州全部归还。

曹操不动，孙、刘之间就很少互动。曹操一动，孙、刘联盟的形势便设法加强，也就增加互动。曹操势大，当然不能不动。然而每次出动，都会引起很多变化。司马懿的话，说得很有道理，而且也暗合了曹操的心意。曹操为什么听不进去？若是建议的人换成当年的郭嘉，曹操会不会立即欣然接受呢？曹操对于思路敏捷的干部，有的十分放心，有的却相当怀疑，这是为什么？得陇望蜀，意思是贪心不足。这一句话应在司马懿身上，难道完全是巧合？还是冥冥之中，曹操已经有一些领悟，只是说不出来而已？

四、曹操成为魏王：处在权力巅峰更需谨慎行事

汉献帝 9 岁时，在董卓的阴影下登基。后来走投无路，被曹操迎入许都。同样生存在曹操的阴影下，根本没有自主权。现在文武百官为了讨好曹操，提议封曹操为魏王。尚书崔琰力谏不可，被曹操下令杖杀于狱中。汉献帝还哪里有说话的余地？只好册立。曹操还假意推辞，连续三次之多。

汉献帝当然不许，于是曹操欣然拜受，并且依照惯例，立曹丕为世子。耿纪、韦晃、金祎、吉邈、吉穆五位大臣，眼见曹操奸恶日甚，出入用天子车服，认为他将来必然篡位。于是整顿军马器械，发誓必杀国贼。

夏侯惇奉曹操命，巡警许都，遥见城内四下火起，有人大声呼喊"杀尽曹贼，以扶汉室"，便领大军围住许都，派一支军队入城灭火，捉拿五家老小，全部斩首。在朝大小官员，被斩三百余人。曹操定爵封官，又换上一班人物，不但不惭愧，反而认为这些人不忠。

有人把曹操和王莽相比，说他虽然没有篡位，然而带剑入宫，为了让自己的女儿当上皇后，而杀掉伏皇后。要达到这个目的，其实有很多方法，譬如要皇帝废掉伏皇后，再立他的女儿为皇后，甚至由伏皇后自己提出各种理由，要求改立也可。以曹操当时的势力和聪明，总可以找到比较遮人耳目的途径。他并不是不知道，他这么做只是为了显示无所顾忌，爱怎么样就怎么样，这才做出如此残暴的行为，更令当时的正直人士，痛心至极，非要反抗他到底不可。

铜雀台落成时，曹操曾说死后能在墓碑上刻"汉故征西将军曹侯"，于愿足矣。不久便要称为魏公，荀彧还因为反对而致死。如今登上魏王的位置，再活得久一些，会不会篡位呢？人要活得久些，才知道自己的野心有多大。人应该活得长久一些，才能够证明自己不会变成坏人。古人常说盖棺才能定论，用意即在未死之前，谁也不知道下一步会变成什么样子，有待时间的考验。

大气中的气体种类虽然很多，却能够融合在一起，不分彼此，而且随时净化，以保持无色、无味、无毒的纯性。气球中的气体，由于人为的关系，因为某些特殊的需要，反而不一定纯净。隐秩序犹如大气的纯净，象征人性本善。显秩序随着时代的特性而变迁，各有不同的风气，有时如此，有时则如彼。当然，人的品德是关键。诚实正直、品德良好的人愈多，风气愈良好。否则政治污秽、社会乱纪，风气当然败坏。

曹操生于东汉末年，当时的局势混乱腐败，由他来收拾，不无道理，堪称乱世的奸雄。但是，要他来开创新局，改变社会风气，却因为他有才无德，不能成为治世的能臣。他有心改变汉室这个大气球的内涵，也由于过分轻视做人的品德，反而形成一种敢作敢为，甚至于无所不用其极的歪风。这对后代产生了很大的负面作用，影响到魏晋南北朝的颓废玄虚，长达数百年之久。这于曹操或许是无心之过，对后代子孙则是受害无穷。矫枉过正，有时恶莫大焉。

五、左慈掷杯戏曹操：隐秩序最后的警讯

孙权为了讨好曹操，令人挑选大柑四十余担，星夜送来祝贺魏王。中途挑夫疲困，暂歇山脚下，来了一个瞎了一只眼、又跛着一只脚的男人，说要减轻大家的负担，每担各挑走五粒。果然担子轻了很多，大家都很惊疑。那人临别时，说是曹操的同乡，姓左名慈，字元放，道号乌角先生，要大家代表他，向曹操致上敬意。

曹操看到大柑，亲自拿来剥开。发现只有空壳，里面并没有果肉。他十分吃惊，问是什么缘故。忽报左慈求见，曹操一见面就叱责他，用什么妖术，挖掉大柑的果肉？左慈笑着说：岂有此事？他拿大柑来剥，都有果肉，而且味道十分甜美。但是曹操亲自剥开的，俱皆空壳，曹操更为惊恐。赐座后，左慈索酒肉，饮酒五斗不醉，肉食全羊不饱。曹操问他有什么法术，他说已经学道三十年，问曹操，到了封王的地步为什么还舍不得跟他到峨眉山修行？曹操回答说也曾想过急流勇退，奈何找不到人接替。左慈笑着说，刘备是帝室宗亲，为什么不让位给他？曹操一听，原来是刘备派来的奸细，喝令左右拿下。左慈大笑不止，狱卒痛打他的时候，竟然能够

熟睡。被监禁七日，面皮反而红润。不给他饮食，他也不要，还说数十年不食，也无妨，一天吃一千只羊，也行。

有一天，曹操大宴群臣。左慈忽然出现，曹操要什么，他就给什么。他拿出一本"孟德新书"，曹操看了，居然一字也不差；把桌上的玉杯，掷向空中，最后化生一只白鸠，绕殿飞行。然而他却不知所往，原来出宫门去了。曹操命许褚引三百铁甲追拿，始终擒捉不到。

左慈有这样的本领？鬼扯，不可能，我偏不信。的确有很多人，抱着这样的观点。说起来有一些偏激，也不够理性。我们既没有办法相信他，也没有能力加以否定，因为我们的认知能力，毕竟还不足以判断这样的事情。用现代话来说，左慈是一位具有特异功能的人，是一位高明的魔术师，或者是一位资深的催眠大师。那又怎么说呢？是不是也要全然加以否认他的存在呢？世界上有很多神奇古怪的事情，并不是现代科学所能够完全解释的。不妨冷静一些，想想它的用意，有什么值得我们借鉴的。

或许是水镜集团，发现天下的局势发展到这样的地步，如果有人点醒曹操，让他悬崖勒马，说不定还有转机。于是商请左慈用这种奇特的方式，对曹操提出最后的警讯，希望他能够改变主意，来个大转变。

就算这是曹操的一个梦境，并不是真的，用意也是一样的——不忍心见他到死都不知悔改，再给他一个机会。可惜曹操对刘备成见太深，甚至十分痛恨，所以不论是真是假，对他都没有作用。自作自受，谁也帮不上忙。左慈言人所不敢言，他已经尽了言责，完成了使命。

曹操很幸运，有机会听到左慈的良言；曹操也十分不幸，死到临头还执迷不悟。我们记取这个宝贵的教训，最好保持高度的警觉性。遇见不是精神病的人，说出类似精神病的话，便要特别小心。好好听一听，仔细想一想，说不定能想出一些非常有益的东西，给自己带来很大的好处。何必直接加以排斥，使上天无从保佑呢？

六、曹操临终杀华佗：树敌太多会带来无限恐惧

孙权杀关羽，把他的首级装在盒子里，派专人送到洛阳，想嫁祸于曹操。这种伎俩，当然瞒不过曹操。他以诸侯礼厚葬关羽，却每夜合眼便看见关羽的身影。如此日有恐惧，夜有所梦，使他的头痛老毛病加剧，闻神医华佗现居金城，即差人星夜请华佗来诊。

华佗，字元化，沛国谯郡人，医术高明，世所罕见。他向曹操说明病情："大王头脑疼痛，因患风而起。病根在脑袋中，风涎不能出。枉服汤药，不可治疗。"建议先饮麻沸汤，然后用利斧砍开脑袋，取出风涎，才能够除根。曹操大怒，认为华佗要杀他。华佗以关羽为例，曹操说，臂痛可刮，脑袋怎么可以砍开？怀疑华佗与关羽交情深厚，要趁机报仇。于是呼左右将华佗拿下狱中，急令追拷。十多天之后，华佗死于狱中。

曹操自华佗死后，病势愈重，又忧吴、蜀之事，夜间又多噩梦，自知不久于人世，召集曹洪、陈群、贾诩、司马懿等人，同在卧榻前，嘱以后事。那时的一番话，完全没有英雄气概，充满了儿女情长。交代设立七十二个疑冢，不要让人知道他的葬处，可以想见他的心虚和不安。遗嘱完毕，曹操长叹一声，泪如雨下。不久气绝而亡，享寿 66 岁。

现代人可能很难想象，曹操为了让他的女儿当上皇后，竟然把十几年前伏皇后写给她父亲伏完的一封信拿来当借口，不但杀了伏皇后，而且把她的两个儿子，连带宗族一百多人，都加以杀害。东汉时代，十分重视忠孝节义。曹操这种穷凶极恶的行为，引起很多人的反感，甚至于痛恨。所以他的敌人非常之多，简直防不胜防。这使他临终都不得安心，怀着很大的恐惧而亡。

按理说，曹操已经登上魏王的宝座。他一方面想学伊尹和周公，一方面又具有王莽的倾向，在这种矛盾的人生中，可以说心满意足。临终时应

该发表一些冠冕堂皇的好听话，来完结一生的豪情壮志。然而，他并不是这样，而是命令近侍拿出平日所藏的名香，分赐给诸妾，嘱咐她们今后要勤习女工，多造丝履，拿出去卖钱，以便供应自己的生活。又命诸妾多居于铜雀台中，每日设祭，必令女伎奏乐上食。他还要大家不能学他那些小愤怒、大过失，好好做人，完全是英雄气短、儿女情长的模样。这是不是表示他深切的悔意？希望大家用心体会。

他也许以为，人生最重要的，应该是生活。而他的一生，不是杀人，便是害怕被杀，每天都在说那些无聊的话，办无聊的事。现在人之将死，其言也善。可是虚伪得太久了，不方便明白说出内心真实的话。

这才借着分香卖履的琐碎小事，来畅发自己的悔恨之意。现代人比曹操还要不幸，从小时候开始，不是读书，便是学习各种技艺。把生活的乐趣全都剥夺了。长大以后，不是工作，便是娱乐，反而谈不上什么生活。工作和娱乐当然是生活的一部分，也可以算是重要的部分。然而生活能力的培养，生活品德的陶冶，以及生活习惯的端正，同样应该加以重视。曹操年幼时，由于家庭背景的关系，不能在品德修养和生活习惯方面受到良好的教导，以致放荡不羁，控制不了自己的任性。我们有了这样的警诫，难道不应该适当改变现代的生活方式吗？

七、曹操的选择：有才能者会左右大局

用现代的话来说，曹操是一位备受争议的人物。喜欢他的人，说他胸怀宽广，气度恢宏；不喜欢他的人，骂他装模作样，暗中记恨。喜欢他的人，称赞他原则坚定，策略高明；不喜欢他的人，则嘲笑他喜怒无常，自以为是。喜欢他的人，说他用人唯才，不拘微贱；不喜欢他的人，指责他

重才轻德，败坏风气。果然是见仁见智，各有一番道理。我们的看法，其实十分简明：喜欢曹操的人愈多，这个时期必定愈乱。换句话说，曹操的信徒愈多，人心愈阴险，社会愈动乱，生活也愈辛苦。

曹操有机会杀掉刘备，却为了曾经说过"天下英雄，唯使君与操耳"这句话，而不肯下手。阮瑀为他书写"与孙权书"，完全站在对等的立场，以百姓的幸福为前提，终于说动了孙权的心，使孙权作出了称臣的表示。偏偏在曹、吴联手，足以轻易收拾蜀国的最佳时刻，曹操突然死去。在此之前，倘若袁绍好好领导、诸葛亮投入曹操阵营、庞统的连环计被识破，曹操一生的命运，便不可能"纵横天下三十年，群雄皆灭，只有江东孙权、西蜀刘备，未曾剿除"而含恨以终。

老天爷所以如此安排，主要有三个原因：

第一，曹操杀吕伯奢全家，还说什么"宁教我负天下人，休教天下人负我"的狠话，令老天爷非常失望。这句话使得陈宫不寒而栗，赶快设法离开了这种不义之人。陈宫是不是传扬开去，令诸葛亮宁可在家过闲日子，也不肯投奔曹营，我们不得而知。至少关羽对曹操的示好不为所动，张飞一听到曹操的名字就生气，赵云等人俱不愿意与曹操共事，则是事实。一念之差，给曹操一生增加了许多苦恼。

第二，公元210年，曹操旗帜鲜明地提出"唯才是举"的用人原则，公布了意义深远的"求贤令"。他唯恐世人不明白真正的含义，特别举例说像陈平那样被指为盗嫂受金的人才，也应该加以重用。他这种能力本位的观念，和"德本才末"的原则恰恰相反。难怪曹营大将如云、谋士众多，却拿一个诸葛亮没有办法。

第三，曹操称王以后，很难听得进不同的意见，猜忌骄横，不知道残害了多少优秀人才。杨训歌功颂德，令众人看不过去，平日甚受曹操器重的崔琰加以劝阻，曹操竟然大发雷霆，将崔琰赐死。荀彧屡出奇谋，为曹操立下很多功劳。曹操想当国公时，荀彧略有意见，便也丧命。华佗是济世的名医，也被曹操下狱至死。未得势时礼贤下士，一朝大权在握，就要残杀人才，这样的人，那只看不见的手自然会设法加以阻挠。

曹操年轻时，许劭已经断定他是"治世的能臣，乱世的奸雄"，告诉他老天爷给他两条路走，他听完大笑而去，居然不选择前者，却走向奸雄之路。

若是曹操决心走上正道，以治国的能臣自居，时刻以国家社会为念，相信以他的才能，很快就能获得大家的信任和推崇。说不定诸葛亮、庞统、徐庶等人，都会同心协力地帮助他，用不着一生辛苦劳累，还落得不能心安理得地死去。当然，更重要的是，减少战争次数，使各种资源得以好好运用，老百姓的日子必然好过得多，使《三国演义》不致如此精彩，才是人们的福气。

八、曹操一生的启示：用人还应德本才末

曹操是汉末的杰出人物，精力充沛，而且变化多端。年轻时就敢说敢做，无所顾忌。他很早就得到机会，充分展现自己勇于负责、不畏权贵、坚强有毅力的治理长才。担任冀州牧时，看到当地的风俗有很多不合理的地方，便大力整顿，获得很好的效果。他的眼光和机智，更是当时的朝臣、地方官吏所不能及的，所以很快当上丞相。汉献帝还以为历尽千辛万苦，终于老天有眼，来了一位好帮手。哪里知道曹操和董卓一样，喜欢专断弄权，擅作威福。汉献帝每次看到曹操，都觉得背上有刺，十分痛苦。伏皇后的父亲伏完建议密宣国舅董承入宫，赐以衣带，内藏以血书写的密诏，辗转传到刘备手中。曹操正好请刘备喝酒，一句"在家做得好大事"，吓

得刘备面如土色。煮酒论英雄时，刘备更是惊得掉落筷子，事后赶紧设法脱身，以袁绍兄弟心存不轨为由，总督五万人马，逃离曹操。郭嘉劝曹操把刘备杀掉，至少也要追回来，就近看管。结果许褚办事不力，最后不了了之。

想不到赤壁之战给了刘备占领荆州的大好机会。曹操出兵汉中，又促使刘备入川，以致其自领益州牧。曹操最不喜欢刘备做大，偏偏阴错阳差，把刘备高抬到汉中王的位置。难怪他破口大骂织席小儿，并发誓灭之。

曹操最不应该为了自己女儿要当皇后，借故把伏皇后杀掉。这在当时社会，根本是大逆不道。所有正人君子，无不切齿痛恨。他不得好死，应该是必然的结局。

曹操一生的经历，至少带给我们三大启示：

第一，一个人有抱负，有能力，若是品德修养不良，一定不能成功。德本才末，可以说是千古不变的真理。

曹操有安天下的抱负，也有治乱世的才能。只可惜他有才无德，竟然敢于公然宣扬重才轻德的用人政策。以他那种收拾北方群雄的方式，为什么遇到刘备、孙权，便屡有挫折，简直无能为力呢？原来当时的人才很多，曹操的所作所为，把那些重视品德的人都逼到刘备和孙权阵营。以致终其一生，未能完成大愿。

第二，一个人要端正社会风气，却不应该矫枉过正。无过与不及的中庸之道，才是合理的取舍标准。

东汉末年，由于桓、灵二帝讲求亲信关系，宠信宦官，败坏社会风气。因此重视品德修养的人士，疾恶如仇，纷纷以高洁行为标榜，结成党派，反而有所偏激。曹操为了改变这种风气，刻意鼓吹重才轻德的用人之道。

这种矫枉过正的方式，非但不能改善清流偏激、孤芳自赏的风气，反而由于他的言行示范，造成晋初竞逐物欲的歪风。

第三，一个人纵然有抱负，有才能，也有成就，只要品德败坏，其余的表现，便应该一笔勾销，不加以颂扬。

做人品德为先，是人之所以为人的根本。历史上多少贤能圣哲，能够成为后代子孙学习、崇敬、仿效的对象，无不具有高尚的品德。那些品德不良的人，就算有某一方面的成就，大家也不会推崇他，向他学习。这便是德本才末的思想所带来的标准。

九、曹丕兄弟相争：不义者必自食恶果

曹丕，字子恒，是曹操的次子。曹植，字子建，和曹丕同一母亲，为第三个儿子。他们彼此为了争夺世子的位置，很早就分成两派。曹植比较任性，喝酒又没有节制，书呆子气很重，但是曹操喜欢他的才能，好几次想要立他为世子。曹丕矫情用术，很擅长争取同情。曹操的左右，大多替他说好话。在曹操登上魏王宝座，真正要立世子的关键时候，曹丕恐怕世子之位落入曹植之手，向中大夫贾诩求教。贾诩告诉他曹操以后出征时，你不要像其他兄弟那样，说一大堆没有感情的废话，只要流泪而拜，不说话，反而大家都很感伤。曹操做最后决定时，刚好问贾诩的意见。贾诩十分机灵，并不回答。曹操问他为什么不答，他才说正有所思，所以没有立即回答。曹操问他想什么，他说正好想起袁绍、刘表的故事，意思是废长立幼的弊端。曹操大笑，决定立曹丕为世子。曹操如此聪明，大家照样瞒他。他询问贾诩，对方正好用他喜欢的方式来达成目标。

以他的矛攻他的盾，自然无往而不胜。魏王病死，汉献帝在威逼下，封曹丕为魏王、丞相、冀州牧。曹熊及曹植不来奔丧，曹丕派专人前往问罪。曹熊畏罪自杀，曹母为了保护曹植，请曹丕念同胞之情，存其性命。

曹丕于是召曹植入见，曹植惶恐伏拜请罪。

曹丕说："昔先君在日，汝常以文章夸示于人，深疑汝必用他人代笔。吾今限汝行七步吟诗一首。若果能，则免一死；若不能，则从重治罪，决不姑恕！"曹植果然在七步之内，作成一首诗，令大家很是惊奇。但是曹丕仍不放过他，继续提出要求。要他以兄弟为题，却不许出现"兄弟"字眼，作一首诗。曹植毫不思索，即口占出一首："煮豆燃豆萁，豆在釜中泣。本是同根生，相煎何太急！"曹丕不觉泪下，贬曹植为安乡侯。兄弟相逼的结果，可以看出这一家的气数。曹操如果立曹植为世子，以他的个性，很可能终其一生都不篡位，对于曹操的名声，至少有一些增益。由于曹丕的篡位，使得很多人都怀疑，曹操心中老早就想篡位，大概是想保留一点颜面，才打好基础，让曹丕篡位。

贾诩劝曹丕，学曹操当年的模式，谦辞三次，再接受汉献帝的禅让。曹丕登上帝位，谥曹操为太祖武皇帝，正式改国号为大魏。这样，曹操的恶行，更是洗刷不清。因为从此以后，篡位与事变，都被归为同一类型。

曹丕废帝篡位，和现代的革命，以及政党政治的轮替，完全相同。

历来改朝换代的事很多，反而和现代的革命及政党轮替更为接近。曹操想做而不敢做，应该是有这方面的顾虑。但是父子同命，自己不敢做，儿子做了，结果照样挂在父亲的账上。这一点不知道曹操地下有知，会有什么样的感想！如果曹操看到曹丕篡位，曹植痛哭的样子，会不会后悔他的选择呢？如果曹丕不篡位，刘备便不可能称帝，孙权也不敢称帝，三国便不会出现，历史就会改变。可见始作俑者其罪行确实比跟随者要大。曹丕这一篡位，司马炎依样画葫芦，照样篡了曹魏政权，曹丕还不是自作自受！

第四章
与领导有效相处的奥秘

　　一个人生不逢时，最好要知进退。进退失据的人，最好以荀彧为鉴，不要太相信自己的能力足以改变上级的心意。否则，可能愈获得器重，下场愈可怜。

　　杨修这个人，原本不值得一提。但现在像他这种人——聪明反被聪明误，可以说愈来愈多，不得不分析一下。喜欢探测上司心思，且又屡猜必中的人，请注意这个案例，好自为之。

一、曹操隐诛荀彧：生不逢时要知进退

荀彧，字文若，原本在袁绍处，后依曹操，被曹操称为"吾之子房"，甚为倚重。曹操奉迎献帝，建都许昌，挟天子以令诸侯，便是荀彧主谋。当时各地诸侯，并不热衷于迎天子，因为事事都要请命，反而十分不方便。曹操迎天子，未必存有好心，那时他四面受敌，汉献帝走投无路，荀彧的建议，正好促成这件事。因而延长汉朝的寿命长达数十年，则是不争的事实。

但是，荀彧果真"身在曹营心在汉"。他为人公正，存心扶危济困，有志匡复汉室。但他又欣赏曹操的才智，希望尽力改变曹操的心意，辅助他成为汉室的治臣。曹操领冀州牧的时候，有人劝他恢复古代九州的样子。荀彧认为这是假公济私，并非为汉室着想，所以极力反对。曹操想收买他，和他结成儿女亲家，又增加他的薪俸，荀彧都不为所动。曹操打败马超之后，威福日甚，有意接受魏公的高位，荀彧还是反对。曹操终于明白荀彧心中只有汉室，并不是他的心腹。由于荀彧人品良好、声望甚高，他不敢加罪明害，乃改用暗计害他。采取暗诛的方式，使人送荀彧饮食一盒，上

有曹操亲笔封记,荀彧打开来盒内却空无一物。荀彧明白曹操的意思,这是告诉他到头一场空。

一个人生不逢时,最好要知进退。像荀彧这样的正人君子,恐怕只有向诸葛亮看齐,选择刘备这种明主,遇到曹操,再是"吾之子房",也难免要遭毒手。进退失据的人,最好以荀彧为鉴,不要太相信自己的能力,足以改变上级的心意。否则,可能愈获得器重,下场愈可怜。

二、庞统被大材小用:以貌取人误人才

水镜集团的天下布置策略,是将人才分别推荐到各种集团,让他们各为其主,公平竞争。将来不论哪一集团获胜,水镜集团都能够加以掌控。龙、凤两位重量级人士,诸葛亮已经归于刘备,庞统最好在东吴发展。鲁肃很像是水镜集团所吸收的外围分子,趁着孙权哭祭周瑜、心中悲痛的机会,大力推荐庞统。孙权也久闻他的大名,赶快请来相见。可惜庞统长得不好看,面相相当古怪,又表示他的才学和周瑜大不相同。孙权很不喜欢,坚决不用。鲁肃无可奈何,修书推荐给刘备,拜托庞统辅佐刘备,让孙、刘互相合作。

策略不会变,但是计划往往不能不改变。推荐是一回事,能不能顺利为对方所接纳,是不是会被重用,那又是另外一回事。同样才高名显,诸葛亮生得面如冠玉,像个活神仙,给人十分良好的第一印象。庞统则不然,面貌不好看,说话又不在乎别人的感受,给别人的第一印象很不好,孙权当然不喜欢他。我们千万不可以凭印象来论断人,却不可能避免别人凭第一印象来论断我们。刘备久闻龙、凤齐名,是不是有了诸葛亮以后,就心满意足,心理上已经没有求贤的需求?大概不是这样,而是庞统自恃才高

名盛，不把诸葛亮给他的推荐信拿出来，却说是自己前来投靠。刘备比孙权好一些，派他担任县令。也是大材小用，当然不是好办法。有人才不用，用而不当，固然是孙权和刘备的损失，但是庞统自己，只知道自己的才华，不了解自己的短处，以致得不到好机会，也应该负起相当大的责任。

庞统若生于现代，最好的办法是接受"合理的不公平"的现实，在困境中求发展，最为可靠而有效。

诸葛亮料定孙权不能重用庞统，庞统不必因此而觉得没有面子，自己的长相和诸葛亮不同，自然要承受不一样的待遇。孙权喜欢周瑜，庞统就不应该当面指称自己的才学与周瑜大不相同。因为自己和周瑜，在孙权眼中，根本就不平等，不可能对等地互相比较。诸葛亮既然有推荐信给刘备，庞统就不应该为了面子，不拿出来。因为在刘备眼中，他和诸葛亮的分量，也不可能相等。至于鲁肃的推荐信，则除非必要，不应该拿出来，以免刘备起疑心。

凡此种种，都是正常的不公平状态。以庞统的智慧，当然有合理的判断能力。他故意走相反的路，以致被孙权视为狂士，被刘备屈任为县令，完全是自作自受。如果他一定要这样我行我素，表现自己的特立独行，那也可以，因为这并不妨碍他人。这时候还有一条路走，便是县令就县令，照样把它当作一份工作，好好去做。等待诸葛亮回来，发现他居然能屈能伸，刘备必然更加不好意思，说不定会向诸葛亮表示，当年自己也是从县令做起，然后向庞统请罪，随即拜他为副军师中郎将。

这时候庞统就不必出示诸葛亮的推荐函，只要表示一开始就要自力更生，不攀关系，如果诸葛亮问起，则推说不好意思，路上遗失了。这样岂不更好？

不公平待遇是考验一个人的最好办法。上天让庞统和诸葛亮具有同等

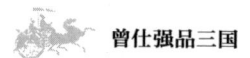

智慧和才能，却承受不一样的命运，无非是在提醒世人：合理的不公平，才是我们所追求的。

三、赵云截江救阿斗：涉及领导家事的好人难做

孙权念念不忘讨回荆州这件事情，听说刘备入川，就马上想要兴兵攻打荆、襄。吴国太顾虑女儿的安危，坚决反对。张昭献计以吴国太病危为借口，将孙夫人骗回江东，把刘备的独生子阿斗也带来当作人质，这样就不怕刘备不用荆州来换阿斗。那时候再开战，就没有妨碍了。

孙夫人听说母亲病重，迟恐不得相见，十分慌乱，便带着阿斗，随行三十余人，各挎刀剑上马离开荆州城，准备搭江东来船返回东吴。

赵云留在荆州，主要任务便是照顾孙夫人和阿斗。听到消息后，大吃一惊，马上沿江赶来。船上军士拿出兵器，一字排开，大叫：何人敢挡主母？赵云高喊：任从夫人去，只要留下阿斗。孙夫人出面，赵云也不答应，说若不留下小主人，纵然万死，也不敢放夫人去。孙夫人大怒，骂他敢管家务事。赵云还是拼着一死，夺了阿斗。刚好张飞前来救应，抱了阿斗回营，任凭孙夫人回到江东。

家务事很不好管，刘备把它交给赵云，让他吃力不讨好，不升他的官，也不加薪。是不是因为赵云自己来投刘备，身价不高？或者平日对事不计较，吃亏也无所谓，因而刘备对他有意无意地加以欺负？还是赵云三番两次说率直的话，使刘备很不痛快，这才伺机报复，给他小鞋子穿？赵云好像特别听诸葛亮的话，也使刘备故意给他一些刺激？好人难做，从赵云身上，可以找到很多例证。但是赵云依然故我，并不因此而有所抱怨，和庞统相比，果然不一样。

四、诸葛亮揣度刘备心：上下默契才能合作无间

刘备带给诸葛亮一封信，请诸葛亮量才委用，留下一位合适的将领，镇守荆州。这里有两个理解的角度。

一个角度是，刘备并不明言，却要诸葛亮去猜。这是聪明的领导者常用的方式。主要原因有三：

第一，加强诸葛亮的责任。刘备自己指定守将，责任完全由他承担。自己指定，万一出了差错，诸葛亮在旁边看笑话，自己更加难堪。不明言，诸葛亮才会用心猜，仔细考虑人选，还要负起推荐的连带责任。这样对刘备非常有利，何乐不为？

第二，表示对诸葛亮尊重。直接指派将领，等于在众人面前，给诸葛亮难看。问都不问一下，根本不把诸葛亮放在眼里，今后众人对诸葛亮也不会那么尊重，岂不是徒增领导者的困扰，使核心团队产生矛盾？这种事最好不做。

第三，预留调整的空间。由刘备亲自指定，万一有什么变化，岂不是朝令夕改？由诸葛亮推荐派定，将来要改变，再由刘备出面，保留更大的调整空间。这一点好像刘备没有想通，否则为什么人选定下，就从来不调整呢？

诸葛亮其实有自己的主见，要把责任交给关羽。但他不说是他的意见，反而指出刘备派关平送信过来，便是暗示要关羽担此重任。这种聪明的做法，既可以激发关羽的自尊，使他不方便推辞，又可以稳定各将领的情绪，认为刘备的主意应该加以尊重，而不便发表意见。这样，他还能够以刘备代表的身份，对关羽做一些交代。有这么多的好处，当然要做。诸葛亮喜欢猜，也有能力猜。刘备乐于让他猜，也有信心结果如自己的意。

双方有良好的默契，自然合作无间。刘备说如鱼得水，看来真是这样。

刘备派遣关平送书信给诸葛亮，是不是暗示诸葛亮，要他委用关羽镇守荆州？我们认为并没有这种意思。因为那时候刘备人在涪关，正逢军师庞统出师不利，被射死在落凤坡，心情恶劣到极点，哪有和诸葛亮玩猜猜看的可能？何况一路走来，诸葛亮料事如神，几乎所有的难题都能够轻松化解。这种紧要决定，何不交由诸葛亮费神？加上自己远离荆州，那边的情况如何，并不十分了解，为什么不干脆请诸葛亮就近量才委用？刘备自己一定明白，辨识人才，他可能胜过诸葛亮。因为到处奔波，看得多也听得多，当然经验丰富。至于激将的本领，他远远不如诸葛亮。几番大战，诸葛亮把每一位将领的潜能，全都激发出来。这次为什么不放手让诸葛亮激出一位守将来呢？

出于以上这些因素，刘备是真心诚意要诸葛亮推荐人选。

五、诸葛亮对荆州留守的安排：行事顾忌亲疏留祸根

庞统连人带马，被乱箭射死。刘备伤心至极，遥为其招魂设祭，吩咐关平速往荆州请诸葛亮，自己则坚守涪关，并不出战。诸葛亮得知讯息，放声大哭，众官无不垂泪。诸葛亮知道刘备进退两难，他不得不离开荆州，前往西川。关羽请问荆州重地，由谁看守。诸葛亮说书信中并未明言，但是关平送信，用意即是请关羽担任。关羽也不推辞，慨然答应。诸葛亮交割印信时，对关羽说："重大责任都在将军身上。"关羽回答："大丈夫既领重任，至死方休。"诸葛亮听见"死"字，心中不悦，问关羽："倘曹操引兵来到，当如之何？"关羽答："以力拒之。"再问："倘曹操、孙权一齐起兵前来，如之奈何？"答以："分兵拒之。"这四个字是诸葛亮最害怕听到的，因为如此一来，荆州必然十分危险。他赶紧告诉关羽，有八个字，可保荆州。请关羽无

论如何，要记住"北拒曹操，东和孙权"，绝对不能违反这个大原则。

诸葛亮推荐关羽担此重任，理由有下述三点：

第一，关羽是桃园三结义的老二，身份非同一般。刘备会相信他，张飞也不可能说他的坏话。其他将领更不敢多言。何况这些年来，关羽的威望，令江东闻名色变。用他来镇守荆州，孙权也相对不敢乱动脑筋，随便来攻打。

第二，用张飞，让人不放心，他性子太急，沉不住气。关羽也不一定赞成，大家可能也有意见。用赵云太敏感，加上东吴有自己兄长诸葛瑾，会不会引起刘备的怀疑呢？

第三，既然是关平送信，不妨顺水推舟，说是刘备原有此意。关羽最信服刘备，拿他做借口，关羽一定不会推辞，张飞也会高兴。

当时诸葛亮心中，已经有不祥的感觉，因为两线作战是兵家最大的忌讳。他原本有改变主意的念头，但因话已说出，加之关羽的脾气，惹火了就很难协调，这才忍住，不另提他人。他想把赵云留下来，带关羽、张飞赴西川，又恐刘备起疑，所以没有做出任何变动。再怎么说，关羽是刘备的结义兄弟，排行又在张飞前面，由关羽来担此重任，当然最合适不过。可见组织中的班底，或称核心团队，往往会分出亲疏。刘备如果考虑周到，在书信中明说请赵云留守荆州，应该会更好。

六、诸葛亮制止关羽与马超比武：针对不同的人巧解难题

马超自从中了曹操离间计，和韩遂翻脸，被曹操打败之后，两年多来，攻取陇西州郡，仅冀州攻打不下。刺史韦康，求救于夏侯渊，不见动静，于是开城门投降，反为马超所斩。夏侯渊得了曹操军令，领军前来。马超

望西而逃，到汉中投靠张鲁。正好刘备来攻葭萌关，马超自愿出击，务要生擒刘备，以报收留之恩。

张飞闻说马超攻关，便要出战。诸葛亮故意对他说："今马超来犯，无人可敌，除非往荆州请关羽来。"激得张飞立下军令状，誓杀马超。两人厮杀数日，不分胜负。刘备见马超英勇，问诸葛亮有何计策，诸葛亮略施离间计，逼使马超进退不得，最后由辩士李恢说动，来降刘备。刘备亲自迎接，待以上宾之礼。由于诸葛亮和刘备对马超的看重，关羽特别来信，说马超武艺过人，要入川来和他比武，一分高低。刘备非常惊恐，请诸葛亮马上回信劝阻。诸葛亮在书信中说，马超虽然雄烈过人，可以和张飞并驱争先，但是和关羽相比，还是不及他的绝伦超群，同时荆州责任重大，如入川使荆州有失，罪莫大也。关羽看毕，开心地说"孔明真知我心也"，把诸葛亮来信，遍示宾客，不再提起入川的事情。

诸葛亮既然知道关羽的骄气，能够劝阻其入川比武，为什么不由此想到，关羽会因骄气而造成荆州的危机？大概是人才不足，顾得了西川，便顾不了荆州。比武的事情容易解决，荆州的难题才是要命。难怪庞统的死讯使诸葛亮大哭。他心里明白，苦难才刚开始，实在不好办。

七、诸葛亮赠张飞佳酿：同事之间心照不宣的配合

刘备取益州，曹操定汉中。曹军由汉中侵入川东，但逐一为刘备军击败，趁势进攻汉中。曹军张郃和张飞相遇，张飞单挑张郃，张郃大败，分兵守住三寨，多置擂木炮石，坚守不战。张飞令军士大骂，张郃也在山上对骂。张飞无计可施，便每日饮酒，大醉乱骂。

使者报告刘备，诸葛亮却说军前恐无好酒，成都佳酿极多，可将五十

瓮做三车装,送到军前给张将军喝。刘备不明白,问他:"张飞自来饮酒失事,军师何故反送酒给他?"诸葛亮笑着说:"张飞自来刚强,但是义释严颜,表示他很有智慧。现在饮酒装醉,是使用计策。"

于是命魏延解酒赴军前,车上各插黄旗,大书"军前公用美酒"。张郃从山顶观看,见张飞坐在帐下饮酒,兵卒在面前相扑为戏,于是,大骂张飞欺人太甚,当夜就下山劫寨。结果张飞大胜,报入成都,刘备十分欣喜。

张飞继续用计,把张郃逼到葭萌关。诸葛亮命两位老将——黄忠和严颜,先杀夏侯德,再斩夏侯渊。曹操紧急发大军来救,还是挡不住刘备大军的威势。

一个人只爱喝酒,却不动脑筋,称为酗酒,迟早会出事。一个人先动了脑筋,然后才喝酒,那就是策略性的饮酒,目的在诱人上当。张郃对张飞不了解,以为张飞真的在喝酒。如果他了解张飞,更应该提高警觉,为什么黄旗上写那么大的字?这分明是要误导张郃。把张飞的粗犷和诸葛亮的谨慎合起来想,很容易明白其中必然有诈。只要自己忍得住气,张飞再喝酒也无济于事。

八、杨修被斩:擅自揣测上司心思的下场

杨修这个人,原本不值得一提。但现在像他这种人,可以说愈来愈多,不得不分析一下。

有一次,曹操造花园一所。造成后,工匠请曹操观看。曹操不说话,只拿笔在门上写一个"活"字。大家都不明白,杨修说:"门内添加'活'字,分明是阔。"把门改窄之后,曹操大喜,问:"谁知吾意?"左右回答乃杨修。曹操表面上赞美,心里头却十分嫉妒,杨修怎么这样聪明?

另外有一次，塞北送一盒酥来。曹操吃了，觉得很爽口，提笔在盒上，写上"一合酥"字样，放在桌上，被杨修看见，竟然拿起，与众人分食。曹操发现时，问他为什么这样做。杨修回答：盒上明白写着一人一口酥，所以不敢违命。曹操只好苦笑，心里却越感厌恶。

曹操恐怕有人谋害，常吩咐左右："我梦中好杀人，凡我睡着时，你等千万不要靠近。"有一次白天睡着时，所盖的被子掉落地上，服侍的人上前去捡，被曹操跃起一剑刺死，又躺下睡觉。醒来后假装不知情，问左右，这是怎么一回事？还伪装痛哭，厚葬死者。大家都以为曹操真的梦中杀人，只有杨修不相信，在葬仪时感叹："并不是丞相在梦中，而是这个人自己在梦中。"这传到曹操耳中，对杨修更加厌恶，到了痛恨的地步。

曹植是曹操的第三个儿子，爱慕杨修的才学，常常邀约商谈，有时通宵达旦。曹操与众官商议要立曹植为世子。曹丕得知，秘密邀请朝歌长吴质前来商量。因恐被人发觉，用大笼把吴质装在里面，伪称是绢匹。杨修知道这件事情，向曹操打小报告。曹操派人到曹丕府前探查，曹丕慌忙告知吴质，临时改以真的绢匹，用大笼装运进府。探查人员来看，果然是绢匹，回报曹操。曹操因此怀疑杨修蓄意要害曹丕，对他更加痛恨。

曹操想试一试曹丕和曹植的才干，一方面通知两人出某城门，一方面又规定守门人加以阻挡。曹丕先到，守门人不放行，曹丕只得退回。曹植问杨修，这种情况应怎么应对？杨修说有王命出门，可以斩杀阻挡的人。曹植来到门前，守门人阻挡，曹植立即将其斩杀。曹操认为曹植比较有能力，有人却说这是杨修教的。曹操大怒，因此也不喜欢曹植了。杨修又给曹植提供了很多资讯，使他在曹操提问时，能够对答如流。曹操心中甚为怀疑，后来知道实情，非常愤怒，认为杨修欺他，遂有斩杀之念头。

一次杨修随军出战，每夜都有不同的通行号令。这一天，夏侯惇入帐问号令，曹操正在喝鸡汤，见汤中有鸡肋，随口便说："鸡肋，鸡肋！"杨修得知，便告诉军士，各自收拾行装，准备返回许都。有人报知夏侯惇，夏侯惇大惊之下，问杨修为何如此。杨修说鸡肋表示食之无肉，弃之可惜，现在进不能胜，退恐人笑，岂不是在此无益？不如早归。夏侯惇很佩服，也跟着收拾行装。曹操睡不着，起来巡行，发现大家都在收拾行装，急召夏侯惇，问清缘由，知道又是杨修作怪，便下令刀斧手将之推出问斩，将首级号令于辕门外。杨修死时，仅34岁。曹操不过是借故斩杀，他却年纪轻轻丧了宝贵的性命。当今喜欢揣测上司心思，且又屡猜必中的人，请注意这个案例，好自为之。

九、诸葛亮推刘备为帝：改换思路只为团队大目标实现

诸葛亮出山，全力佐助刘备，有一个远大的目标是"复兴汉室，还于旧都"。刘备的一切政治举措，都是为了汉献帝，自领益州牧时，还遥向献帝表奏。现在曹操自立为魏王，显然有篡位的企图。诸葛亮等人眼见曹军大败，弃汉中回许都之际，为了争取正统位置，有心推刘备为帝，以讨伐国贼。刘备再三推辞，认为如此等于反汉。诸葛亮提出很多理由，刘备坚持不肯。诸葛亮说以义为本，未便马上称帝，可暂为汉中王。刘备又说未获得汉献帝明诏，不可以称王。诸葛亮建议先进位，然后表奏天子。大家同声劝进，刘备终于接受，面南而坐，受文武官员拜贺为汉中王，立刘禅（阿斗）为世子，大封群臣。

刘备既为汉中王，便修表禀告汉献帝，以示尊重。表到许都，曹操大怒说："吾誓灭之。"即时要起兵赴西川，与刘备一决雌雄。司马懿建议派特使说动孙权兴兵取荆州，然后出兵取西川，使刘备首尾不能相救。曹操大喜，指派满宠赴江东见孙权，相约两面夹攻刘备，并派人过江一探关羽

动静，由诸葛瑾向关羽提亲，说孙权儿子要娶关羽女儿。结果，关羽当场回绝，还说什么"虎女安肯嫁犬子"，孙权大怒，下令指日要取荆州。

曹操一向自视为正统，刘备要抢这个位置，他当然不依。孙、刘联盟，由于荆州问题而一拖再拖，始终未能解决。曹操趁机拉拢孙权，也不是不可能的事情。三国之间的关系，愈来愈复杂，也愈来愈难掌握。魏、吴本无仇，双方却都与刘备有说不清的乱账，看来够刘备受的。

十、关羽受五虎上将印信：戒除傲气才能成大事

究竟有没有"五虎上将"的称号，我们不方便推测，只是曹操与孙权有意夹攻刘备。消息传来，刘备赶忙与诸葛亮商量如何应对。诸葛亮认为，如果关羽先下手取樊城，使敌军胆寒，便能化解。他一向谨慎，建议先把封号报告关羽，然后才要他行动。关羽接受镇守荆州的重任，当时是四十七八岁，现在一晃几年，已经五十好几岁。这些年来，他对西川的情况并不了解，反而一人独大，难免更加刚而自矜，所以一见面便问"汉中王封我何爵"，意思是自家兄弟坐上王位，总该对二弟有好的封赏。特使前部司马费诗回说"五虎上将"之首。关羽知道"关、张、赵、马、黄"并列时，非常生气说："张飞是三弟，马超为世家子弟，赵云和弟弟一样，可以和我并列。黄忠是何等人？敢和我同列。"又说："大丈夫终不与老卒为伍！"不肯接受印信。幸亏费诗很会说话，赶忙加以解释，说"将军即汉中王，汉中王即将军"，劝他不要计较。关羽这才醒悟过来，拜受印信，并说几乎误了大事。

关羽素来重义气，对大哥刘备十分恭敬，现在的口气和态度，充分显示他已经被骄傲冲昏了头。黄忠在川的表现，他很可能不清楚。黄忠的宝

刀把曹操的猛将夏侯渊连头带肩，砍为两段，关羽可能也没有听到。因为大家都不敢在他面前夸耀别人的武艺。他只记得黄忠是自己手下的败敌，要不是当年义释黄忠，黄忠那条老命早就不见了，现在居然和自己同列，当然很不高兴。侠义人士，大多感情丰富，正因为如此，才特别要戒除傲气。

十一、庞德誓死不降：过刚易折

荆州是曹操和孙权的共同目标，诸葛亮唯恐两面受敌，要关羽先攻樊城。守将曹仁向曹操求援，于禁自愿领军前往。庞德紧接着要当先锋，却因原为马超旧属，亲兄庞柔也在西川为官，引起众人疑虑。庞德再三保证，绝无二心。回家后令匠人造一木榇，向亲友表示受魏王重恩，誓以死报，当众发誓与关羽决战，不杀关羽即自杀，否则便为关羽所杀。

曹操闻知，特别告诫他"可取则取，不可取则宜守"，千万不要凭着血气之勇硬拼。庞德却宣称：当挫关某三十年的声威。

消息传来，关羽十分震怒，待和庞德交手，才感叹"刀法惯熟，真吾敌手"。次日再战时，关羽被庞德先施拖刀计，放冷箭射中左臂，幸被关平救回。关羽拔了箭头，所幸射得不深，敷上金疮药，誓报一箭之仇。忽报于禁移师，将七军置于低地。连日大雨不止，关羽派人堰住各处水口，不久水位高涨，放水尽淹七军。于禁见四下无路，愿意投降。

庞德落水被擒，誓死不降，关羽喝令刀斧手推出问斩，并怜而葬之。可惜关羽只看到别人，并没有回头看自己。他如果想到，英雄出少年，自己笑黄忠为老卒，也应该想想，自己也年过半百，将近六旬，不复当年英勇了。被庞德射中手臂，也是那只看不见的手，向关羽提出警诫。

他应当赶快把情况告知诸葛亮，让他做出合理判断，以便做好全盘性

考虑和调度。可是关羽的警觉性不够，总以为别人会老而自己不会，年轻人永远不如自己，却不知长江后浪推前浪，岁月不饶人！

十二、刘封被斩：大事面前不能光听别人意见

刘封原本姓寇，刚猛善战，也颇有才气。刘备很喜欢，把他收为义子。对这件事，关羽表示过不同的意见，弄得刘封耿耿于怀。后来关羽兵败麦城，叫廖化杀出重围，到上庸求取救兵。那时候刘封和孟达正在上庸驻守。廖化报告军情紧急，蜀中援兵不能旦夕即至，望两位将军速起上庸之兵，援救关羽。孟达认为麦城弹丸之地，难敌东吴兵精将勇，何况曹操亲督大军，虎视眈眈，以上庸这么少的军力，哪里能敌两家强兵？他又说刘封以关羽为叔，关羽却未必以刘封为侄，听说刘备当上汉中王以后，要立世子，关羽以养子不可僭立，劝汉中王把刘封远置于上庸山城，以绝后患，弄得刘封十分气愤。所以这次虽然廖化苦苦哀求，刘封仍然不愿出兵相助。

刘备得知此事，便要派人擒拿刘封。那时孟达已经降魏，并且力劝刘封也投降曹丕。刘封大怒，认为这是离间叔侄的感情，还要叛国。两人领军对抗，刘封大败，只剩下百余骑，奔回成都。刘备骂他，辱子，有何面目相见？刘封辩称孟达谏阻，刘备命左右推出斩之。后来刘备听说刘封扯碎孟达劝降的来书，又斩来使以表决心，心中反而有些后悔，加上哀痛关羽，以致染病而按兵不动。

领养子和结拜异姓兄弟，同样都十分重要。关羽有意见，何必公开表明？他单独劝刘备，后遗症就不会这样严重。关羽和刘封摆在一起，当然关羽的分量要大得多。刘封听闻人家的闲言闲语，竟然那么冲动，结果还不是自作自受？一个人的定力要靠自己培养，不能耳根软，随便听别人的话。

第五章
关羽名重天下却以失败收场的奥秘

  许多人看《三国演义》，看到关羽阵亡，便掩卷悲戚，再也看不下去。关羽虽然有很多缺失，但是他的大忠大义，活在大家的心中，随着时代的演变，给大众以不同的启示。我们可以这样说，尊敬关羽的人愈多，那一个时代的忠义精神愈旺盛。失荆州，是因为缺乏政治智慧，并不致损害关羽的卓越品德。

一、关羽单刀赴会:刚而自矜并不利长远

孙权为了索取荆州,连自己的妹妹都敢牺牲。张昭献计把诸葛瑾全家老小拿下,使诸葛瑾入川劝诸葛亮交割荆州。孙权说:"诸葛瑾是诚实君子,怎么忍心拘其老小?"两相对照,似乎孙权对亲人反而更残酷无情。孙权心里想的应该是,外人都这么牺牲,自己人更要不顾一切。或者是,对外人至少要客套一番,对自己人就免了。

诸葛瑾和诸葛亮是兄弟,会不会白天各为其主,夜晚则仍是一家人?这只有他们两人知道。张昭这样建议,可能也有意测试一下,看看诸葛瑾如何回应。

孙权假装把诸葛瑾老小监禁起来,诸葛瑾带着孙权的书信来成都见刘备。诸葛亮心知肚明,也很有默契,不把诸葛瑾接到自己家里,却把他安顿在驿站里,以此表示公事公办,不涉及家人的感情。当诸葛瑾和刘备见面时,刘备这次不哭了,换成愤怒,说,正要大起川兵,杀下江南,竟然还想来索荆州?诸葛亮则赶快哭拜于地,要求刘备看他的面子,将荆州还给东吴,以顾全兄弟之情。刘备再三不肯,诸葛亮只是哭求。最后刘备才

说：看在诸葛亮分上，将长沙、零陵、桂阳三郡还给东吴。诸葛亮说要写成文书，请关羽交割。刘备还扔下一句话：要好好向关羽说明，他性如烈火，我自己还有点怕他，必须小心才好。

诸葛瑾来见关羽，果然遭到严厉拒绝，要不是关平劝阻，几乎要动刀子逐客。诸葛瑾回头再找刘备，哭诉关羽要杀他的过程。刘备劝他暂回，待把关羽调离荆州，再来交割。诸葛瑾不得已，返回东吴据实报告。

孙权大怒，找鲁肃算账。当初他是担保人，如今还有什么话说？鲁肃献策屯兵于陆口，使人请关羽赴会。如关羽肯来，以善言相劝。关羽不听的话，可预先埋伏刀斧手杀之。如关羽不肯来，出兵攻打便是。孙权要他赶快执行，即日和将领吕蒙、甘宁商议，设宴于陆口寨外临江亭上。

关羽接到鲁肃的请帖，随口答应明日便来赴会。关平再三劝阻，说镇守荆州的责任重大。马良也说鲁肃平日是好好先生，现今事急，恐怕也会发狠。关羽坚持要去，吩咐关平选快船十只，水军五百，在江上等候，但看红旗挥舞，便过江接应。他自己带着随从周仓和八九个关西大汉，单刀赴会。这使鲁肃惊疑不已，根本就不敢仰视，关羽则谈笑自若。鲁肃鼓起勇气，才说出先割三郡，关羽便变色而起。周仓到岸口挥动红旗，关平船如箭发。关羽把鲁肃当人质，用左手挽住，众人不敢乱动。一直到船边，关羽才松手放人。鲁肃如痴似呆，看着关羽登船乘风而去。一场单刀赴会，就此顺利完结。

站在私的立场，关羽要怎么做，我们都没有意见。反正一人做事一人当，他愿意如此处置，后果都由他自己承担。但是，站在公的立场，关羽的做法值得商榷。这样冒险，并不是身负重任的关羽应该做的事情。这一次的成功，实际上种下失荆州的祸根。要不是曹操刚好起三十万大军南下，孙权愤怒至极，必然倾全国之力，要强索荆州。鲁肃经过这一次的教训，势必采取更为强硬的态度。关羽的刚而自矜，由于这一次的成功，必然更为增强。这些不利于荆州的因素，着实令人担忧。

二、关羽刮骨疗毒：增强团队信心还要重视团队发展

关羽右臂中箭，被关平救回后拔出臂箭。但是庞德所射的箭有毒，已侵入骨，以致右臂青肿，不能运动。大家建议他暂时回荆州调理，再作打算。关羽则说，此次打樊城，是北伐的开始，怎么可以因小疮而误大事？大家只好遍访名医，刚好华佗闻知关羽中箭，特来医治。关平大喜，即与众将同引华佗入帐见关羽。当时关羽正和马良对弈，伸出右臂让华佗观看。华佗指出毒透入骨，如不早治，恐怕来不及了。关羽问他怎么治法，华佗说要用尖刀割开皮肉，以便刮去骨上箭毒，问关羽会不会恐惧，关羽回说，死都不怕，还怕这等小事？

我们知道华佗备有麻沸汤，可以止痛。这里是不是为了满足关羽的好强心理，故意让关羽喝下而不说，我们不得而知。或者关羽有意在众人面前显现勇敢，执意不喝，以增强信心，鼓励士气，也很有可能。

刮骨疗毒之后，关羽大笑而起，告诉大家：此臂伸舒如故，并无痛矣，先生真神医也！消息传出，曹操大为惊吓，急忙聚集文武，商议迁都以避关羽。司马懿表示关羽和孙权相处得并不好，关羽胜，孙权不一定喜。不如请孙权攻打关羽，条件是割江南之地以封孙权。曹操才决定不迁都，大叹反而不如庞德勇敢，害怕关羽到如此地步。关羽借着刮骨疗毒，向僚属宣示决心，要奋战到底，这是好事。但是，只想到北伐，而不重视与孙权联盟，使曹操有机可乘，诱使孙权来扯后腿。想想看，若是孙权不理会曹操，却出兵合肥，与关羽联合军事行动，共同对付曹操，那该有多好！

三、吕蒙突破关羽心防：知己知彼才能获得胜利

关羽当然知道知己知彼的重要性，但是他却忽略了，自己镇守荆州这

么多年，曹、孙双方都以自己为分析、研究的主要对象，可以说了解得相当深入。反之，自己对东吴的动态，是不是掌握得很好？在知彼方面，自己可得几分？

鲁肃任都督时，由于理念相近，都要复兴汉室、消灭曹操，因此面对刘备的一拖再拖、关羽的蛮不讲理，都十分克制。结果受尽孙权的埋怨，弄得鲁肃两面不是人。鲁肃亡故时，循周瑜方式，荐吕蒙自代。

吕蒙，字子明，幼年丧父，在战乱中随母亲南渡，依靠姊夫邓当。15岁当兵时，还不认识一个大字，被大家讥笑为"吴下阿蒙"。吕蒙在这种环境下，经常受辱。有一次，他实在忍不了，杀了官吏，投奔到孙策阵营。孙策倒很赏识他，把他安置在左右。邓当死后，还用他来接替邓当的位置。孙权继承大业后，他在许多战役中都建有功劳，升为偏将军。孙权见他颇有才能，但是口头报告、文字请示时，经常闹笑话，便劝他多读书，才能够出口成章，让大家刮目相看。他起初以军中事务太多为由，推说没有时间。孙权说他的事务更多，时间更少，还不是常常读书，又说曹操一直到年纪很大时，都很认真读书，于是替吕蒙选了一位老师。吕蒙自己也下定决心，从此好学不倦，取得了长足的进步。鲁肃接任都督时，以为他还是跟过去一样。在一次长谈之下，才发现他完全改变了，十分吃惊，夸奖他已非昔日吴下阿蒙。吕蒙反过来提醒鲁肃，关羽好学，又有英雄气概，要和他打交道，必须有一些计谋，否则全凭武勇，大概没有人打得过他。可见那个时候，吕蒙已经在关羽身上下了很多功夫，几乎把关羽的个人和团体，都逐一分析了一遍。在知己知彼的层面，吕蒙已经占了上风。

一个人一生中，有好的母亲、好的老板、好的上司，便最为幸运。吕蒙三者都有，母亲支持他、孙权教导他、鲁肃赏识他，难怪他很快就成为东吴的杰出将领。当然，吕蒙自己的决心和毅力才是他持续进步的真正原因。

吕蒙的最大责任便是取回荆州。他全心研究关羽的习性和荆州的形势。他发觉关羽进攻樊城，并没有带走多少兵力，大部分兵力，还是留在荆州，以防吕蒙出击。于是吕蒙伪装自己有病，并且放出风声，说要因病辞职。孙权也故意透露要更换将领，以陆逊取代。对关羽来说，吕蒙还稍有分量，陆逊是什么人，简直没有听过。所以对陆逊派来的人，直说"孙权见识短浅，竟然用这个无名小将来代替吕蒙"。殊不知这正是吕蒙和陆逊的最高机密，趁关羽对陆逊不了解的紧要关头，非常谦卑恭敬地呈书备礼，使关羽看得仰面大笑，令左右收了礼物，遂不再担心荆州被袭，把兵力调到襄阳，准备全力对付曹操。

　　吕蒙装病，却在极机密的情况下暗袭荆州。陆逊接任，采用高帽子策略，使关羽的心防松懈下来，让他认为东吴无人，找陆逊这样的人来和关羽对阵，有何忧虑？诸葛亮对陆逊，可能也没有多大认识。这样使荆州在防备松懈的情况下，被吕蒙偷袭成功，造成大祸。

四、关羽败走麦城：一时疏忽便可酿成大祸

　　鲁肃接下周瑜的位置，继任都督后，开始时看不起吕蒙，后来经不起大家的劝说，才和吕蒙长谈。吕蒙提出好几条计策对付关羽，使鲁肃深受触动。鲁肃为了表示敬意，特别拜访了吕蒙的母亲，和吕蒙结成好朋友。

　　吕蒙似乎全心全力以关羽为目标。他不但向鲁肃提计划，还三番两次建议孙权，一定要拿回荆州，好像不灭掉关羽，便永不罢休的样子。反观刘备这边，则一心一意要打通汉水，使荆州和汉中连在一起。关羽擒于禁、杀庞德威震华夏，弄得曹操几乎要迁许都以避其锋，魏、吴不得不联合对付关羽。而诸葛亮的高度警戒，在这种时候竟然没有体现出来，实在是令

人难以想象。至少他应当指派张飞或赵云进驻江陵以资支援,可是居然全无动静。

鲁肃死后,吕蒙接任都督。他密献进袭关羽的计谋,令士兵改穿白衣,伪装客商,赠送财物给江边烽火台的驻守军士,使其相信,得以把船停泊江边。二更时分将烽火台官兵击倒,一声暗号,八十余船精兵尽出,占领紧要关卡。接着长驱直入,径取荆州。他知道与关羽对峙了这么多年,东吴官兵对荆州恨之入骨,攻入城后,很可能会滥杀无辜百姓,或者抢夺财物。因此特别传令军中:如有妄杀一人、妄取民间一物者,必定依照军法严办。

关羽在荆州的防务,实际上十分严密。江边烽火台原为第一道防线,随时可发布前方讯息。但是吴船日夜兼程并进,未曾走漏消息。吴军又扮成客商,瞒过守台人员。守台官兵当夜全部被俘,根本不能有所行动。留守的糜芳,是刘备的小舅子,十分可靠。关羽在襄樊,既然没有得到什么消息,吕蒙便可以放心向北方推进。

问题出在关羽的部将傅士仁身上,他驻守南郡。由于关羽好强,动不动就摆出舍我其谁的架子,对部属也不知尊重,以致傅士仁早已怀恨在心,对关羽的前方补给时常三心二意。关羽扬言回荆州后要对其依法治罪,其内心更加恐惧。荆州有失,傅士仁立即赶来见糜芳,说并非是自己不忠,而是势危力困,不能支持,自己要向东吴投降,也劝糜芳早降。糜芳正在犹豫,关羽又差人来催粮米,并说迟交便要立斩,糜芳大惊。忽报吕蒙引兵杀至城下,两人乃出城投降。孙权大喜,分别加以重赏。

关羽对荆州的情况不明,还时常派人返回城中。吕蒙对这些人都十分厚待,并使他们到眷属家中问候,眷属们也趁机要求问候军中家人。

这样一传十、十传百,军士早已人心归吴,全无斗志。忽然在魏营中传来荆州已失的流言,探马证实,并说糜、傅二人已降。关羽自知中计,孤军无力作战。一面派人往成都求救,一面引兵取荆州。军士潜逃的很多,到麦城时只剩五六百人，且多半带伤。城中无粮，忽报诸葛瑾前来劝降，关羽当然不依。吕蒙献计，令潘璋引精兵五百，埋伏于小路上。先把关羽坐骑绊倒，擒获关羽父子。孙权以礼相待，极力劝降。后以曹操礼遇无效为鉴，斩关羽父子。赤兔马不食草料，随之饿死。吕蒙不久病死，曹操接受关羽首级，也被吓死。这一连串变化，岂是一般人为的能力所能够做得到的？莫非那只看不见的手，在默默翻转？

五、关羽失荆州：当正视一切对手

三国时期，荆州不但辖区广大，包括现代的湖南、湖北两省，还有河南、贵州、广西、广东的部分地域，而且战略地位十分重要。诸葛亮在隆中对策中，提出占据荆州、扎根益州的策略，可见其对荆州的重视程度。

赤壁大战之后，荆州成为孙、刘两家联合对抗曹操的枢纽，由谁来镇守，实在是至关紧要。

诸葛亮把留守荆州的重责大任，交给关羽。关羽满口答应下来："军师放心，大丈夫既领重任，至死方休！"这样的承诺，使诸葛亮十分不以为然。慷慨牺牲的精神，固然值得敬佩，但凡事只想一死了之，实在令人很不放心。所以诸葛亮提出几个问题，试试关羽的反应。关羽是"气凌三军，志轻强虏，怯于小战，勇于大敌"的猛将，却不是"见贤若不及，从谏如流，宽而能刚，勇而多计"的帅才。诸葛亮只好冒昧提出建议，要关羽牢记八字诀，那就是"东和孙权，北拒曹操"。关羽深知责任重大，表示谨记在心。

在武艺方面，关羽应鲁肃的邀约，单刀赴会，完全可以对付东吴的威胁。但是在文略方面，关羽显然较差。孙权派遣诸葛瑾前来求亲，要娶关羽女儿为儿媳妇。关羽若是体会到诸葛亮和孙权的苦心，把它当作一桩政治姻缘，当然应该欣然同意。即使不愿意以女儿幸福作赌注，也应该婉言谢绝，或者托言早已另有婚约。怎么能够拍案而起，怒斥对方为一派胡言呢？说出"虎女岂肯嫁与犬子"的话，而且声明"若非看军师面子，定斩不饶"，惹得孙权勃然大怒，即刻便要起兵攻打荆州。

就算关羽文武双全，也不应该让他镇守荆州太久，以致东吴把他的底细摸透。他刚担任重责时，已经年近半百。转瞬间，十一个年头过去，关羽以花甲之年，始终独掌大权，并没有培养出任何接班人。刘备那边，忙于扩张领域，也未曾派遣年轻力壮的人前来协助。

反观东吴，周瑜死后有鲁肃，紧接着有吕蒙和陆逊，一个接一个，都是虎虎生风。双方一比较，关羽的劣势自然一目了然。偏偏关羽又不服老，对内看不起糜芳、傅士仁等同事，对外不知道陆逊的底细，将之视为无名小将。这正好给陆逊制造了最好的机会，遂派遣使者下书送礼，使关羽更加骄矜自得。由此可见，大意失荆州不过是一句美言，应该修改为"必然失荆州"才更加恰当。

回想当年，诸葛亮预测曹操赤壁兵败必然由华容道逃走，为了消灭关羽的傲气，特别立下军令状，要关羽把守这个最重要的隘口，让关羽惜念旧情而放过曹操。然后定计智取南郡，使赵云立下头功，张飞又取得武陵，激发关羽收服老将军黄忠，为取得荆州添加一员猛将，自是功劳不小。

考虑镇守荆州的人选时，除了张飞一向性急鲁莽，暂不推荐之外，关羽和赵云都是首选的对象。但是关羽是刘备结拜兄弟，分量和关系毕竟比赵云来得厚重。何况站在诸葛亮的立场，留在身边听从召唤，当然以赵云较为方便。另外，万一有什么闪失，关羽也比较担当得起。在种种考虑下，关羽自然责无旁贷。

当关羽接过荆州印信时，接连说了两个"死"字，诸葛亮心中已有不祥的预感。然后关羽又以"分兵拒之"作答,更使他担忧。

打从隆中对策开始,荆州便是刘备所要争取的重要根据地,拥有荆州,将来可配合益州,分东、西两路北伐。诸葛亮对荆州的重视,从亲兄弟诸葛瑾都可以拿来当作演戏的对象,就可以看得出来。但是,负有守护益州主要职责的庞统和法正,前者已死,而后者生病,诸葛亮实在分身乏术。尤其他和鲁肃的关系,彼此理念相同,而且交情深厚,使他过分相信孙、刘联盟的可靠性。鲁肃死后,继任的吕蒙又故意装病,使关羽和诸葛亮都认为这个"吴下阿蒙"不是对手,而疏于防范。至于陆逊,在他们看来年轻不懂事,更不必放在心上。关羽这边既然不告急,诸葛亮当然也就不担心。

关羽拒绝诸葛瑾代表孙权提亲之事,诸葛亮就算知道,也不便多言。糜芳、傅士仁和关羽的心结,诸葛亮大概更是无从知晓。在这种情况下,历代都说是"大意失荆州",暗暗同情刘备这一方,多少有些责备孙权不够君子气度。然而,事实总归是事实。相信诸葛亮的内心十分愧疚,却又不得不谨慎应对,因为下一步会更艰难。他并不是反对伐吴,而是就先后、轻重而言,他认为应该先伐魏再讨伐孙吴。曹丕刚刚废汉献帝,出师讨伐,乃是名正言顺。先报私仇再主张公义,说起来总有一点不够理直气壮。但是刘备听不进去,他又能怎样?

问题是关羽兵败麦城,接着张飞遇害,逼得刘备无路可走。刘备原本对诸葛亮言听计从,但这时候,为了桃园三结义同年同月同日死的誓言,明知不应该如此,也不得不如此。于是,不顾诸葛亮的再三谏阻、诸葛瑾的冒死力劝、赵云的直言劝阻,仍决定出兵攻吴,致使原本是众矢之的、两国共同目标的曹魏,反而能够坐山观虎斗,坐收渔翁之利。

更严重的是,诸葛亮的"北拒曹魏,东和孙权"八字诀既破,可想而知，天下的局势已经倾向于曹魏。匡复汉室，一统天下的可能性，微乎其微。我们说蜀汉的根基因荆州而立，也因荆州而亡，实在并不为过。

从大意失荆州这件事情，我们可以获得下述三个重要的启示，兹分别说明如下，以供参考：

第一，领导者对成败要负起全部的责任，无可推卸。

荆州为吕蒙所偷袭，刘备应该负起最大的责任。以他对关羽和诸葛亮的了解，不可能不知道，关羽武艺高强，却也难敌魏、吴两国的攻击。

这一点诸葛亮在指派关羽镇守荆州时，即已再三叮咛。关羽拒绝孙权的求亲，并且说出那么难听的话，刘备必须主动和诸葛亮商议，不是调动守将，便是增派援军，否则必然出现这样的恶果。刘备之所以不顾一切要为关羽报仇，应该是他的内心，对此事至感愧疚，有以致之。

第二，参谋人员在紧要关头，必须据理力争不放松。

诸葛亮劝谏先伐魏再伐吴，所费的力气，远不如劝刘备就皇帝位那样费劲。两相比较，好像就皇帝位比较重要，以致刘备答应就皇帝位以后，诸葛亮不好意思再加以坚持。如果刘备登上皇帝宝座，诸葛亮立即恳辞丞相的职务，使刘备明白，只有先伐魏才能够增强就帝位的正当性。否则以私废公，把讨伐曹丕摆在一边，怎么能够号召天下呢？他只是叹息地说："法正如果还在，一定能够制止东行。"可见当时他极度忧虑，却无计可施，令人怀疑刘备对他的意见，已经不如早期那么重视了。

第三，下属发觉有问题时，不能隐瞒事实，要及时反映上去。

关羽手臂受伤，又发觉和庞德交手时，已经十分吃力。这时，他心中如果有所警惕，应该赶快派人向刘备和诸葛亮据实相告，以免延误时机。一般人的态度，是小问题不向上级报告，等到事态严重时，才报告上级，那时通常已经来不及了。关羽知道荆州的重要性，遇有任何风吹草动，都必须提高警觉。若是荆州和益州平日就建立互相通报的制度，相信以诸葛亮的机警和刘备的细心，应该不致如此疏忽，造成不可弥补的悔恨！

当然，冥冥之中那只看不见的手，使我们不能不承认，荆州的事件，与整个时代的气运有关。如果不是这样，就算刘备先伐吴后伐魏，也不致如此凄惨。

六、关羽受到后世崇敬：忠义精神的符号需代代传扬

关羽，子云长，是河东解县人。从小便富有正义感，表现出明显的豪侠性情。他生于公元161年，卒于公元219年，享年58岁。

不管桃园三结义是不是确有其事，刘备、关羽、张飞三人，义同手足，誓言要共存亡，史书有明白的叙述。大庭广众之中，常见到关、张二人侍立在刘备两旁，终日不离，表示他们对刘备的忠心、尊敬与礼貌。

许多人看《三国演义》，看到关羽阵亡，便掩卷悲戚，再也看不下去。似乎黄巾当年所呼喊的"苍天已死"，再度在心里响起。三国的希望，全在"忠义"二字。如今代表忠义的关羽，忽然消失，表示忠义不复存在，所有的一切，都已经没有意义。再看下去，又有什么用？干脆不看，心中还好过一些。现代经济挂帅，想起曹操对关羽的礼待，上马金，下马银，三日一小宴，五日一大宴，看到关羽马瘦，立即赠以名马赤兔，一方面羡慕，一方面也想不通，关羽为什么这样不开通？可见每一个时代，都有不一样的风气。不过这样想的人愈多，时代的世道人心愈乱，社会忠义也愈差。幸好历代尊敬关羽的人，一直很多。关羽虽然有很多缺失，但是他的大忠大义，一直活在大家心中，随着时代的演变，给大众以不同的启示。我们可以这样说，尊敬关羽的人愈多，时代的忠义精神愈旺盛。失荆州，缺乏政治智慧，并不致损害关羽的卓越品德。

三国众多人物中，关羽在千年以后，成为地位最崇高的一位。他的封号，由侯、王、帝、圣、天，一路向上跃升。不但融通儒、释、道三教，而且跨越时空，覆盖了中国社会所有阶层和地域。这位历史上最为奇特的神圣偶像，一直到今天，其信徒仍然遍及海内外。关羽的神化，实际上从他死时就有。当时，说他由于英魂不散，来到荆门州当阳县玉泉山，大叫："还我头来！"当时有一老僧，法号普静，问关羽说："颜良、文丑、五关六将等众人之头，又将向谁索呢？"关羽大悟，乃常常在玉泉山显圣护民。乡人就于山顶上建庙，四时致祭。

我国民间对于有功于社会国家的人士，死后常常设祠祭祀。关羽显灵的传说，愈传愈远。所建的庙愈多，信徒也就愈来愈普遍，实际上是民间对于关羽的忠义非常敬仰。而社会上忠义之士，愈来愈少。大家怀念往日的忠孝节义，便借着祭祀关公，来唤醒大众，振兴忠义的精神。关公活在百姓的心中，虽死犹生，才把他当作神明看待。

清军入关以后，看见老百姓祭祀岳飞，心中很不是滋味。因为岳飞当年作战的对象是金人，很容易将金人和满族联系在一起，增加"反清复明"的意识。清世祖皇太极又爱读《三国演义》，对关羽尤为推崇。因此十分巧妙地以提高关羽的地位来逐渐淡化岳飞的影响力。另一方面，则是为了笼络蒙古民族。由于蒙古族人对关羽的崇拜程度，仅次于喇嘛。清朝统治者以三结义的精神，来促进当时蒙古族与藏族的结合，以利于自己的执政。

历代对于关羽的封号，颇有不同。蜀国刚开始所用的称号是"壮缪"。宋朝时谥为"义勇"。清高宗特谥为"忠义"，道光年间加上"仁勇"两字。于是关公集忠义仁勇于一身，逐渐与孔子相提并论，被尊称为"武圣人"。

清代设关帝庙，奉忠义神武关圣帝君神位，规定于每年五月十三日致祭。事实上这一天是关平的生日，他是关羽20岁时所生的儿子。关羽先把自己的家庭安好，娶妻生子，对祖先有所交代，实在是先尽孝再尽忠的典范。通常说忠孝难两全，关羽可以说两边兼顾，十分难得！

西方思想采取神本位，认为人是上帝创造的。神高高在上，可以掌控人类的一切，一句"信我者得永生"，就把信徒的心全抓住了。中华思想则自来以人为本，采取人本位。出于人们的需要，才反过来造出很多神明。而且有各种不同的神明，系统分明。文圣以孔子为首，孟子、曾子、朱子，一路相承。武圣以姜太公为首，孙武、孙膑、张良、关羽，同样前后呼应。后来由于《三国演义》的神化，加上清朝的力捧，关羽的地位才一路高升。

孔夫子自居老二，虽然不反对创新，却主张继旧开新，力求持经达变。关羽在桃园三结义当中，也位居老二。所以文武两大领域，很少有人自称大哥，却大多自称为二哥，实在很有意思。老子倡导不敢为天下先，好像也有这种意味。可惜老二的真正用意和价值，被西方人喜欢当老大哥的气氛给淹没掉，使得老二精神受到很大的扭曲和伤害。这恐怕也是人类必须共同慎思、明辨、用心体会的事情。

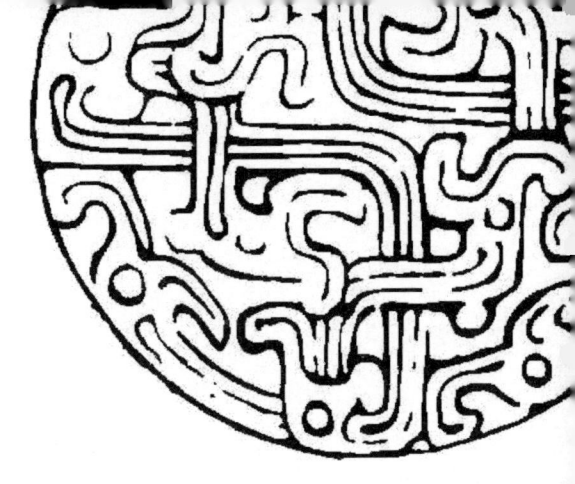

第四部
三国归一统

水镜集团无形无迹，却能够无始无终，永久存在。如果把历朝历代的"水镜集团"串连起来，不难发现虽然各个时代的名称不同，合起来却只有一个，我们把它称为"道"。

道永远存在，像一只看不见的手，在不停地发挥作用。初看起来，似乎道来的时候，就会兴旺、茂盛、顺利、发达，道离去的时候，便会衰败、凋零、坎坷、萎缩。实际上，道无来无往，并不会来，也不会离去，而是人自己有来也有往，近道或远道，都应该自己负责。

关羽近道时，万夫莫敌。庞德要和他决战，不过是各为其主。关羽大怒说："天下英雄，闻吾之名，无不畏服；庞德竖子，何敢藐视吾邪！"便要亲自斩此匹夫，以雪心中恨意。这种骄傲的心态，已经远道。隐秩序自然就安排吕蒙专以关羽为目标，斩杀关羽之后，吕蒙也就不久病故离去，并且借重关羽的逝世，来考验曹操和刘备。

曹操果然经不起考验，看见木匣中关羽的首级，面如平日，还不知警惕，开玩笑说："云长公别来无恙？"结果最后被关羽活活吓死。

刘备同样经不起考验，因私废公，坚持东征，以致延误了北伐的最佳时机。诸葛亮也受到很大的影响，刘备死后，他仿佛变成了另外一个人，煞是奇怪！

同样一个诸葛亮，刘备活着的时候，神气活现，表现得有如神助。

因为这个时期的刘备集团，全力支持他，刘备对他言听计从，加之人才济济，自然能够充分发挥。刘备死后，刘禅刚开始还相当安守本分，不久便宠信宦官，几次刁难诸葛亮，人才又快速凋零，能用的将领愈来愈少。廖化做先锋，可见补充人才已经相当困难。诸葛亮再坚韧不拔，也难有成就。街亭之役，诸葛亮不听众议，也不顾刘备生前的告诫，犯了最大的用人错误，让从来没有领军作战过的马谡去担任主将。于是，隐秩序将世界的重心转移到了曹魏的司马懿父子身上。诸葛亮辛苦栽培的姜维，屡次北伐也都无功而返。蜀汉的希望，已经十分渺茫。

孙权活得很长，由于他缺乏长远眼光，始终没有一统天下的宏大计划，一直扮演着重要配角角色，有时联合刘备抵抗曹操，有时配合曹魏夹攻刘备。公元229年，孙权终于忍不住称帝，国号为"吴"，三国才算正式形成。到280年晋武帝司马炎灭吴统一天下，不过短短五十八个年头，还不到一个甲子。《三国演义》是从公元184年，中原和边境地区黄巾之乱说起，描述三国的形成过程。隐秩序和显秩序互动变化，算起来将近一百年。这百年间，各种大大小小的集团势力，相互拼杀。有如各式各样的气球，在空中互相碰撞。为了抢夺市场，谋士们想出各种千奇百怪的谋略。战将们更是使出浑身解数，把独门武艺施展出来。最不幸的是老百姓，生灵涂炭，呼救无门，痛苦不堪，生不如死。每家公司都喊出顾客至上的口号，却毫无忌惮地做出令人不安的广告。货不真价不实，把顾客当作白老鼠，害死人也不偿命。三国既然都不可能、也不应该统一天下，上天只好另辟途径，出乎大家意料之外的是，司马炎有样学样，从曹家后代的手中，篡下大位。刘禅首先配合，孙皓也来投降。看起来遥遥无期的一统天下，于焉完成。

最难理解的是，为什么选中司马懿父子呢？这一家人，不都是阴险凶狠、权谋欺诈吗？这样的家风，算近道吗？

道有阴阳的变化：当阳气出尽的时候，阴气便布满了；而阴气布满时，阳气一来，很快就把阴气逼走。好比社会上好人死得差不多了，坏人便趾高气扬。这和坏人横行霸道一阵子，新生代的好人才会联合起来反抗，是一样道理。黄巾之乱，逼使东汉王朝改州刺史为州牧，助长了各地方的割据势力。有如总经理加强了各部门经理的职责，却不能有效地加以控制，于是军阀混乱，皇室有名无实。

曹操依天时据有北方区域，孙权占地利雄踞江东地区，刘备则因人和而拥有汉中、荆州和益州。三大集团一大二小，加上水镜集团的天下布局，数十年来，把好的人才全都用光了，也大多报废了。在这种情况下，只有让坏人出头，使其坏到极点，后代的好人才有翻转的机会。

要找坏人，最好的目标是曹魏阵营。

当然，为了这种转折，人们要付出很大的代价。魏晋南北朝三百多年间，篡位的次数，堪称史上第一。当时动乱不安，百姓的痛苦指数也屡创新高。关羽轻视敌人，刘备以私害公，诸葛亮误用人才，都需要受到处罚，何况司马懿父子？司马懿、司马师病死，司马昭被刘禅弄得笑死。司马炎篡位后，统一仅三十余年，先后有八王之乱与五胡乱华的纷扰。一直到公元618年，唐高祖李渊才缔造出盛世近三百年。好人出头或坏人肆虐，实际上都是当代人自作自受所造成的结果。谁叫三国时代，人们不辨是非，盲目地各为其主，把好人全杀光了呢？

第一章
忍辱成就大事的奥秘

　　因为不能忍一时的气愤，终将造成莫大的失败。司马懿和周瑜一样，在数度较量之下，好像诸葛亮都技高一筹。但是，他所采取的应对策略远比周瑜高明。我们可以说周瑜逆着走，而司马懿则顺着来。同样面对诸葛亮，周瑜把他当作敌人，结果被活活气死；司马懿把他看作高人，从他身上学得很多东西，使自己更安全，更持久！

一、张飞死于部下手：领导须有包容心

张飞，字翼德，是刘备同乡，他和关羽、刘备三人，都具有义侠的个性，所以结成密友。但是三人的对人态度，则有很大的差异。刘备年纪稍长，修养的功夫比较深厚，平日少说话，多关怀下属，加上喜怒不形于色，颇得人缘。关羽傲上不傲下，对干部与知识分子，大多敬而远之，畏惧而不友善，所以他得不到他们的真诚合作。张飞敬爱君子，却不懂得体恤下属，动辄对部属施以鞭刑，并且缺乏防备的警觉性。三人各有长处，当然也各有所短。

关羽阵亡，使刘备大为忧伤，一方面是誓必报仇，一方面则是因为荆州十分重要，不赶紧夺回来不行。于是就帝位之后，立即不顾一切劝阻，下令起兵伐吴。张飞听说有人主张先灭魏再伐吴，马上奔回成都，要求伐吴以雪大恨。刘备怕他出事，一再叮咛他情绪要稳定，不能鞭打部下，并严厉警告张飞：此取祸之道也。足见兄弟情深，刘备对张飞的了解，令人佩服。张飞回营后，下令军中限三日内置办白旗白甲，三军戴孝伐吴。范疆和张达以限期将届而准备不及，唯恐被责罚，趁机以短刀刺杀张飞，当

夜割了张飞首级，向东吴投降。

张飞的个性害死了自己。这是那只看不见的手，提示刘备不能为了私仇而坏了公事，更不能性急而乱了大局，可惜刘备不能会意，只是放声大哭，昏厥于地。醒后仍然执迷不悟，公私不分，不接受诸葛亮再三劝阻和赵云好意规劝，坚持要先伐东吴。

一般人想起张飞，对于他那豹头环眼、黑脸络腮胡子、暴躁无常的鲁莽样子，相信印象都十分深刻。尤其是酒醉之后，喜欢毒打士兵，更常使大家为他捏一把冷汗。

实际上，我们从他入川途中，一路军纪严明，体恤士兵，无犯于百姓，可以看出他智勇双全的一面。到了巴郡，遇见守城老将军严颜，誓死不降，愤怒地表示"西川只有断头将军，没有投降将军"时，张飞真的"敬爱君子而不恤小人"，立即改变严厉的态度，走到严颜身后，帮他松绑，二话不说便向严颜躬身下拜，诚恳地要求老将军与他一同辅佐刘皇叔，共立伟大事业。

张飞如果听刘备的警告，不搞什么素服，很可能在东征时助刘备一臂之力，统一天下的远大目标，说不定还有完成的一天。可惜他缺乏包容的修养，部属有错，不能够宽谅，往往在盛怒之下，对部属毫不客气。就算张飞处罚得有理，部属大多也不能服气。对他的恐惧大于尊敬，难免怀恨在心，而想要伺机报复。张飞因这种脾气，已经闯祸多次，每次都幸运过关，这次难逃重要的这一关。上级处理和下属的关系，最好像刘备那样，做到面面俱到，自然容易产生良好的团队精神。关羽敬重贤能，但傲气太重，以致看得上的人不多，因而得罪许多人。一个人可以有傲骨，不吃嗟来食，称为有骨气，够气魄，但是不要有傲气，因为骄者必败，几乎没有例外。张飞不把部属放在眼里，心中存有谅你不敢对我怎样的不屑，这也是部属最难以忍受的。他最后栽在自己部属手中，实在不值得。

二、刘备不顾一切伐吴：感情淹没理智者必败

如果说曹操得天时，孙权占地利，刘备则在人和方面占优。他人缘好，到处受人欢迎，应该当之无愧。他从基层做起，一路向上晋升，对人情世故，非常熟练。他能够赤手空拳，建立蜀汉，完全得力于他的仁义宽厚。

正因为如此，关羽、张飞当年在他最绝望的时候，给予了他最大的鼓舞和支持，并且历尽艰辛，始终不变。他们这知心之交，不是一般君臣、同人、朋友所能相比。所以听到关羽阵亡，刘备立刻把矛头指向东吴。他明知诸葛瑾是孙权特使，也是诸葛亮的兄长，带着两面不讨好的无奈，前来致意，却当面加以怒斥："杀弟的大仇，不共戴天！"可见刘备的内心，真的什么都不要紧，只有为关羽报仇，才是第一。

刘备的最大号召力是以汉室正统自居，一心一意匡复汉室，一统天下！现在曹丕篡位，传闻汉献帝已经亡故。刘备却只知道传承皇帝大位，不以替汉献帝复仇为前提，反而急于私务，为关羽报仇，岂不是因私废公，把私人恩仇看得比公务更重要？诸葛亮所说"北讨汉贼，以伸大义于天下"，和张飞所说"今日为君，早忘了桃园之誓"，两相比较，竟然弃大义而先小义！

曹丕自立为大魏皇帝，对诸葛亮来说，汉朝的寿命已告终止。汉中王到底是汉朝的，还是大魏的，还有争议。为了延续大汉的正统，刘备必须立即继位，承接汉献帝之后，登上皇帝位。刘备则表示这是逆贼的行径，他不能仿效，一再强调自己虽然是汉景帝的玄孙，但并未有德泽以布于民，若是自立为帝，与篡窃有什么不同？

诸葛亮没有办法，只好装病，托病不出。刘备焦急，亲到府中探望，问诸葛亮得的是什么病。诸葛亮答，忧心如焚，命不久矣！说来说去，便是要刘备登皇帝位。刘备拗不过他，说待军师病好之后，行之未迟。诸葛

亮立即从病床上一跃而起，把屏风击倒。外面文武百官，纷纷进入，拜伏于地上，请刘备择日以行大礼。诸葛亮知道刘备急于复仇，又劝他先公后私，先灭魏，再来伐吴。

隐秩序在这个紧要关头，用关羽之死来考验刘备，看他能不能拿捏分寸，做出合理的应对，大汉能不能延续？显秩序能不能更新？这时，世界的重心，已经从诸葛亮身上，转移到这位即将继承皇帝大位的刘备身上。可惜他似乎没有这种警觉性，有些话应该听，却偏偏听不入耳，奈何！

当然，刘备的真正想法，是曹丕刚就帝位，一定忙于内政，在形势不稳的时候，不可能采取军事行动。孙权不论是真降假降，曹丕都不会出兵支援他。如果以孙权偷袭关羽这一事件，来激发大家的愤怒情绪，全力东征，一举攻下东吴，然后再北伐曹魏，公私兼顾，岂不是更加圆满？

如果是这样，刘备的假仁假义，就有了明显的佐证。因为，以关羽的感情来骗取大家的感情，实在不应该。他的情绪管理，一向比张飞良好，现在竟然和张飞一样，被怒气冲昏了头。学士秦宓，对天文地理十分熟悉，向刘备提出时机不合适、恐将失利的看法，惹得刘备大怒要杀他的头。众官求情，刘备才把他关进牢狱。

曹操多方设法笼络刘备，始终没有成功。刘备对曹操并没有感情，因此表现得十分理智。孙权接受诸葛亮的建议，与刘备联盟，等于助刘备一臂之力，使得刘备结束多年的流浪生活，找到荆州这块根据地。他对孙权有一定的感情，以致愿意做他的妹婿，甚至一度差点久居江东，不想回荆州，都是重感情的表现。有这样的感情基础，居然被欺骗、偷袭，对刘备来说，对他的伤害，比曹丕篡位对他的伤害要大。刘备的感情用事，造成了他一生中最大的失败。自作自受，果然谁也挽救不了。

人必须有感情，但是感情不能淹没理智。最好的方式，应该是理智指导感情，使感情发泄得合理，才是我们所乐于见到的"中道"（中是合理，道即途径。中道，便是合理的方式）。刘备重感情，原本是一件好事情，因为人若无情，人缘不可能好，人气不一定通达。但是张飞守下邳时，为吕布所袭，以致城池失陷。刘备当时并未加以处罚，已经看出他处事不够合理的一面。当然，关羽投降曹操，彼此分开了一段时间，虽然情况不明，刘备对他还是毫不怀疑。虽然同样不合理，却由于那时的刘备和今日不可同日而语，大家不可能对他加以指责。

三、刘备东征惨败：凡事当适可而止

化悲愤为力量的意思，是把悲愤的情绪转化成为正义的力量。荆州原本是刘表的地盘，曹操大举南下，引起赤壁之战，刘备才有机会占据荆州的一部分。如果早在刘表去世后，刘备便以堂叔的身份，辅助刘表的大儿子刘琦，仍然表奏刘琦为荆州牧，就不会产生"借"荆州这种悬案，也会少了许多无谓的争执。后来刘备自领益州牧，也应该遵照孙、刘联盟的君子协定，把荆州的一部分归还给孙权。这样孙、刘继续保持友好关系，也不致产生东吴偷袭关羽的悲剧。那样，东西两路北伐的计划，说不定会顺利完成。刘备那时候再和孙权好好商量，也说不定形势比人强，整合孙权的力量，共同匡复汉室，能够达成原先的理想。

现在时过境迁，既然最不想看见的事情，已经发生，再来想这些情况，也没有实质意义。刘备身负重大使命，在这种关键时刻，理应保持高度的冷静，聆听各方面的不同意见，以寻求当前最为合理的决策。即使张飞咆哮公堂，相当情绪化，也应该以领导者和大哥的双重身份，晓以大义，要张飞冷静下来，这说不定可以救张飞一命。在这种情况下，不论先北伐或先东征，由于具有充分的共识，大家精诚团结，万众一心，必然有更大的把握，争取到最后的胜利。可惜刘备凭一时的意气，连诸葛亮、赵云的真心话都听不进去。刚开始可能凭着人多势大，把孙桓困在彝陵，大败朱然于江中，使孙权大受威胁。接着老将黄忠中箭受伤，以75岁高龄，战死沙场。五虎大将已去三人，刘备痛不欲生。孙权趁机把刺杀张飞的范强、张达，以囚车遣回蜀营，向刘备求和说："吕蒙、潘璋、马忠、糜芳、傅士仁等人，是刘备痛恨的对象，现在都已经亡故。只有范、张二人，尚在孙营，特别把他们囚禁遣返。"刘备如果适可而止，双方尚有回旋余地。偏偏他誓必先灭吴，次灭魏，弄得东吴上下同仇敌忾，推出陆逊这位年轻的奇才。刘备听说偷袭荆州，正是出于此人的诡计，更是愤怒，并且和关羽一样，他也轻视陆逊。于是陆逊故技重施，先求和，后派遣刺客，然后纵火烧蜀营，和对付关羽的那一套几乎相同。

刘备识才、育才、用才，都十分高明，但是临阵决敌，就不很擅长。得荆州，是诸葛亮的策略；入川成功，由于庞统的规划。现在他自己在战场上，必须随机应变，然而刘备虽然以老兵自居，军事才能却不如陆逊这位"黄口孺子"，又因为认为自己颇知兵法，以致移营就凉，而惨遭火攻。诸葛亮听到刘备的决定，也觉得"汉朝气数休矣"而无可奈何。这一次重大的失误，使刘备毕生的理想，毁于一旦。但是刘备并没有悔意，这足以证明他的坚决——先东征再北伐，并非起于意气用事，而是意志坚定。

当时三国的人才，似乎快要用尽。刘备也许觉得，这样下去，就算汉室中兴，大概也难以恢复元气，不如在教化方面，立下模范。至于政治方面，留待后人去努力和解决。如果真的是这样，我们也十分佩服，能够在继承帝位、权力欲望高涨的时刻，做出这样的决定，无论如何，就教化的立场，以义为先，应该是做人的不二法则。关羽、张飞如此，刘备当然不应该例外。

四、陆逊忍辱获胜：沉住气才能抓住战机

彝陵之战，双方相持了半年之久。刘备为求速胜，使尽了各种手段。可是，陆逊这位年仅39岁的吴军主帅，始终沉得住气。尽管蜀军一再挑衅，对吴将口出秽言，导致许多将领按捺不住，纷纷要求出击，陆逊还是毫不动摇，不受敌方的侮辱和僚属的激情所影响，展现了高明的忍辱功夫。

陆逊以五万兵力，对抗蜀主刘备亲自领军的来势汹汹的二十万蜀军，一方面兵力悬殊，一方面也声势不同。吴军中的将领，有德高望重的老将，有宗室的贵戚，更有跃跃欲试的新人。他们先对陆逊表示不满，认为害怕到如此地步，实在丢脸。后来发展到各自主张，并不听从主帅的命令。陆逊先以刘备是曹操心目中的英雄非同小可来拖延，被逼到无路可走时，只好拿出孙权的尚方宝剑，才把大家的气焰压制下去，任凭蜀军怎样挑战辱骂，硬是坚持不出战。这样，诱使刘备在万般无奈下，做出了沿江扎营以避暑的兵家大忌。陆逊迅速抓住难得的机会，一把大火将蜀军烧得毫无招架之力。他年纪轻轻，便能培养出这么深的忍辱功夫，实在难能可贵。当时东吴求和不得，求战不能，已经到了存亡的最后关头。孙权举止失措，不知如何是好。幸亏及时起用陆逊，并全力支持，给予他最大的信任，才能够起死回生，把刘备逼入白帝城。陆逊的最大贡献在使东吴延长了寿命，也让曹丕对东吴刮目相看，不敢轻视。陆逊的忍辱功夫，值得我们学习。因为不能忍一时的气愤，终将造成莫大的失败。刘备在这一方面，远不及陆逊来得稳重。

五、刘备一生的贡献：教化才是看不见的那只手

彝陵战败，蜀汉元气大伤。刘备偷鸡不成蚀把米，当然很不甘心。他

在这一次战役中，深深体会到当前的大环境，实际上是善恶清浊、各走极端的结果，尤其是痛定思痛，更容易了解"君子可欺以其方"的道理：关羽和他自己，太过于方正，致使孙权的阴谋诡计，都能得逞。但是，政治的对象，是全体老百姓。社会多元，表示人多意见也多，必须心胸宽广，以大海纳百川的心态，包容、谅解而善加协调，才能合理。

这些年的战争，难免使他有所觉悟：曹操是国贼，一心想要窃国夺权，所以打打杀杀，害死了很多人。自己是皇叔，立志匡复汉室，也免不了打打杀杀，同样害死很多人。孙权仗父兄余荫，依据江险，为了保住江东，伺机侵占荆州，竟然欺骗偷袭，打打杀杀，也害死了很多人。

当前三国首领，各有不同的理想，而打打杀杀，害死很多人，则是完全一样的。政治真的是这样，是不是只有军事统一才是不二的途径？通过教化，能不能更加和平有效呢？在人生的最后关头，要不要采用某种形式，向大家宣示：教化是政治的基础。教化良好，政治才有办法清明。刘备一辈子从事政治，不算成功，趁此战败之际，在教化方面，做出一些贡献，以求不虚此生。

他不回成都，表示政治方面的事务要交出去让大家操心。自己留在白帝城，把它改名为永安，用意在唤醒大家，谋求永安，唯有重视教化。他在兵败势衰的时候，无力大声疾呼，只通过白帝城改名，表达了他对后世的最大心愿。

刘备身为皇族，难免以"心存汉室"为本位思维。他为这个目标奋斗了一辈子，临终才发现朝代的兴衰存亡，并不是人力所能够完全掌握的。他觉悟到人们所说的宿命，原来就是那只看不见的手。而他的体会，则是教化重于一切。教化才是那只看不见的手，左右着历代的更替，也将决定三国的命运。

曹操很早就控制朝政，如果他明白"德本才末"的道理，把自己"治世能臣"的优良才能尽情地表现出来，把那份"乱世奸雄"的丑恶面目，借着自反、自律、自觉的修养功夫而加以改变，刘备说不定在曹操表奏他的军功、引他面见汉献帝、被尊为皇叔时，便和曹操真诚合作，共同辅助汉献帝，恢复大汉的开国精神，重建诚正忠义的政治风气。但是，曹操始终把刘备当作对手，这实际上等于高抬刘备的地位，也提供给刘备很多的机会。可见恩生于害，害生于恩，这在两人的长期互动中，表露无遗。要不是刘备的种种作为，对曹操产生很大的影响，至少曹操是对他有所顾忌，否则，曹操很可能提前废汉献帝，公然篡位。

孙权如果够义气，就应该信守孙、刘联盟的约定，共同以曹操为敌人，打不过关羽，更不应该蒙骗偷袭，简直不义至极。刘备高举复仇的旗帜，居然还打不过陆逊这个年轻人。这才想起英雄出少年，如果不重视品德修养，不讲伦理道德，年老就打不过年轻人，岂不是老境凄惨，人人到头来都十分可怜呢！

刘备一生的经历，至少带给我们三大启示：

第一，一个人有抱负，有品德修养，不一定就能成功。因为当时的大环境对事情的发展有很大的影响力。

刘备天资仁厚，以复兴汉室为己任，立信守义、态度谦和、宽恕包容，都是他的美德。他获得很多人的欢迎和支持，却始终拿曹操和孙权毫无办法。因为同一社会，急于成名的投机分子，不讲究气节的人，大多依附在曹操左右。而江东乡亲，远隔中原，与汉室存亡，并没有太大关系，他们也就拥孙权以建立功业。再说，关羽和张飞过于出色，除了赵云之外，恐怕很多人不敢来共事。大环境造就了不一样的形势，往往非人力所能够改变。

第二，政治是有形的，教化是无形的。有形的未必比无形的重要。

因为教化是本，政治是教化的具体表现。

刘备一生热衷于复兴汉室，到头来才发现空忙一场。其实他这一辈子的使命，不在恢复有形的汉室，而在实施对社会大众的教化。劝曹操杀吕布、不敢接受徐州和荆州、不忍心舍弃百姓而增加作战难度，以及没有采纳庞统席上谋杀刘璋以取益州的建议等，都是很好的示范。他并不因为东征失败，而枉此一生。

第三，美化祖先以教化后代子孙，是中华文化最有效的传承方式。

抑恶扬善，也是一种美德，何况对祖先。

刘备纵然有一些美中不足的地方，我们应该以"人无完人"来包容他。苏东坡说："街头听人说三分，闻刘玄德胜皆喜，闻曹操胜皆怒。"可见中华民族的美德，对品德优良者有所偏爱。喜欢刘备的人愈多，这一代的风气，必然良善。喜欢曹操的人愈多，那就十分危险！

六、司马懿应付诸葛亮的办法：实力不济时忍字为先

曹叡闻知驸马夏侯楙丢失三郡，逃往羌中，蜀军已到祁山，大吃一惊。他赶忙拜曹真为大都督，郭淮为副都督，76岁老将王朗为军师，曹遵为先锋，前来迎战。王朗初遇诸葛亮，两人对话，王朗被诸葛亮气得大叫一声，撞死于马下。曹真料想军中治丧，诸葛亮夜间必来劫寨，乃预先布好兵力，并趁机反劫蜀寨。诸葛亮将计就计，杀得曹军败走十余里，死伤过半。郭淮建议商请西羌人起兵袭蜀之后，以期首尾夹攻。曹真大喜，派人黑夜赴羌求救，并许以和亲。羌人起兵二十五万，号为"铁车兵"，实以骆驼或骡马驾车，直扑西平关。诸葛亮以久居西羌的马岱为向导，并派关兴、张苞前往御敌。大破羌兵后，将所获羌兵及车马器械，全部发还。曹真连日盼

第一章 | 忍辱成就大事的奥秘

望羌人消息，忽报蜀兵拔寨收拾起程，他认为羌兵已经发动攻击，乃分两路追赶。不料，先锋曹遵被埋伏的魏延一刀斩于马下；另一路也为赵云所破，两路都败回魏寨。他只得写奏本向曹叡求援，太傅钟繇奏请司马懿复出。曹叡对前次罢职的处置，也有悔意，赶紧派人到宛城，请司马懿复职，加封其为平西都督。司马懿遂起南阳诸路军，前赴长安。

曹叡知道曹真根本不是诸葛亮的对手，所以屡战屡败。何况罢职司马懿这件事，很容易查出根源是诸葛亮散布流言，才造成严重的误会。现在又赶上紧急时刻，他自然同意钟繇的意见，立刻召司马懿复出，并由曹叡御驾亲征，要司马懿克日前来指挥，以期打败蜀军，击退诸葛亮。紧急时刻，非用人不可，他当然相信司马懿。以后的事情，以后再说。

司马懿令张郃为先锋，戴凌为副将，引十万兵到祁山。他的计策被诸葛亮识破，魏军大败。司马懿赞叹"孔明真神人也"，传命大军尽回本寨，坚守不出。

诸葛亮见司马懿不出，想出一计，传令各处，皆拔寨而起，假装退兵的样子。司马懿说诸葛亮必有大谋，不可轻动。张郃则说他们一定是粮尽而回，为什么不追？司马懿亲自勘察，蜀兵又退三十里下寨。他依然坚持此是诸葛亮诡计，不可追赶。张郃愿领军令状，一定要追。结果又中了诸葛亮的圈套，魏兵死伤很多。司马懿规定今后切勿妄动，违者军法处置。

诸葛亮得病，传令当夜暗暗拔寨，返回汉中养病。诸葛亮走了五天，司马懿才知道，不禁长叹：孔明真神出鬼没，吾不能及也！

司马懿的不怒功夫，可以说是诸葛亮磨炼出来的。当然，他的个性才是根本原因。他原本不想当官，被曹操逼出来任职，却又不重视他。不做不行，要做也不行。在曹操的威势下，他不忍耐，又能够怎么样？曹丕继任，司马懿受到重用。临终时被指定为三位辅政大臣之一，却由于曹叡的猜疑而自请罢官。一个人能经得起这样的起伏浮沉，没有忍耐的个性，哪里承受得了？现在又遇到诸葛亮这位高人，善用各种计策，真真假假，弄得司马懿头昏眼花。他干脆发挥不怒的功夫，任凭诸葛亮怎样挑逗、刺激，不打就是不打。反正诸葛亮远道而来，不能速战速决，于蜀军不利，这是最基本的原则。司马懿既然抓住了这一点，就不会轻易改变。诸葛亮遇着这样的对手，也实在头疼！

七、诸葛亮气死曹真：利用对方矛盾坐收渔利

曹真病愈，劝曹叡伐蜀。于是曹叡以曹真为大司马、征西大都督，司马懿为大将军、征西副都督，引四十万大军来取汉中。这时诸葛亮病好多时，每日操练兵马。心想在这种季节，大雨淋漓，魏军再多也没有用，只派王平和张嶷，先引一千兵士去守陈仓故道。大军安居一月，待魏军退时，再出兵追击。果然不出诸葛亮所料，大雨连降三十日。魏军退时，曹真和司马懿意见不同，司马懿棋高一着，所料想的都成为事实，气得曹真卧病不起。

诸葛亮后出祁山，听说曹真病重，在营中治疗，便写一封信，赞扬司马懿而嘲弄曹真，叫降兵拿回去交给曹真，即放他们回去。曹真在病床上看到信，恨气填胸，当晚就死在营中。司马懿用兵车装载尸体，差人将曹真送到洛阳安葬。诸葛亮趁机找司马懿斗阵法，司马懿排出"混元一气阵"，被诸葛亮识破。继而诸葛亮排出"八卦阵"，司马懿一看便知，却无法破解。

魏军大乱，死伤十之六七。司马懿退至渭滨南岸下寨，下令坚守不出。曹叡用这两人作为正副搭档，原来就不妥当。诸葛亮若是利用两个人之间

的矛盾，激起他们的内斗，岂不是渔翁得利？诸葛亮对此不但了如指掌，而且善于灵活运用。现在他用一封信气死曹真，反而便宜了司马懿。就显秩序来看，我们可以骂司马懿。诸葛亮也打从心里头不喜欢他。然而隐秩序居于平衡的立场，在应该帮忙的时候，会在不知不觉中让司马懿从中获利。

八、司马懿为何比周瑜高明：情绪管理比筹划能力重要

诸葛亮用计一向灵验，计到敌除，单单司马懿父子例外。难怪他感叹地说：谋事在人，成事在天，不可强求也。司马懿算得到诸葛亮的计谋，却打不过诸葛亮，只好坚守不出。

他这种忍耐功夫，使诸葛亮十分无奈。岁月不饶人，一天天过去。面对这种激之无效、攻之不获的人，诸葛亮拿他实在没有办法。他终于想到一计，把一套妇女衣服，装在大盒子里，写一封信，叫人一并送给司马懿。

司马懿当然很生气，但是他的忍耐功夫确实无人可比。他接受下来，好好款待来人，问：孔明忙吗？吃得好吗？来人告以十分忙碌，吃得很少。司马懿转向诸将说：食少事烦，能活得久吗？来人回蜀营，一五一十，都向诸葛亮报告了。诸葛亮十分伤感，自觉神思不宁，诸将因而不敢进兵。魏将们知道这件事情，都很愤怒，认为大国名将，不应该忍受这样的侮辱，纷纷请求出战，以决雌雄。司马懿不得不上书曹叡，请求准予出战。

曹叡这一次表现得和司马懿非常有默契。他想，之前司马懿坚持不战，怎么忽然改变了主意？莫非是因为诸将强烈要求出战，才借用他这一块盾牌，要抵挡诸将的压力？于是他下令不得出战。这时传来东吴的讯息，说原本陆逊上表吴王，要和蜀军前后夹攻曹魏，不料中途奏表为魏兵所获，

因此暂时不采取行动。诸葛亮长叹一声,昏倒于地。气人的人,遇到不生气的人,往往更加气愤,反过来把自己气得半死。诸葛亮的修养很好,想气他并不容易。现在司马懿忍辱功夫比谁都高。诸葛亮气不动他,自己怎么能不生气呢!

周瑜究竟是不是被诸葛亮气死的,我们实在不必加以追究。但是,司马懿情绪管理的功夫,毕竟比周瑜要高明得多。周瑜心中,抱持"既生瑜,何生亮"的怨恨,果然不幸而"心想事成",终于怀恨而死。司马懿一句"诸葛亮真神人也",表示了"吾不如"的自谦。言为心声,同样能够心想事成,顶着敬贤的光环而心安理得。

倘若当初诸葛亮过江,舌战群儒之后,周瑜能够接受鲁肃的建议,抱持共同努力、齐心奋斗的心情,促使孙权和刘备精诚合作,联合抗曹,我们对周瑜的观感,必然大为改变,认为他比司马懿还要高明。因为在那种孙权势力远大于刘备的时刻,能够有这种胸襟和度量,当然更为难能可贵。周瑜一生的结局,也不致那样悲惨,年纪轻轻,便怨叹:"每争必高我一筹,天意乎?人力乎?"紧紧抓住小乔的手,伤心而亡。

司马懿和周瑜一样,在数度较量之下,诸葛亮好像都技高一筹。但是,他所采取的应对策略,远比周瑜高明。我们可以说周瑜是逆着走,而司马懿则是顺着来。是不是由于周瑜的前车之鉴,司马懿才发挥逆向思考,我们不得而知。至少司马懿遭受诸葛亮散布的流言,而削职回乡,到头来对司马懿都有利无害。可见凡事你把它当成好事看,它就是好事;把它当作坏事看,它便成为坏事。果然心想事成,值得大家好好去体会。同样一位诸葛亮,周瑜把他当作敌人,结果被活活气死。司马懿把他看作高人,从他身上学得很多东西,使自己更安全,更持久!

第二章
强势下属与弱势老板相处的奥秘

　　世间事从不同的角度，可以产生不相同的看法。但是两边的道理是一样的，所以说一阴一阳之谓道。我们想事情时，最好正反两面都想一想，才能发现真正的道理。

一、诸葛亮辅佐刘禅：与不高明的领导相处之道

刘禅继位时才 16 岁，从来没有到前线打过仗，也没有参与过什么大事。由此可见，刘备原先并没有称帝的野心，否则不可能不特别加以教导和训练。

父亲样样强，儿子常常自认为不如。刘备临终时又当着大家的面，要刘禅兄弟皆以父事丞相，分明是觉得孩子不懂事，要听诸葛亮的话。就任之后，所有事情都由丞相裁决处理，甚至于指定张飞的女儿当皇后，刘禅也遵照接纳。刘禅和诸葛亮这样高明的人在一起，自然显得样样都不行。

不久，边防来报曹魏调五路大军，来取西川。他赶紧派人找诸葛亮商议，回报却说丞相染病不出。皇太后惊慌，要亲自前往探望。侍郎董允认为还是由刘禅先出面比较合适。于是刘禅亲往相府，见诸葛亮在小池边观鱼。他不敢大意，小心地问，丞相安乐乎？诸葛亮告诉他并不是有闲情逸致在这里看鱼，而是在寻思退兵之计，现在已经有了办法。又说兵法的奥妙，在使人难以猜测，所以不能够泄露于人。刘禅很可能似懂非懂，唯唯

诺诺，不方便插嘴。他就算真的听懂了，又能够说些什么？他先天不足，没有获得实战的磨炼，现在又面对这么高明老到的丞相，除了听从相父的话，多多学习、体会之外，还能够做什么？彼此的配合，在这种情况下，恐怕也只能如此。

诸葛亮不篡位，是他的美德。刘禅不多话，当然也是良好的表现。我们不应该因此而看不起刘禅，何况他在今后的日子里，经由不断学习和历练，总有一些长处值得我们欣赏。不妨拭目以待，暂时不要全盘否定才好。

刘禅的故事提醒我们，父母再忙碌，也应该抽出时间，对孩子好好加以教导。刘备在荆州的时候，生下刘禅，适逢曹操的大军突然杀到新野，一路被追到当阳长坂坡，和妻子失散。幸好赵云单骑救主，才把刘禅救出来。后来孙权听说刘备西征，派人把孙夫人接回东吴。夫人想把刘禅一起带走，诸葛亮使赵云截江夺回。从此刘禅便被安置在安全的舒适环境中，不像孙权那样，从小便追随在父兄身边，接受严格的训练。

或许是刘备半生戎马，到年近半百时，才生下刘禅，晚年得子，难免更加疼爱，而疏于教导。如果是这样，那就更不应该。因为生得少就应该教导得更好，才是为人父母的道理。子不教父之过：养儿子不教，害自己全家；养女儿不教，害别人全家。不论生多少，孩子什么情况，教导都是不应该规避的责任。

有人说诸葛亮是刘禅的太子太傅，也就是家庭教师。诸葛亮生性谨慎，教导子弟又非常认真，以当时的情况实在很难兼顾，应该不是事实。否则刘禅就任后，也不致对诸葛亮如此生疏，居然会问"丞相安乐乎"这样的问题。

知子莫若父，刘备既然知道刘禅不是合适的继承人，为什么不直截了当和诸葛亮商议，另选定一人来继任比较合理？总比当着大家的面，说什么可辅则辅之，否则可自立为王，要妥当得多。这证明一个人的意识经常受到某些说不出来的因素的限制。刘禅的禅，和禅让的禅是同一个字。刘备为什么想不到，既然自己的儿子不够分量，将皇位禅让给合适的人，岂不是更加圆满？相信这么一来，后世再也没有人会嘲笑他是一代枭雄，假仁假义了。

二、诸葛亮治蜀的政绩：竭智尽忠做好自己的工作

　　诸葛亮在成都，事无大小，都亲自秉公处置。西川祥和太平，真正做到夜不闭户，路不拾遗。又逢气候正常，连年农作物丰收，日子过得很好，遇到差役，无不争先办理。因此军需器械、生活物品，俱皆完备，仓库充实而且财务良好，证明丞相的施政实力实在高超。

　　他的基本策略，并未因刘备征东失败而改变，仍然以联吴抗曹为基础，与吴修好。在施政方面，以重法制和得人才为本。有人说诸葛亮是法家，主张严刑峻法。实际上诸葛亮是儒家，以王道的精神来教人为善，通过情理来推动刑法的治理。儒家原本情理法并重，并不能由于诸葛亮重刑法，便把他归入法家。儒家施政，重在养民、爱民、富民、教民，诸葛亮完全是遵照实施。虽然汉室衰微，他仍旧心存汉家。刘备去世，当年他们的共同理想并未有所改变。只是荆州已失，隆中对策所定的东西两路同时北伐、夹攻曹魏的计划，很难实现。单靠益州这一路，必先征服南方，解了后顾之忧，才能使自己全力向前。

　　诸葛亮一本初衷，又受刘备重托，所以竭智尽忠，辅佐刘禅。他在出山前，已经潜修多年，对于政治、社会、教育、军事、经济各方面，都有很好的素养，深知大战之后，休兵养民，才是最要紧的事情。他并不急于

收复失地，只是冷静地安排、化解外来的压力，先把内政修好，充实国力，再做其他的打算。这种实事求是、稳健安妥的方式和态度，值得我们学习。刘备和诸葛亮都十分重视人才，但是刘备比较偏爱武将，诸葛亮则稍偏于文才。诸葛亮和刘备的互补性，恐怕在刘禅身上找不回来。

三、司马懿乞守西凉：为避免上司怀疑可远离权力中心

曹操曾经说过："司马懿鹰视狼顾，不可付以兵权；久必为国家大祸。"但是曹丕好像不知道这一点，竟然把托孤的辅佐责任，交给他和曹真、陈群。司马懿知道继任的皇帝曹叡对他颇有疑心，刚好雍、凉二州缺人把守，他趁机上表，请求驻守西凉等处，并获得恩准。

诸葛亮这边，知道司马懿深明韬略，善晓兵机，并且怀有大志。现在雍、凉训练兵马，将来必为蜀中大患。马谡建议密遣心腹，潜入洛阳，散布司马懿有意造反的谣言，伪造司马懿告示天下的榜文，遍贴各处，使曹叡心疑而杀之。曹叡果然中计，命曹真监国，亲领御林军十万，来捉司马懿。司马懿再三说明，发誓受先帝托孤，绝对不敢有二心，请求给予一旅之师，先破蜀，后伐吴，以表明忠心。曹叡犹豫不决，太尉华歆认为不可付以兵权。曹叡接受建议，将司马懿削职回家，罢休故里。

倘若司马懿真的造反，正式公告宣示之前，必定做好充足的准备。怎么会事先毫无讯息，以致有人揭下告示来奏报曹叡？可是曹叡却轻易相信，显见其思虑不周，经验更是贫乏。司马懿上表，自请往西凉，时机和方式，都令人起疑，所以曹叡才这么容易上当。但是话说回来，这是那只看不见的手在保护司马懿，要他暂时远离权力中心，好好韬光养晦一番，等待适当机会，再出来执行任务。要不然，造反大事岂是发誓保证便能够化解

的？不上表求去，留在曹叡身边，迟早也会出事，不如削职回乡，伺机待命，才是目前最佳的方式。

四、诸葛亮上出师表：委婉谏言防患于未然

刘备战败之后，五年之内诸葛亮全心治理内政，平定南蛮。他准备充足，又逢司马懿被罢职。于是在刘禅主持早朝时，呈上"出师表"，要讨伐曹魏。

他首先说明北伐不是个人的主张，而是先帝的遗志。讨伐曹魏，并非有什么私人恩怨，而是为公的举动。他接着建议刘禅，应该开诚布公，对人对事，都不宜偏私，宫中和府中要一视同仁，不容许不忠不义的小人违法乱纪。然后举荐现有僚属当中，特别忠实可靠的人士，诸如郭攸之、费祎、董允、向宠等人，使刘禅在必要时多向这几位请教。他知道北伐并非短时间能够完成，唯恐刘禅在这段时间内有所偏失，所以才不厌其烦，交代得十分清楚。

诸葛亮27岁起追随刘备，现在已年近半百。这二十一年来，他凡事谨慎，现在一切准备妥当，即将远离成都，希望刘禅亲贤臣、远小人，将讨贼兴汉的任务交付给他，如果没有成效，可以治他的罪。

刘禅恐怕有劳相父神思，诸葛亮则表示，南方已平，无内顾之忧，不在此时讨贼，恢复中原，更待何日？他心中充满了必胜的信心和决心。唯一放心不下的是刘禅。所以他委婉地提出很多谏言，以资防患于未然。

诸葛亮召集诸将，准备向汉中出发。赵云匆匆赶来，说自己虽然年纪老大，也务必参战。诸葛亮再三苦劝，赵云坚持。于是以赵云为先锋，邓芝陪同，又安排李严等守川口以拒东吴，留向宠总督御林军马。在刘禅引文武官员恭送下，诸葛亮亲率大军，取道祁山，进攻曹魏。

五、诸葛亮错用马谡失街亭：实践才是检验智谋的标准

司马懿斩孟达，曹叡大喜，赐其金钺斧一对，以后遇有机密要事，不必奏闻，可先便宜行事。司马懿举张郃为先锋，引军二十万，出关迎战。他料定诸葛亮一向谨慎，不敢走子午谷。这样，街亭就成为诸葛亮必经要地，务必先断其要路，以绝其粮道。蜀军若一月无粮，自然退回。

诸葛亮这边，同样料想司马懿出关，必取街亭，便问谁敢引兵去守，参军马谡立即表示愿往。诸葛亮说，街亭虽小，关系却十分重大，倘街亭有失，吾大军休矣！马谡坚持，诸葛亮还是不依，最后以军中无戏言，要马谡立下军令状，若有闪失，斩杀全家。为安全起见，又指派王平相助，特别提醒王平，这是重任，安好营寨之后，派人画图持回，以便查阅。凡事商议妥当而行，万万不得轻易私自决定。又派高翔屯兵街亭东北的山僻小路，以便及时引兵救援。再指派魏延在街亭之后，以便接应街亭。

二人所见略同，都以街亭为目标。一攻一守，俨然是大战的关键。诸葛亮还是不放心，要赵云、邓芝各引一军出箕谷，以为疑兵，自己则统领大军，兵出斜谷。

马谡在白帝城时，曾经被刘备点名，要诸葛亮特别小心他时常言过其实，千万不可大用。但是其南征时所提的攻心、收心策略，效果很好，诸葛亮十分欣赏。这次用他当参军，经常和他讨论，也很有同感。他觉得刘备每次出征，都喜欢提拔新人，既然马谡如此坚决，也就委以重任。不料他对人的判断，仍然不及刘备，第一次派人独挑大梁，便用错了人。

诸葛亮回到汉中，发现只有赵云这一军，不折一人一骑，盛赞"真将军也"，赠与其黄金五十斤，以示奖赏。赵云请寄库存，要用时再拿，令大家倍觉钦敬！

马谡和王平来见，诸葛亮先唤王平入帐，责骂他不尽劝谏的责任。

王平说明马谡固执己见，坚持不听。诸葛亮叫他出去，再唤马谡入帐。马谡把自己捆绑起来，跪于帐前。诸葛亮说依军法当斩，家小将按月给予禄粮，让他不必挂心。马谡哭着说："丞相视某如子，某以丞相为父。某之死罪，实已难逃，虽死亦无恨！"诸葛亮挥泪，令左右将马谡推出辕门斩首。参军蒋琬，刚好从成都来，高喊"刀下留人"，已来不及。武士献马谡首级于殿下，诸葛亮大哭。说先帝面嘱，马谡言过其实，不可大用，今果尝此言。于是自作表文，请蒋琬申奏刘禅，自贬丞相之职。

诸葛亮自己承认用人不当，所以自请处罚。刘备死后，诸葛亮一直以马谡为知心的参谋，这次失误，对他的打击非常大。按理说胜负乃兵家常事，并不是打败仗便应该杀头。但是他事先再三交代，此事非同小可。马谡犯了重大的过错，还不能将功补过，及时做出一些调整，至少也要以最大的勇气和毅力，将伤亡减到最低。怎么可以临事而惧，致令军士惊慌失措，造成这么惨的溃败？如果马谡战死沙场，诸葛亮还多少有一些交代。现在活着回来，自行缚绑，难道还想活命吗？他不能力战而后败，才是诸葛亮下令斩首的主要原因。然而，自己用错人，至少要给马谡一些同情，所以挥泪，而且承诺照顾他的家小。

王平劝过诸葛亮，不能相信马谡的实力，说他平日说得头头是道，好像足智多谋，一旦亲临战场，很可能手足无措。何况马谡从来没有带过兵，缺乏实际作战经验，实在不适宜担当这等重任。诸葛亮在这种情况下，仍然以马谡守街亭，如果不是那只看不见的手在运作，怎么会这样？

马谡的看法，是在山上屯军。王平的意见，则是在路口下寨。马谡坚持，当即分兵五千，要王平自行下寨，并说，破了魏军，不能在丞相面前分功。司马懿看到马谡如此安寨，感叹诸葛亮用这样的庸才，如何不误事。

王平将分别安寨的图本，派人送给诸葛亮。一看之下，诸葛亮大叫，完了！但是已经来不及了。那边司马懿引两路兵围山，断了供水的道路。

王平战不过张郃，只得退去。而山上无水，士兵无法饮食，寨中大乱。

马谡大怒而斩杀二将，士兵惊恐。司马懿又令人沿山边放火，山上蜀兵愈乱，纷纷逃奔。魏军攻下街亭，蜀军惨败。

马谡失街亭，主要有三个原因，分述如下：

第一，他经常和诸葛亮谈论兵法，有时从白天一直谈到深夜。这让他产生一种错觉，以为自己的兵法比诸葛亮还要高深，至少和诸葛亮不相上下，因而自以为是，不听建议。王平识字不多，马谡根本不将之放在眼里。这是一般人常犯的错误，认为知识水平不高的人，不值得重视，马谡当然很难例外。实际上王平有见识，善于作战，他历来的表现不在黄忠、魏延之下，只是因为他一向朴实，不为大家所注意。诸葛亮以马谡为主将，用他为副将。如果正副对调，说不定结果不会这么惨。

第二，刘备常用上山驻扎的方式，对马谡产生重大的影响。殊不知能不能掌握水源，才是胜败的关键。山上有水源，饮水不成问题，当然可以驻扎在高山上，占尽地利。街亭是西北干旱地区，山上并无水源。

马谡舍水上山，难怪司马懿笑他徒有虚名，实则是庸才。诸葛亮知悉后，也拍案大惊，认为马谡无知，坑陷吾军。这种地形判断的错误，经常发生在只知理论，不能灵活运用的人身上。马谡果然如刘备所言，言过其实，不能大用啊！

第三，面对危难，不能指挥若定。司马懿先命令张郃，引一军挡住王平来路，另外派人断了汲水道路，自己才大驱军马把山四面围定。

马谡在山上，只见魏军漫山遍野，旌旗队伍，甚是严整。马谡挥动红旗，命兵士下山攻击。蜀军尽皆丧胆，不敢下山。马谡怒斩二将，众军惊恐，只得努力下山来冲魏军，无效而退。司马懿又令人沿山放火，蜀兵无水，又不得食。马谡不知如何是好，驱使残兵杀下山去，幸魏延来救，可是街亭却失掉了。

　　祸不单行，诸葛亮这一次北伐，误了救援孟达的大好时机，现在又错用马谡，丢掉街亭。就算他事先再三考虑，安排得十分周到，仍旧因马谡的刚愎自用，却又临危不能镇定，造成不败而自行败溃，这实在是始料不及、却又无法补救的一大憾事。刘备生前，诸葛亮料事如神，看起来生龙活虎，无往不利，为什么刘备死后，诸葛亮好像变成了另外一个人？

　　初次北伐，便发生这等令人伤心的挫败。如果不从隐秩序的角度来考察，实在很难想象。

六、诸葛亮自请降职：失败之后要勇于担责

　　马谡失街亭，同人认为胜负乃兵家常事，马谡罪不至死，请诸葛亮给予他戴罪立功的机会，下次再斩就是。诸葛亮坚持处死，诸葛亮看重的蒋琬求情也没有用。

　　现在诸葛亮自请处罚，刘禅也是同样的想法：胜负乃兵家常事，丞相何必如此？费祎是诸葛亮特别推荐给刘禅的人，诸葛亮希望他多贡献一些忠言。现在费祎任职侍中，则认为丞相应该自行贬降，才能服人。刘禅这才下诏贬诸葛亮为右将军，行丞相事，照旧总督军马。他这样裁定，表示刘禅并非一般人所说是扶不起的阿斗。因为他如果完全拒绝诸葛亮的请求，不予批准，表面上看十分尊重诸葛亮，实际上会使诸葛亮很难做人。大家很可能认为诸葛亮虚伪，口头说说，书面上写写。最后不了了之，大家也无可奈何。他若是立即照准，诸葛亮的面子也会很难看。大家也可能猜疑，他对诸葛亮是表面上尊重，内心则颇为不满，否则为什么不推托一下，让

诸葛亮面子上好看一点呢？他先说不必，给了诸葛亮面子。然后采纳费祎的建议，同样是给诸葛亮面子，因为再怎么说，费祎是诸葛亮所器重的人，不可能是反对诸葛亮、对诸葛亮有成见甚至于希望诸葛亮再被罚得重一些的人。如果换成李严提建议，那就完全不一样了。所以要提建议，也应该多想一想自己和当事人的关系，以免使领导者为难，也使同人多心。用不了多久，刘禅找了一个合适的机会，恢复诸葛亮的职务，更是给诸葛亮很大的面子。费祎和诸葛亮的关系够铁，有资格居中策应，让刘禅和诸葛亮双方面都能够获得合理的表现，他的贡献实在很大，值得表扬！

七、刘禅召诸葛亮回成都：要善待老板身边的小人

诸葛亮打败司马懿，回到祁山时，永安城李严派都尉苟安，解送粮米到军中交割。苟安喜欢饮酒，一路上耽误了不少时间。诸葛亮大怒，说，误了三日，便该处斩！如今误了十天，还有什么话说？便叫推出斩了。长史杨仪说，苟安是李严的部属，杀了他，以后找不到送粮的，怎么办？诸葛亮改口打苟安八十大板，叫他以后务必守时。苟安心中怀恨，连夜逃到魏寨投降。司马懿要他回成都散布流言，说诸葛亮怨上，早晚要自己称帝，并说如果刘禅召回诸葛亮，即保苟安当上将。苟安回成都，见了宦官黄皓。说诸葛亮自倚大功，早晚必将篡国。刘禅于是下诏，宣诸葛亮班师回朝。诸葛亮不得已，用减兵添灶的方式，使司马懿不敢来追，安全退回汉中，不曾折了一人。

刘禅原来对诸葛亮十分放心，受了黄皓百般挑拨，这才下诏。李严自恃是刘备托孤的第二号人物，对诸葛亮并不尊重，致使部属苟安也不在乎时限，延误了运粮。以诸葛亮的威势，要除掉黄皓和李严，显然轻而易举。

但是，真的这么做，他又和曹操有什么两样？对诸葛亮来说，曹操是一面镜子，使他谨慎而且客气。从隐秩序来看，刘禅、黄皓和李严，对诸葛亮都有好处，他们让大家看出诸葛亮不同于曹操。如果没有这些事情，大家又如何证明，权大势大名声也大的诸葛亮，会不会经得起考验，和曹操是不是一样？

世间事从不同的角度，可以产生不同的看法。但是两边的道理是一样的，所以说一阴一阳之谓道。我们想事情时，最好正反两面都想一想，才能发现真正的道理。

八、司马师干预废立：做坏事冥冥中自有报应

姜维和司马昭作战时，曹芳向太常夏侯玄、中书令李丰、光禄大夫张缉三人哭诉，要他们号召忠臣义士讨贼。司马师得知，将三人腰斩于市，灭其三族，召集群臣，列举曹芳的罪状，随即另立曹操之曾孙曹髦为帝。曹芳乘车大哭而去，非宣召不许入朝。不久镇东将军毋丘俭、扬州刺史文钦以废主为名，起兵前来讨伐。司马师亲率大军镇压，结果虽然顺利征服，自己却卧病不起。

司马昭赶来相见，司马师心神恍惚，自料难保，遗言"汝继我为之，大事切不可轻托他人，自取灭族之祸"，大叫一声而死。曹髦封司马昭为大将军录尚书事，掌握所有大权。姜维见机，又兴兵北伐。安西将军邓艾早有准备，蜀军大败。姜维比照诸葛亮当年街亭失败旧例，上表自贬为后将军，仍行大将军事。

东吴这边，丞相孙峻病亡，孙綝辅政，专横霸道，孙亮无可奈何。适逢魏国诸葛诞，因诸葛亮在蜀为相，不能被重用，不得已在魏总摄两淮军

马。见司马昭专权，特来向东吴投降，要求起兵，共同讨伐司马昭。曹髦被司马昭控制，下诏尽起两都之兵二十六万，杀奔淮南而来。诸葛诞兵败，司马昭灭其三族。吴兵大半降魏，司马昭尽放其归东吴，将领不敢回东吴的，都加以重用。

曹操当年如何对待汉室皇帝，司马昭兄弟当然也如法炮制，虐待曹家主子。因果报应来得如此之快。曹操如果地下有知，是悔恨，还是执迷不悟呢？

第三章
诸葛亮保持晚节的奥秘

和之前比较起来,诸葛亮此番少了一份信心,多了一份决心。看来他已经觉悟,他这一辈子的任务,不在一统天下,而在有始有终,绝不动摇。刘备当年要发展起来的时候,多亏曹操不断地做势,让刘备节节上升。现在司马懿将要发展起来,轮到诸葛亮不断做出各种变化,使司马懿磨炼精进。那只看不见的手,不明说,却十分合理。

一、七擒孟获：攻心收心才能一劳永逸

孙权因为害怕蜀汉反攻，派人到南中，散布蜀军失败的消息，并鼓动南中兴兵作乱，以威胁蜀汉。

诸葛亮在刘备死后，当然想过自己的处境和出路。这时候退休，归隐山林，不但说不过去，而且实际上行不通。魏、吴一定会派人来礼聘，如不答应便可能谋害他全家。如果干脆向魏或吴投降，把这个烂摊子甩掉，那当初又何必出山，徒然辛苦这么多年？算来算去，只有硬着头皮，鼓起勇气继续往前走。他可以不出山，像好友崔州平、石广元、孟公威，或者出山之后急流勇退，如徐庶那样。熬到诸葛亮如今的地步，已经是毫无退路了。既然如此，当初的隆中对策，是不是应该修正一下，以便做好准备，重新振作起来，走出一条光明的大道呢？

要北伐，必先安定南中，以免有后顾之忧。这一次蛮王孟获起十万蛮兵，前来侵犯。趁此机会，诸葛亮向刘禅报告当前情况，以及平定南蛮的重要性。然后亲领大军，以关羽的儿子关索为先锋，一路秋毫无犯，向南而行。

诸葛亮深知南蛮离中原十分遥远,民众多不习惯于王道的教化。要收服这些人,必须可刚可柔。马良的弟弟马谡在这次南征的时候,向诸葛亮建议攻心、收心的计策,以免今日破之,明日复反,将来为了南蛮的问题,来往奔波,对北伐一定大有影响。诸葛亮一向认为马谡是可用的人才,听到他说攻心、收心的一劳永逸计策,自然满心喜欢。这一次兴师征伐南蛮,和以往的作战不同,不求速战速决,而求对方心悦诚服。

首先被擒的蛮将是郭焕。诸葛亮以酒食待之,问是何人的部将,回答是高定的。诸葛亮说高定是忠义之士,把他放回。不久,高定果然率众来降。诸葛亮以高定为益州太守,郭焕为牙将。并以当地人吕凯为行军教授,兼向导官。于是诸葛亮提兵大进,深入南蛮荒芜的境地。

蛮王孟获闻知诸葛亮到来,立即召集三洞元帅商议对策,决定分兵三路,以得胜者为洞主。结果两个元帅都被蜀军捕获,另外一个被赵云杀掉。诸葛亮释放两个元帅,料想次日孟获必然亲自引兵前来厮杀。孟获果然大怒,挥军进攻,被魏延活捉,解到大寨。诸葛亮早已杀牛宰马,设宴等待。孟获表示不服,诸葛亮赐了他酒食,给了他鞍马,差人送出寨外,使孟获安然归去。就这样捉了放,放了再捉,孟获使出各种招数,诸葛亮逐一加以破解,总共七次擒得孟获,七次都无条件释放。孟获深受感动,流着眼泪说:"七擒七纵,自古未曾有也。吾虽化外之人,颇知礼义,直如此无羞耻乎?"于是率领兄弟妻子宗党等人,全都跪下谢罪,向诸葛亮保证不再反了。诸葛亮问孟获心服不服,孟获说,子子孙孙都应该感恩,怎么会不服?诸葛亮请孟获上帐,设宴庆贺,令他永为南中之主。

诸葛亮不但归还孟获所有土地,而且不留一兵,不置一吏,彼此相安无事。南中皆感诸葛亮恩德,为他建立生祠,四时享祀,并尊称为"慈父"。终诸葛亮之世,南中没有再反。诸葛亮能够专心北伐,这一次南征采用的攻心、收心策略,做出了重大的贡献。诸葛亮也因此而愈加相信马谡的才能，却不知这种下了来日可怕的祸根。天下事有得必有失，实在防不胜防。

二、诸葛亮不救孟达：智者也有误判

诸葛亮第一次北伐，自出师以来，累获大胜。忽报永安宫守将李严的儿子李丰求见，说是特来报喜。接着说明当时孟达降魏，实在有不得已的苦衷。降魏后，曹丕很赏识他，经常赐予骏马金珠，封其为新城太守，委以镇守西南的重任。曹叡即位后，朝中多人嫉妒孟达。孟达很不安，表示有意起金城、新城、上庸三处军马，径取洛阳。如果诸葛亮配合进攻长安，则两京大定。这时又据报曹叡请司马懿复出，诸葛亮大为吃惊，赶紧修书告知孟达，要他特别提防司马懿。这一耽误，给司马懿制造了大好的机会。

司马懿在家，听说诸葛亮连连得胜，不禁仰天长叹。忽报曹叡特使前来宣召其复职。金城太守申仪的家人又以机密事宜求见，细说孟达有造反之意。司马懿大喜，认为机不可失，一方面急奏曹叡，一方面径往擒拿孟达。途中捉住孟达心腹，搜出诸葛亮来信。司马懿大惊，世间能者所见果然相同。他早一步杀了孟达，诸葛亮还以为不幸被自己言中。其实，这一次是诸葛亮误判而司马懿及时抓住机会，一缓一急，给诸葛亮北伐造成了很大的阻碍。

原先孟达是蜀军将领，当年关羽败走麦城，修书交付廖化，向上庸求救，孟达和刘封，正是上庸地区的守将。刘封是刘备养子，因关羽对他不以为然，而怀恨在心。

孟达眼见东吴兵精将勇，麦城弹丸之地，哪里抵挡得住？何况曹操亲督大军前来，凭自己这些兵力，岂能对付两家的强兵？于是鼓动刘封向廖化诉说一杯之水不能救一车薪火，要廖化回报关羽，静候蜀军来救。

廖化哀求无效，不得已大骂而去。后来刘备知道这件事情，便要派人来擒拿两人。诸葛亮献计先把两人调开，升刘封为绵竹郡守，孟达仍留原地，然后命刘封率兵来擒孟达，于是孟达叛蜀归魏。有这一段不良的记录，诸葛亮对他当然不敢轻信，以致丧失了联合进攻的机会，反使司马懿一举建功。

若是诸葛亮立即回应孟达的建议，至少可以收复孟达的守地，而孟达也不可能这么快就被司马懿消灭。当然，孟达给诸葛亮的回信，写明司马懿复出，往返至少需要一个月，才能有所行动，也让诸葛亮看出他的判断有误，更加不敢支援他。因为司马懿有了孟达叛乱的情报，根本不需要报告曹叡可以马上行动，使孟达措手不及。所以诸葛亮当时就料定，孟达必死于司马懿手中。

不论如何，我们可以推知，那只看不见的手，正悄悄地从诸葛亮身上，转向司马懿。因为分久必合，现在的问题，是怎样的合法？刘备一死，诸葛亮失去依靠。在他的努力之下统一，刘禅承受得了吗？让孙权统一天下，以他那种虚伪、残暴、短视的性格，担当得起吗？算来算去，还是魏来篡汉，再设法以其他方式来统一，比较可行。何况诸葛亮年已半百，要找一个人来顶替他，并不容易。司马懿倒是可用的人才，不妨借用他的势力，来企求转化。我们承认，这种想法不过是事后之明。当时谁也看不出来，就连司马懿本人，恐怕也不例外。这就是无形无迹的隐秩序很难预测的证明。大家都知道未来会变化，但是测不准，所以叫作天机难测。

三、诸葛亮降服姜维：要注重寻找、培养接班人

祁山在现在甘肃礼县，是诸葛亮北伐的主要进军路线，山上有十分坚

固的城池，为兵家必争之地。诸葛亮对魏延一开始就没有好感，要不是刘备劝阻，老早就砍掉了他的头。后来刘备一再提拔魏延，并随同入川。魏延东征时已封为镇北将军，甚得刘备信任。这次追随诸葛亮北伐，向诸葛亮建议取道子午谷，攀缘秦岭，然后直扑长安。诸葛亮却认为并非万全之计，不予采纳。魏延怏怏不乐，幸亏赵云以半百高龄，连斩曹军五将。关兴、张苞建有奇功，魏延趁机骗取安定城。蜀军士气大振，打算攻取天水。

中郎将姜维向天水太守马遵献策，起兵出城，只留文官守城，待赵云来攻，才内外夹攻。此计果然奏效，赵云首尾不能相顾，只好冲开条路，引败兵奔走。姜维赶来，幸好张翼、高翔赶来救援，赵云才得以逃回大寨，向诸葛亮说中了敌人之计。又说，姜维年纪轻轻，功夫了得！当地人告诉诸葛亮：姜维，字伯约，天水人，事母至孝，文武双全、智勇兼备，真当世之英杰也。

诸葛亮自为前部，望天水出发，亲眼看到姜维调度兵马，也叹为将才。吩咐魏延引军虚张声势，诈取姜母所在的冀县，如姜维到来，即放入城。曹军大将夏侯楙是驸马，被王平生擒，诸葛亮命他招安姜维，并且说姜维现在冀县探望母亲，派人来说：但得驸马在，我愿来降！夏侯楙懦弱无谋，表示愿意配合。诸葛亮给予他衣服鞍马，不令人跟随，放之自去。夏侯楙逃离途中，见数人奔走。问之，答以"姜维献了城池，归降孔明。蜀将魏延纵火劫财，因此弃家逃走"。不久又见百姓携儿扶老而来，所说皆同。夏侯楙信以为真，到天水城下叫门。城上兵士认得驸马，慌忙开门迎接入内。夏侯楙与太守细说姜维之事，大家都认为姜维已经投降。当夜蜀兵来攻，火光中可见姜维在城下挺枪勒马，大叫："请夏侯都督答话！"夏侯楙及马遵到了城上，姜维大叫："我为都督而降，都督何背前言？"

夏侯楙惊问什么前言。姜维回答："汝写书信教我降蜀，怎么现在却不承认。我今降蜀，加封为上将，哪里有回魏的道理？"原来城下的姜维，是诸葛亮找形貌相似的兵士伪装成的姜维，在火光中不容易辨识，这才以假乱真。真的姜维夺得蜀军粮草，正要入城，被张翼和王平两下夹攻。姜维杀出一条生路，来到天水城门。太守令士兵乱箭射下，姜维飞奔冀城，又是一阵乱箭射来。两地皆说，反国之贼，既已降蜀，又来干什么？姜维不能辩解，仰天大叹，两眼泪流，拨马望长安而走。途中被关兴截住去路，诸葛亮乘车由山坡中转出，问他此时为什么还不投降。姜维想了许久，前有诸葛亮，后有关兴，根本没有退路，只好投降。诸葛亮慌忙下车而迎，执着姜维的手说："吾自出茅庐以来，遍求贤者，欲传授平生之学，恨未得其人。今天遇到你，吾愿足矣！"少年慎择师，老年慎择徒，诸葛亮说的是真心话。姜维大喜拜谢，共商取天水、上邽的计策。于是天水、上邽、冀城三地，悉归蜀汉。远近州郡，也都望风归降。诸葛亮整顿军马，尽提汉中之兵，前出祁山。这一次北伐，获得姜维这一员大将，确实是最大的收获。诸葛亮自知年纪逐渐老大，急需培养接班人，得到姜维，当然是"吾愿足矣"。

四、诸葛亮痛惜赵云病故：老实人并不会吃亏

赵云比诸葛亮年龄稍长，但没相差几岁。他和诸葛亮一样，都是二十几岁开始便追随刘备。在早期的同人中，诸葛亮和赵云年纪相近，彼此相处得十分融洽。在诸葛亮心中，他是最可靠的伙伴，凡有重大或紧急事务，都会重用赵云。这一次北伐，诸葛亮点将，却遗漏了赵云。赵云十分生气，厉声说自己虽然年事已高，仍愿为前部先锋。诸葛亮说五虎将已折损三人，不久前马超刚刚病故，只剩赵云一个，实在不能让他再出差错。赵云依然坚持，也打了一场难看中唯一好看的胜仗。想不到过了没多久，赵云就病

重而死。诸葛亮跌足而哭，说子龙病故，国家损一栋梁，他也等于去掉一只胳膊。大家听了，也都挥泪不止。刘禅放声大哭，回忆当年，若非赵云单骑救主，他早就死于乱军之中了。下诏追赠大将军，谥顺平侯，葬于成都锦屏山之东，建立庙堂，并四时享祭。

诸葛亮想到当年大家同样年轻，生龙活虎一般。赵云自称老迈，回头看自己，也垂垂老矣！赵云这一死，是不是表示自己来日不多了呢？何况南征时把蛮兵烧得够惨，乌戈国人几乎灭族，他自己也感叹大损阴德。虽然有功于国家，但必然减少自己的寿命！这次北伐，由于用错了人，弄得大家紧张、劳累、焦急，甚至于伤亡累累。赵云就是退军有方，也是大伤元气，所以回来不久，便重病亡故。诸葛亮深觉罪孽深重，所以忍不住大哭，一方面哭赵云，一方面也哭自己。今后这一条路，老战友愈来愈少，要怎样走下去？

赵云，字子龙，常山人。黄巾之乱时聚集乡里勇士，协助当地的军阀公孙瓒。刘备和公孙瓒都是名师卢植的弟子，徐州牧陶谦商请刘备救援时，公孙瓒借给他两千马步兵，刘备还指名借用赵子龙一起出征。

陶谦让徐州，刘备坚持不接受。留驻小沛时，赵云因兄长亡故，请假回乡奔丧。刘备和他执手告别，流泪不舍。赵云十分感动，向刘备保证一定回来追随。

刘、关、张三人失散，在古城会合。赵云也来相投，说公孙瓒不听人言，以致兵败自焚。袁绍屡次相招，赵云看他也不是会用人的人，所以并未前往，从此终生追随刘备，功劳不在关、张之下。新野兵败，赵云单骑救阿斗；孙夫人要带阿斗回江东，也是赵云截江救主。他对刘家的贡献，实在很大。攻打汉中时，他与黄忠的表现令刘备赞叹说：子龙一身都是胆也！刘备死后，更追随诸葛亮北伐，全师而退，没有丝毫伤亡。但是，他所获得的奖赏，远不如关羽和张飞。刘备称帝时，封张飞为西乡侯、黄忠为关内侯。赵云一直到死后，才由刘禅追谥为顺平侯。这当中的差距，实在令人难以想象。

赵云只有忠心而没有私心，智勇兼备，可能是他几番敢于直言，伤了刘备的面子，才受到这样不公平的待遇。当然，以刘、关、张的关系，加上关羽和张飞的脾气，使刘备不敢重赏和加封赵云，也是一个原因。

他的一生，至少带给我们三大启示，分述如下：

第一，上天疼爱老实人，老实人最后一定不会吃亏。

我们常觉得老实人吃亏，赵云是一个特别显著的案例。大家都知道他好，却由于他老实而对他不公平，这样合理吗？其实，从隐秩序的角度来看，是合理的，因为某人不吃亏或不愿意吃亏，怎么能够证明此人老实呢？赵云的高明在于善择明主。但是，刘备有了关羽、张飞，他如果不老实，不能委曲求全，哪里容得下他？他生前不封侯，死后追谥，又有什么不同？上天经过严苛的考验，确定其为老实人，必然给予他公平的待遇，我们要看长远一些才好。

第二，老实人也要学习沟通技巧，不能过分直言。

赵云的直言性格，成为诸葛亮和刘备的工具，对他十分不利。诸葛亮先安排他和刘备一起过江，成亲后刘备把荆州忘得一干二净，不想回家。

赵云一番直话，让刘备心中着实不痛快。刘备入川，孙夫人在荆州，刘备把赵云留下来，便是看准他能够直言对付孙夫人。老实人吃亏，看起来自己也有相当责任。多学习一些沟通技巧，应该可以少吃一点亏。过分直言，便是心中不敬，必须避免。

第三，公道自在人心，后世会给老实人高度的评价。

后世的人，读历史，看演义，对各种人物，自然有所评价。对于赵云，几乎都是异口同声加以称赞。看到曹操接受徐庶的建议，要生擒赵云，因而下令军中不得乱放箭，才使赵云顺利逃脱，觉得大快人心，对徐庶的人在曹营心在汉，同样钦敬。对赵云承受不公平待遇，都认为他与刘备关系不够亲近，固然未可厚非，却也有些愤愤不平，为他抱屈。有了这样的反应，我们还能责怪上天不公平吗？老实人不吃亏，我们应该有信心才对。

五、诸葛亮再上出师表：为达到目标当竭尽全力

第一次北伐，诸葛亮痛失街亭，虽然得姜维，内心仍然十分自责。赵云死后，更使他觉得再这样下去，实力只会愈来愈弱，因为人才培育不易，而折损太快。何况有人认为北伐既然这么困难，不应该轻动。所以诸葛亮再度上表，明白宣示自己的决心和实际上的需要。

他首先以"汉贼不两立，王业不偏安"为宗旨，说明北伐的正当性，接着提出六大疑点，来反驳偏安的可能性。因为蜀、魏交界都是山地，充满了大大小小的路径，如果采取防御的策略，兵力必须大幅度分散，这样，不但防不胜防，而且互相救援也十分困难。敌人随时可以集中兵力，攻击某一据点，即能突破防线。唯有以攻为守，不断采取主动出击的策略，使敌人疲于奔命，才是最有利的方式。同时，使反战派同人，知所警惕，不要以为刘备亡故，原先的理想便可以丢在脑后。

最后说明天下事很难料，变化莫测，唯有"鞠躬尽瘁，死而后已"，坚持以身殉国，希望大家多多支持。

和上一次的出师表比较起来，少了一份信心，多了一份决心。看来他已经觉悟，他这一辈子的任务，不在一统天下，而在有始有终，绝不动摇。刘备当年要发展起来的时候，多亏曹操不断地做势，让刘备节节上升。

现在司马懿将要发展起来，轮到诸葛亮不断做出各种变化，使司马懿

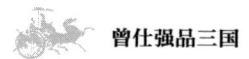

磨炼精进。那只看不见的手,不明说,却十分合理。

刘禅甚喜,令诸葛亮出师,起三十万精兵。这时,诸葛亮即使不喜欢魏延也没有办法,只能以他总督前部先锋,径奔陈仓道口。

六、诸葛亮病故:为公不为私得世人敬仰

司马懿打不过诸葛亮,利用诸葛亮远来、粮食难以支援的弱点,采取坚守不出的原则,使诸葛亮大伤脑筋。负责军粮的李严,由于军粮不济,怕诸葛亮见责,推说东吴即将联魏来攻,诸葛亮回成都,查明实情,要将他斩首。姑念他是刘备托孤的重臣,所以将其革职回乡,成为一般百姓。然而长期作战,粮食的运送毕竟十分困难,因此制作木牛流马,以节省人力,方便粮食的运输。

创造木牛流马很不容易,仿造却十分快速。司马懿命兵士抢夺几匹回营,照样仿制,也拿来运送粮米。诸葛亮吩咐王平引两千兵士,扮成魏人,混入魏军的运粮队伍,将护粮的军士杀散,夺回木牛流马。待魏军赶来,便将木牛流马口内的舌头扭转,牛马都不能走动,魏军牵不动也带不走。又唤张嶷引五百军士,扮成鬼头兽身,于魏军惊慌失措时,放起烟火,一齐拥出驱牛马而行,魏军必疑为神鬼。结果不出诸葛亮所料,借此夺取了很多魏军粮草。司马懿损兵又丢粮,被困在上方谷。

制作木牛流马,引诱魏军来抢,等待魏军仿制后再连牛马带粮食一并抢回来。这种计策,现代用得十分熟练。先创造一批新产品,引诱他人仿冒,然后告官,索取高价赔偿。发明某些东西,登记好知识产权,等待有人盗用,立即依法申告。诸葛亮和司马懿,正在做最后的竞赛。谁活得久,谁所代表的国家就会获得最后的胜利。诸葛亮为什么这样急于北伐?很可

能有感于自己的年岁不轻,而体力日衰,才不停地变花样,求突破。

刘禅向诸葛亮道歉,说自己误信宦官之言,一时召回丞相,十分后悔。有了这些证据,诸葛亮将妄奏的宦官杀掉,他不就成了曹操了?凡事处理得合乎时机,大家都没有话说。苟安逃往魏国,一时无法捉他。诸葛亮复到汉中,仍令李严负责粮草。杨仪建议分兵两班,以三个月为期,两班轮流出击,以减少疲乏。诸葛亮大喜,先带一班出征。司马懿因曹真已死,向曹叡保证愿尽一己之力,剿除寇贼,请张郃为先锋。料定诸葛亮必将割陇西小麦,以资军粮,乃派张郃结营守祁山,自己引大军望陇西而去。诸葛亮当然要割取小麦,却已料定司马懿会来阻挡。因此装神弄鬼,要姜维准备三四个诸葛亮的塑像,装在车上,好像真的一样。司马懿看见诸葛亮,追赶了好久,才发现有好几个诸葛亮,以为是神兵,赶快又躲起来。

诸葛亮割了小麦,忽报东吴有意联魏来犯,赶紧分兵两路,徐徐退兵。张郃见司马懿按兵不动,自告奋勇要去追杀。司马懿指挥他这样、那样,结果中了诸葛亮的埋伏。被魏延逼得走投无路,万箭齐发,被射死在木门道中。

司马懿悲伤不已,仰天感叹:张郃之死,吾之过也!论武艺,魏延根本不是他的对手;论作战,他也不在司马懿之下。但是,天色昏黑,山上火光冲天,两边皆是峭壁,插翅难飞,却又进退无路。诸葛亮原本是用来对付司马懿的,却误射了张郃,这难道也是天意?张郃不死,司马懿要抓权,势必多一个阻碍。他不能杀死张郃,却有意无意让张郃代替他送死,是不是有点奇怪?

诸葛亮自知劳累过度,体力日衰。昏倒加上吐血,都是命在旦夕的征兆。他想利用人生最后的时间做出最有利的冲刺,以不虚此生。他终于想出一计,想以他的死亡,来激发魏、蜀双方的行动。对外,他希望司马懿知道他的情况，出来攻他，为他制造反击的作战机会；对内，看看诸将的反应，以便预先做好万全的准备，为蜀国安危做出最后的贡献。在当时，科学并不发达，以神道设教是通用的方式，可以向上天要求延长寿命。他安装本命灯一盏，说七日内不灭表示上天同意，若灭，那他就非死不可。姜维十分小心，一切谨慎，除了请教诸葛亮一些重大问题外，专心照顾本命灯。一直到第六天，都没有问题。不料魏延闻知魏军来攻，飞步入内，要报告诸葛亮，一下子把本命灯扑灭。姜维怒极，拔剑要杀魏延。诸葛亮说：死生有命！魏延伏地请罪，诸葛亮吐血卧倒在床上。

有生必有死，像诸葛亮这样的高人，当然能够预知自己的死期。但是能够像他这样，把最后的日子，做最有价值的运用的人，则是少之又少。他一方面派人禀告刘禅，一方面做好退兵的各种准备。完全负责到底，是他一生处事的原则，到临死前仍然坚持。姜维得到他的秘传，成为诸葛亮死后的传人。诸葛亮对魏延，一直存有戒心，要不是需要用魏延，早已把他斩杀，现在利用他扑灭本命灯、引起众怒的机会，吩咐杨仪，在出其不意的情况中，把魏延刺杀。诸葛亮的后事安排，完全是为公不为私，令人敬佩。

刘禅听说诸葛亮病危，大为吃惊，急命尚书李福连夜到军中问安，兼询后事。诸葛亮说，一切旧制，不可改变；所用的人，也不宜轻废；兵法都传授给姜维，由他领军；丞相一职，可由蒋琬继任；蒋琬之后，可交给费祎。再问后继者时，诸葛亮不回答，已经仙逝了。

司马懿听说诸葛亮死了，还怀疑是诈死，要诱他出战。后来确实证明诸葛亮已死，他这才松一口气说：我等皆高枕无忧矣！班师回朝，一路上看见诸葛亮安营下寨的处所，无不整齐有序，大叹：此天下奇才也！

孙权对蜀国来使说：闻丞相归天，每日流涕，文武百官尽皆挂孝。是真是假，恐怕只有老天知道。

然而，三国都暂不动兵，则是共同一致的措施。

被贬为平民的李严，原来寄望有一天诸葛亮会再给他机会，让他自补前过。闻诸葛亮已死，知道无人再敢用自己，竟大哭而死。校尉廖立一向认为以自己的才学和名望，应该为诸葛亮副手，由于一直未被重用，而怏怏不乐。闻知诸葛亮死亡，也大哭自己从此以后永无希望了。

刘禅得知丞相亡故，大哭：天丧我也！

杨仪、姜维排列阵势，缓缓退入栈阁道口，然后更衣背丧，扬幡举哀。蜀军皆撞跌而哭，甚至有哭死的。

一个人最大的成就是永远活在大家的心中。诸葛亮平日虽然严厉，却十分关怀大家。乡民奔告，蜀兵退入谷中时，哀声震地。大家对诸葛亮的不舍和怀念，可以证明人人心中都有诸葛亮的身影，他并未因死亡而消失！

七、省诸葛亮一生：警惕示好之人

我们说过，许多人看《三国演义》，看到关羽去世，便不忍，也不想再看下去。因为忠义既死，百念俱灰了。同样有许多人，看到诸葛亮鞠躬尽瘁，死在边境，也不忍更不想再看下去。他这一颗照亮社会公义的明灯，忽然熄灭，世界一片黑暗，社会更无希望，令人叹息！

诸葛亮一生，给我们的重大启示如下：

第一，当人家特别对我们示好时，要提高警觉，有时候是要用命来回报的。愈对我们好，愈需要小心回应。

诸葛亮27岁时，刘备三顾茅庐，一共拜访了他三次。诸葛亮死时，才

54岁。正当壮年，本不应该这样早死。但他长年奔波，久经劳累，才积劳成疾，可以说是提前死亡。诸葛亮总共为刘备拼命，达二十七年之久。三顾茅庐，对刘备而言，太划算了；对诸葛亮来说，则是太辛苦了。

第二，既然答应人家，就应该全力以赴，绝不能半途而废，更不应该只是说"尽力而为"，做到什么地步都无所谓。诸葛亮可以答应刘备出山，也可以谢绝他的好意。决定权在诸葛亮自己，结果他必须自己承受。他经过三次考验，认为值得一试。既然答应下来，就义无反顾，把家中的事务安排妥当，便全心全意，为组织而尽心尽力。遇到事情，总是全力以赴，不保留、观望、马虎。对于既定的目标，永不放弃。刘备死后，仍然一本初衷，坦然以鞠躬尽瘁、死而后已来面对，也说到做到。

第三，就算是主角，也有更换的一天，人不可能永远当主角，要顺应天命。不应该怨天尤人，不要强求。

诸葛亮出山，一开始就名闻天下，惊动世界。因为他是当时的主角，凡是和他不相上下的人，如周瑜、郭嘉，只要和他站在敌对的阵营，都早死了。现在主角换人，变成司马懿，他也不得不提前归天。死生有命，果如诸葛亮自己所言。但求心安理得，不必怨天尤人，更无法强求。

第四，一个人最怕晚节不保，年老时找理由，对自己年轻时的作为全盘否定。如果慎始，更应该注意善终。

诸葛亮在刘备死后，很可能已经明白，要一统天下，恢复汉室，实际上已不可能。但他既不能退休，也不能投降或者篡位，唯一的办法就是硬着头皮，一路走下去。这样明知不可为而为之的精神，是善终的最佳原则。在盖棺定论之前，不要为自己留下任何污点，至关重要。尽管有一些欠妥的地方，还不致败坏他的名声。

第五，自己是好人，也应该包容坏人。因为把现有的坏人赶尽杀绝，还是会出现另一批新的坏人，照样捣蛋。

李严、黄皓为非作歹，诸葛亮早就知道。魏延、杨仪也都是有才无德的人，诸葛亮当然也很明白。然而，有好人就有坏人，否则怎么知道谁是好人？人一上百，便形形色色，各种人都有。地位愈高，就应该愈宽宏。

若是一味疾恶如仇，看见坏人便想把他杀掉。恐怕不是好的领导人。诸葛亮重法纪，明赏罚，但是该容人时，还是得容人，不到最后关头，绝不轻易杀人。诸葛亮欣赏有才有德的君子，也能够适度包容有才无德的小人。并非没有原则，而是亟须用人呀！

八、姜维步诸葛亮之后尘：知遇之恩当倾力相报

诸葛亮由于刘备的知遇之恩，鞠躬尽瘁，死而后已。姜维同样感激诸葛亮的知遇之恩，一有机会，便兴兵北伐。但是他们的机会和遭遇，实在是相差太多，无从比较。诸葛亮生前，刘禅尚能全力配合。姜维北伐时，刘禅听信宦官黄皓谗言，能作战的将领，已凋零殆尽。蜀中无大将，廖化做先锋，即为当时的困境。在蜀军著名将相中，姜维又是唯一没有见过刘备的人。他和诸葛亮一样，都是27岁时提任为蜀汉总策划人，五十多岁时，大叫"吾计不成，乃天命也"，自刎而死，比诸葛亮更加壮烈！

姜维先后北伐九次，他的毅力，可与诸葛亮相媲美。最后由于邓艾冒险裹毡堕崖攻下成都，完全出于意外。姜维不得已用诈降的手段，希望借由钟会的反叛，争取蜀汉危而复合的一线机会，虽然功败垂成，姜维却以自己一命，把征伐蜀国的两名魏将邓艾和钟会俱皆毁灭。想来虽然计谋未成，姜维也能含笑九泉之下了。

诸葛亮是时代的焦点，姜维并不是。这种大环境，促使两人的际遇不同，成果也不一样。诸葛亮赞美姜维的话，诚恳而实在。姜维也秉持诸葛

亮的教训，把汉中当作益州的门户。后来和邓艾争夺陇西通路，缩短汉中的防线。不料阳平关守将蒋舒投降，使钟会得以长驱直入。大家认为他擅自改变诸葛亮的以攻为守的策略，转以攻击为主，这才导致蜀汉的败亡，未免过分。但他胆大心细而多计，在无可奈何之中，仍然奋斗不懈，实在值得我们敬佩。他自奉俭约，心地光明，足与后世岳飞相媲美。

第四章
博弈中选择因势利导策略的奥秘

  若是刘备接受诸葛亮的意见,先伐魏再东征;或者曹丕接受刘晔的建议,趁刘备伐吴之际,出兵攻打孙权:这两种情况,只要任择其一,三国的结局都会不一样,而一统天下的任务,都很可能提前完成。

一、刘备自立为帝：进退之间须算分明

曹丕自立为大魏皇帝，我们骂他篡位。刘备在闻知关羽阵亡、诸葛亮病笃之际，也自立为帝。这两者之间，究竟有什么不同，值得大家这么慎重地用心计较？

曹操若是不喜欢汉朝的体制，大可以名正言顺地宣告革命。只要不像黄巾军那样，被大家围剿而败亡，也可以创造新的局面，以大魏为国号，谁也不会骂他为汉贼。因为成者为王、败者为寇，是大家能够接受的标准。他奉汉献帝，却又杀皇后，曹丕接着篡位，证明其果然是汉贼。可见公道自在人心，大多数人心中有数，很难欺骗。

刘备一开始，便以匡复汉室为志，又被汉献帝认为皇叔，证明为一家人。汉献帝的位置不保，又传言已被杀害。关羽失荆州，诸葛亮病笃。汉朝的命运，自然集中在他一个人身上。他再不自立为帝，如何延伸正统？

何况诸葛亮病笃，不过是一种策略性托词，用以彰显即帝位、延汉祚的紧急性和重要性。刘备当然也要再三谦让，才祭告天神，正式即帝位，封刘禅为太子。

同样再三谦让,有真也有假。然而不论真假,都需要礼让一番,才合乎道理。篡位和革命,看起来很相像,性质却大不相同。刘备仍为大汉王朝的一分子,并没有挟天子以令诸侯,更不可能被骂为国贼,或者名为汉相实为汉贼,只是相当于帝位的传承,传到这位皇叔身上。所以诸葛亮说名正言顺,而且不宜拖延。因为此时魏取代汉,如果没有人接任汉皇帝,岂不等于承认汉朝灭亡?既然如此,刘备自立为帝,就是继位而非篡位,应该十分清楚。

二、孙权假意降魏:没有大格局就没有大成就

孙权继承父兄基业,却没有远大的眼光。他所想的,不过是保住江东,把荆州吞并进来,至于一统天下,恐怕想都不敢想。赤壁之役,若非诸葛亮和周瑜联合在一起,孙权可能早已向曹操投降。但是孙权对与刘备联盟,并没有多大诚意,几次为了小利,不惜破坏联盟,杀了关羽以后,才知道兹事体大,刘备必然御驾亲征,大军压境。张飞原本勇猛,再加上悲愤的力量,这次伐吴战役,必然发挥很大的作用。

孙权一向擅长用计谋,赶紧派遣间谍,在大战前夕,刺杀张飞,以为把这位威名仅次于关羽的大将除掉,便可以免于灾祸。他大概没有料到,曹操之所以终生不敢篡位,对刘备的顾虑,应该也是重要的因素。换句话说,曹操所害怕的,其实是关、张二将。如今孙权竟然想替曹魏除去这两员大将,如果曹丕趁刘备伐吴之际,来攻孙权,东吴还保得住吗?

诸葛瑾再度求见刘备,表示孙权愿送归夫人,缚还降将,并将荆州交还,企求永结盟好,共灭曹丕。刘备正在气头上,根本听不进去。诸葛瑾又将袭荆州、杀关羽的责任,完全推在吕蒙身上,说什么孙权事先毫不知

情，事后十分后悔。刘备仍然坚持，说"不看丞相的面子，先斩你的头"。诸葛瑾灰头土脸，返回江东。

孙权无奈，派使者向曹丕投降。曹丕的意思是他既不助吴，也不助蜀。让孙、刘交战，等待两国拼得剩一国，那时候才出兵除之。于是乃决定册封孙权为吴王，并不派兵接应。曹丕的智慧和见识，当然不及曹操。若是接受大夫刘晔的建议：当刘备进攻东吴时，起兵讨吴，孙权要向刘备求和，刘备必然不肯，内外夹攻，东吴必亡，接着攻打刘备，对曹魏来说，正是最好的时机。

孙权向曹丕投降，实际上是假的。他知道如果魏、蜀两面夹攻，东吴必然无法抵抗。诸葛瑾求和不成，只好向曹丕投降，能够获得兵力支援，当然最好。至少先安住曹丕的心，不致内外夹攻，使他可以专心和刘备对抗。

曹丕嘴巴上说得很动听，暗自却想孙权既然来降，这时候打他，对其他想降的人，会造成心理上的障碍，不如先接受孙权的投降，以后再打他。果然不错，当东吴转败为胜时，曹丕假借助战的名义，三路出兵，要暗袭东吴。但是时机不对，派兵也未得到好处，东吴正锐气百倍，曹丕只得大败而回。

这一拉一扯，又使一统天下的时间，拖延了很久。若是刘备接受诸葛亮的意见，先伐魏再东征；或者曹丕接受刘晔的建议，趁刘备伐吴之际，出兵攻打孙权：这两种情况，只要任择其一，三国的结局都会不一样，而一统天下的任务，却很可能提前完成。天命原来归于刘备，可惜他违反了"私人恩怨，不应该耽误公事"的规律，使他不能如愿以偿。

曹丕若能天命所归，曹操早就一统天下了。孙权出尔反尔，孙策临终时，已经明白指出"举江东之众，决机于两阵之间，与天下争衡"，孙权没有做到。一统天下与孙家无缘，似乎也是天定。这只看不见的手，由关羽

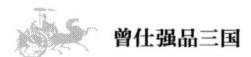

而诸葛亮，再由诸葛亮而刘备。如今真是不知要转向何方。天意难测，其实是上天也有说不出来的苦衷！

三、陆逊撤兵言好：行事适可而止为上策

一般而言，乘胜追击是大家都能想到的道理。东吴以少胜多，徐盛、潘章、宋谦等大将，无不主张一鼓作气，把刘备活擒过来，索性灭掉蜀国，以免后患。但是有阴便有阳，陆逊、骆统、朱然等人，采取逆向思考，认为再打下去，曹魏必然会乘虚而入。那时候两个打一个，东吴岂非十分危险？于是孙权毅然决然，一方面撤兵回国，一方面向刘备示好，表示他们这两个小国，勿忘大敌还是曹魏，不如恢复联盟，以确保两国的共同利益。

果然不出所料，曹丕按捺不住，已经分兵三路，杀奔东吴而来，但都被吴军击退。陆逊撤兵言好，保存实力，则是这次曹丕不能如愿的主要原因。可见凡事适可而止，应该是共同的规律。

若是陆逊穷追猛打，刘备一直退，东吴便一路追。这时候曹丕大军来攻，诸葛亮当然也会不甘示弱。于是魏、蜀来攻东吴，东吴哪里抵挡得住？三国之中，再怎么说曹魏也是大国。只有吴、蜀联盟，才能够勉强维持均衡。若是吴、蜀两国，有一个和魏联合，另外一个势必难以自保。当时蜀、吴之间，为什么时好时坏，却不敢彻底翻脸，便是出于这种考虑。刘备的断然决裂，也是陆逊的一面镜子。以蜀汉的力量，尚且不足以灭吴。东吴的人力、物力，都不如蜀国，怎么敢凭着意气，想要一举灭掉蜀汉呢？天意既不欲曹魏一统天下，陆逊自然会在适当时机，做出合适的调节。乘胜追击和撤兵言好，仅有一念之差，结果却是大不一样。

四、刘备驾崩之后各方的反应：对大势一厢情愿的错判

我们说刘备驾崩，意思是汉献帝之后，刘备继承正统，延续汉朝的命脉，这是对刘备的一种尊敬，表示他一生的理想，在某种程度上，已经获得具体的成就。

曹丕得知此事，大喜说："刘备已亡，朕无忧矣！"主张趁机讨伐。贾翊劝阻，而司马懿则极力赞成，并且提出分五路大军、四面夹攻的计策。陇西羌兵从旱路取西平关；南蛮王孟获攻打益州、永昌、牂牁和越巂四郡；孙权攻两川夹口涪城；孟达攻汉中；曹真取西川。五十万大军并进。诸葛亮再高明，谅也无法抵挡。曹丕依计而行，指派专人，先到东吴，向孙权解释前次未派兵支持的原因，是一时不明，现在已经大悔，决定分兵四路灭蜀。东吴如果接受，将来分给东吴一半蜀地。

孙权正忙于改元为黄武元年，拜陆逊为辅国将军江陵侯，领荆州牧，以赏励他的功劳。但是内心则相当懊恼，早知道刘备病危，就不该向蜀示好，表示和解的善意，干脆一直攻打下去，把蜀灭掉，再回头伐魏。他听到魏使的传达，问陆逊有什么意见，陆逊说魏和吴都不是诸葛亮的对手，不如先勉强答应，再看情况而定。如果四路皆胜，当然发兵响应；若是四路兵败，再做打算。

这时候诸葛亮的特使邓芝也来到东吴，孙权心中的怨气，趁机发在这位说客的身上，弄得邓芝要往殿中的油鼎里跳，孙权才紧急加以阻止，请入内殿，以上宾之礼待之，决定由张温随邓芝入川，与诸葛亮通好。

刘备和孙权、曹丕三人，前后都判断错误。说起来三人各自都是一厢情愿，做出对自己有利的猜测。事实常常告诉我们旁观者清而当局者迷，其实还要加上一句：地位愈高，往往迷得愈厉害。刘备对诸葛亮的礼遇、信任，随着他的形势愈有利，出现递减的倾向。诸葛亮当然有自知之

明，仿效当年汉高祖和张良的故事，也愈来愈像张良，非常谨慎地不发表太多意见，有时候甚至没有意见。孙权对吕蒙，尚且不如对鲁肃那样信任，对陆逊更是缺乏信心，否则为什么派诸葛瑾向蜀求和不成，马上转向投降曹魏？他的想法是曹丕派兵夹攻刘备，结果也是落空。曹丕小心眼特别多，那时候还在整肃曹植的党翼。蜀、吴相争，魏未得利，结果失掉了最好的时机。

孙权假降，曹丕也假意要分一半蜀地给东吴，双方缺乏诚信，自然不容易联合作战。实际上蜀军猇亭大败之后，已经没有什么兵力。诸葛亮利用孙权和曹丕之间的矛盾，再派邓芝陪同吴使张温，向孙权表明两国同心灭魏，先得天下太平，然后看天命所归何人，再来定夺的诚意。孙权大笑，于是吴、蜀重新言好。曹丕当然非常愤怒，司马懿趁机烧火，建议御驾亲征，先取东吴。司马懿人在曹营心在汉，存心要害死曹丕，看起来真的是水镜集团派来卧底的人士，否则怎么会提这种馊主意呢？

司马懿被封为尚书仆射，抓着国政大事的决断权。曹丕则疲于奔命，差一点死在东吴都督徐盛的火攻烈焰中。他的大将张辽，腰际中了一箭，回许都后不治而死。曹丕厚葬之，不胜感伤！诸葛亮这边，由于南蛮王孟获来犯，所以当赵云趁机杀出阳平关之际，回军成都候命。

五、曹丕在位七年之警：人要有自知之明

曹丕如果不篡位，就不会有三国出现。大家都属于汉，只是理念不同，各有地盘，也各有坚持而已。曹丕改国号为魏，等于灭掉汉朝，这才产生魏、蜀、吴三国，互不隶属。蜀国称为蜀汉，不过是一种心存汉室的表示，不能一统天下，仅能维持偏安的局面，勉强延续正统，但最后还是向曹魏

投降，为期也不过数十年。

由于笃好文学、多愁善感，气质文弱却又喜爱著作，加上兄弟争夺太子宝座，费尽心机，曹丕 30 岁时，便发觉自己"未白头已成老翁"。

33 岁篡位，三年后就建设寿陵，下诏死后不造寝室殿，必须薄葬。他自知体弱多病，恐怕活不久，却又不早立太子，临终才把平原王曹叡找来，要曹真、陈群、司马懿三人，同心辅佐。这时候他才 40 岁，在位七年。他给我们的启示，分述如下：

第一，一个人要有自知之明，做自己应该做的事情，如果盲目争夺，反而置自己于不利的地位，害己害人！

曹丕在读书和写作方面，有很好的收获，他的长处在文学著述。但是他的度量不大、处事不公正，则是很大的缺点。可惜他盲目争夺太子的位置。对诸弟又心存猜忌，经常思虑到通宵不能成眠。篡位后又遭受很多批评，引起他的忧虑与滥杀。早知如此，不如把王位让给别人，自己专心写作，岂不是更好？

第二，家不齐则国不治，家风与家教，都十分重要。影响人的一生，莫此为甚。败坏家风，必定贻害后世。

曹丕的母亲出身娼家。曹丕的妻子原本是袁绍的子媳。曹操鼓吹重才不重德，败坏了自己的家风，也使他的子孙在这种家教之下，培养不出良好的品德。曹氏刻薄寡恩的家风又影响到魏国的行政。曹丕即位后，对诸弟百般刻薄，朝臣中竟无一人提出谏言劝阻。可见忠义之士，不是远离，便是不吭声，不敢多言。

第三，开国要有新的气象、新的作为，否则新不如旧，或者完全和旧的一样，改国号又有什么作用？

曹丕急于争夺王位，却又未能用心学习治国的本事。篡位之后，已经未老先衰，又忙于家族的内斗，没有新的气象，和原先的期待也相去甚远。

他应当明文规定太监为官有一定的限制，以免宦官专权；外戚不得为辅政大臣，也不得无功封侯，以预防外戚干政。这样，把汉末的主要弊端立法禁止，让后世遵守才是。可是这些曹丕都没做到。

曹丕生当乱世，又出生于曹家，要想出淤泥而不染，没有一番修养，当然不是一件容易的事情。但是对于刘备和诸葛亮的表现，他应该知之甚详。如果用以反省自己，至少和曹操一样，有所顾忌而不敢篡位，还可以学习诸葛亮的长处，在自己继承大位后，好好施展才能来弥补先人的罪恶。曹操被骂为国贼，相信他多少有一些耳闻，可是为什么还变本加厉，自己来篡位呢？退一万步想，篡了位，开了国，就应该专心一意，把国治好，何至于连自己弟弟都不放过，非整得凄凄惨惨不可？他实在没有兄长的器量和爱心。自己体弱多病，就应该早立太子，找合适的人专心教导，以便做好接班的准备，他居然不关心这等大事，可见为国为家的责任，都有很大的疏失。

六、司马懿识不破空城计：有时可以把对手当成自己的筹码

司马懿攻占街亭，引兵十五万，望西城蜂拥而来。当时诸葛亮身边并无大将，只有一班文官。原有的五千士兵，已分一半先运粮草去了，只剩两千五百军在城中。众官听到这个消息，无不惊慌失措。诸葛亮登上城墙，果然看见尘土冲天，魏兵分两路而来。于是传令把所有旌旗都收藏起来，诸将各守城铺，不许妄行出入及高声言语，违者立斩。并且大开城门，各门都以二十军士，扮成百姓在洒扫街道。如魏兵到时，不可擅动。他自己披鹤氅，戴纶巾，引二小童携琴一张，于城上敌楼前，凭栏而坐，焚香操琴，一副完全没有事的模样。

魏军看到这种情况，由于诸葛亮的盛名，加上莫测高深的传言，都不敢贸然前进。司马懿大为疑惑，认为诸葛亮生平谨慎，不会弄险，于是下令后军作前军，前军作后军，迅速向北山路而退，以免中了诸葛亮的计策。

诸葛亮见司马懿远去，拊掌而笑。众官无不惊骇，问诸葛亮怎么会这样。诸葛亮说我们是情非得已，而司马懿却不知道实情，以为我们用计骗他。司马懿后来得知真实状况，仰天而叹："吾不如孔明也！"

司马懿的两个儿子，司马师字子元，司马昭字子尚，都通晓兵书，素有大志。司马懿更是诸葛亮心目中最强的对手，怎么可能被空城计吓退了呢？他很可能是将计就计，把诸葛亮捧得高高的，来增加自己的重要性。

首先，曹叡对司马懿怀有戒心，这一次让司马懿复出，是逼于无奈。在无人可抵挡诸葛亮的大前提之下，司马懿才有这样的机会。司马懿复出后已经斩杀孟达、攻占街亭，显示出具有对抗诸葛亮的实力。如果这一次他识破空城计，长驱直入，把诸葛亮活捉或杀死，对他都将非常不利。因为诸葛亮一死，司马懿的利用价值立即减半，不用他也可以。若是有人提醒曹叡，趁机杀掉司马懿，以断绝后患，那么曹叡在原先有疑虑、现在司马懿又没有特别用处的情况下，做这样的决定并不是不可能。

再说，曹真和曹叡的关系，更为密切。当初曹丕临终，以曹真、陈群、司马懿三人为辅佐大臣，结果封曹真为大将军，陈群为司空，而司马懿不过是骠骑大将军。诸葛亮北伐时，曹叡也封曹真为大都督，虽然曹真打不过诸葛亮，但曹叡和曹真老关系还在。司马懿表现得愈好，曹真必然愈气愤，也更加嫉妒，是否会出什么坏主意，实在难料。不如留下诸葛亮，使曹叡不敢由于曹真的诡计，而罢黜自己或者做出不利于自己的勾当。有时候把对手养在那里，可以增加自己很多的筹码。一句"吾不如也"，便可以获得很多好处，何乐而不为呢？

还有更大的安全作用,便是曹叡不敢逼他做任何动作。既然司马懿不如诸葛亮,逼他还不是送死?所以要不要打,要怎么打,悉由司马懿自己决定。领薪水、不做事,老板居然还不敢催促,或者施加压力。这真是天底下最好的差事和待遇,司马懿轻松地说一句"吾不如也",便做到了。

七、曹真抢功遭败:上司不能一味鼓励下属竞争

司马懿的良好作战成绩,使曹真承受了很大的压力。他自觉再不好好表现,曹叡的心便会偏向司马懿,对自己非常不利。所以他千方百计,找到王双这员大将,趁诸葛亮再度来犯时,向曹叡推荐王双,作为先锋。

曹叡一见王双,果然不同凡响,立刻封他为虎威将军前部大先锋。曹真为大都督,起兵十五万,会合郭淮、张郃,分路把守隘口,把司马懿摆在一边,以免他夺了功劳。

两军开打,王双果然厉害,连斩二将。诸葛亮问姜维有何良策,姜维派人装成百姓,身上带着呈给曹真的信,故意让魏军逮住。密件被呈给大都督,说姜维原是魏人,不得已而降蜀,现在愿意和曹真配合,以举火为号,先烧蜀人粮草,再擒诸葛亮,以自赎前罪。曹真大喜,费耀却劝阻都督不能轻信。曹真不听劝阻,结果魏军大败。

诸葛亮重赏姜维,只可惜大计小用,并未诱杀曹真。曹叡大惊,即召司马懿商议。司马懿说坚守关隘,不必出战。蜀军粮食供应不上,自然退兵。那时候乘虚追击,可擒诸葛亮。

曹真很不服气,心想,为什么要听司马懿的话?他派王双打听蜀营动静,见魏延拔寨而退,于是大力追赶,结果中了魏延的埋伏。王双措手不及,被魏延一刀砍于马下。

从此曹真对司马懿怀恨在心。这样不和的气氛，曹叡应该负起很大的责任。他不能一味鼓励两个人竞争，否则最大的受害者，必然是他自己。曹叡愈来愈信司马懿，实际上曹真也帮了很大的忙。然而司马懿会这样想吗？以他的行事作风，恐怕未必。

八、张郃一生的启示：品德修养为根本

张郃，字儁乂，河间人。年轻时应朝廷的募集，为讨伐黄巾的义勇军，属于韩馥。后来韩馥战败身亡，他随军归于袁绍，提任校尉的职务。收编公孙瓒的部队后，因功升为中郎将，却因遭受毁谤，愤而投入曹操阵营。曹操大喜，封为都亭侯偏将军。曹丕称帝时，封为郑侯。他不但武艺高强，对于经典义理，也十分通晓。

他的一生，至少带给我们三大启示，分述如下：

第一，凡人必有死，武艺再高，功劳再大也不能例外。而且通常武艺低的人死于武艺高的人手中，反过来看，那些武艺高的人，也会死在武艺低的人手里。

我们以张郃为例，并不是由于他是特别的个案。吕布、关羽、张飞、黄忠、张辽、徐晃、许褚，说不完的大将，莫不如此。武官战死沙场，原本就死得其所。不过张郃比较冤枉，他的死亡，显然是由于司马懿胡乱指挥所致。张郃自己善于应变，由他自行判断，应该不至于那么容易中计。偏偏他是司马懿的先锋，不得不接受他的命令。这才为乱箭射死，当然十分冤枉。

第二，军人打仗，原本各为其主。主的善恶，并不是人人都可以挑选的。实际上主的好坏，需要时间的考验，才判断得出来。主的善行或恶德，不能够算在军人的头上。

我们可以说赵云善于选择明主，却不应该说张郃投靠曹操是错误的选择。因为刚开始的时候，谁也不知道曹操和刘备是什么样的人，将来会产生什么样的变化。赵云和张郃，做出不同的选择，在当时的情况下，很难判断谁对谁错。加入曹营之后，如果他改变主意，那就是反叛。对军人来说，更为严重。我们说人生的机会很多，要看自己怎么选择，实际上选择的局限性还是很大。我们可以这样说，我们的认知能力、判断能力和选择能力，实际上都十分有限。发现选择错误时，大多已经是事后之明，后悔也来不及。张郃若是不投曹操而改投刘备，结果会怎样，也要看许多变数，综合起来才能论定。何况他在曹魏阵营中，不过是领军作战，并未参与重大政策的决定。各为其主，张郃当然是忠于国家的将领。至于政局动荡，魏国部分应该由曹操一家人为自己的所作所为负起全责，而不能推给手下战将。

第三，世代轮替，长江后浪推前浪。一代又一代的将领，很快地亡故。人生的寿命有限，有效的岁月，更是十分短暂。唯有修养品德，才是人生唯一真实的要务。

吕布武艺超群，像一阵风，没了。关羽万夫莫敌，谁都不放在眼里，被吕蒙、陆逊联手蒙骗，也没了。回想几十年来，多少英雄，一个个不见了。所有看得见、摸得着的东西，有成必有毁。和时间比赛，人永远都是输家。人生的唯一任务，其实是无形无迹的品德修养。赵云流芳万世，大家永远为他抱不平，根本的原因，即在其品德修养，真的无人能及。我们为张郃抱屈，也是因为他一向进退有据，不滥杀无辜，才有这样的感慨。

像张郃这样的人，称得上好死。被乱箭射杀，误中埋伏，都没有影响。死后不留下臭名，让大家天天咒骂，才是人生的大事。凡事想得长远一些，务求自己心安理得。人生苦短，不知何时是大限，所以时刻都要小心。

九、孙权见魏蜀交战后的选择：没有诚意的合作不长久

孙权据报诸葛亮出兵两次，曹真损兵折将，群臣力劝其兴师伐魏，以图中原。张昭建议孙权先就皇帝位，然后兴兵。于是改年号为黄龙元年，谥父孙坚为武烈皇帝，兄孙策为长沙桓王，立孙登为太子，大封群臣。

刘禅获悉，询问诸葛亮意见。诸葛亮说应当派专使致贺，请孙权伐魏，两方配合。孙权依陆逊建议，虚作起兵之势，遥与西蜀相应。实际上是等待时机，乘虚取中原。

诸葛亮当然知道孙权不会真诚合作，他只是要安住孙权的心，叫他不要打西蜀的主意，以便自己专心对付曹魏。孙权打魏国，和诸葛亮北伐的目标相同，目的却完全不同。事实上从赤壁之战以来，双方就从来没有真心合作过。

最妙的是张昭，他先建议孙权称帝后兴兵。等到孙权即帝位，他自己位在三公之上，却又建议孙权初登宝位，不要动兵，只宜修文偃武，增设学校，以安定民心。他前后两种建议都对，可见话是人说的，而且怎么说都对。孙权初登皇位，当然不会计较。反正早打晚打，都是陆逊去打，张昭只动口不动手，随便他说就是。

陆逊被封为上将军，辅助太子驻守武昌。他当然知道，诸葛亮是害怕司马懿联吴攻蜀的计策，所以才送礼祝贺东吴，并且提出蜀、吴合力出击的要求。既然双方都没有诚意，还谈什么合作？还不是遵循往例，虚应一番。

东吴的虚伪，已经出了名。魏、蜀都上过当，自然都不敢相信孙权。

一个人信用破产之后，要想重新建立信用，实在太难了。信用只会递减，无法增加，要特别小心维护。

十、司马懿官拜大都督后的表现：善用示弱的力量

曹叡见诸葛亮攻下陈仓，再出祁山，散关也被蜀军夺去，而孙权称帝，攻魏只在旦夕。曹真又生病，不能上朝，于是赶紧把司马懿找来，问他如何应付。司马懿说不必防吴，但须防蜀。曹叡大喜之下，封司马懿为大都督，总摄陇西诸路军马，并叫人把曹真的印信赶快拿回来。

司马懿果然比曹真厉害，他知道什么话比较容易取得曹叡的心。但是要让曹真心服，实在很困难。如果叫人去拿印信，必然更加引起曹真的反感，增加很多工作上的障碍，因此他向曹叡建议，由他自己去拿。

来到曹真府舍，司马懿并不马上进入，先令人入府报知，才进入府内。首先探问病情，表示关心。然后才问，东吴、西蜀联合进兵，诸葛亮已再度出祁山下寨，您知道这些近况吗？曹真回说家人知他病重，不让他知道，并说，在这种危急情况下，为什么不拜司马懿为大都督？司马懿赶紧说自己才疏识浅，不称其职。曹真命左右把印信交给司马懿。他回说不敢受此印信，却愿意助一臂之力。曹真跳起来说要抱病向曹叡保荐，司马懿这才接受下来，并说已有恩命，只是不敢接受。一般人看到司马懿这样假情假意，必定骂不绝口，说什么阴险奸诈、圆滑而缺乏真诚。为什么不想一想，如果不这样，今后他和曹真如何相处？完全凭借曹叡的支持，依靠自己的实力，真的就可以什么都不管了吗？司马懿是什么样的人，那是他的事。学一学这种与僚属相处的方式，不见得不好。

如果加上真心诚意，那就更加圆满。

十一、孙皓投降司马炎：团队内斗导致无法发展

孙权病死，由少子孙亮继位。孙亮虽然聪明，却由于丞相专权而无可

奈何。先是孙峻，及其弟孙綝，俱皆强横妄杀。孙亮泣告国舅全纪，要密谋杀孙綝。不料孙綝获得讯息，反将孙亮废掉，另立琅琊王孙休为君。不久老将丁奉献计，请孙綝入宫赴宴。于席间擒下孙綝，灭其三族。

刘禅得知消息，遣使道贺。孙休特派薛珝为使，到蜀国答礼。薛珝回东吴时，孙休问蜀中近况如何，薛珝说黄皓用事，民有菜色，孙休还感叹地说："若诸葛武侯在时，何至如此乎！"派人再赴成都，说司马昭不久便会篡魏，必将侵犯吴、蜀，双方都要小心。

司马昭病死，司马炎继任。不久司马炎果然篡魏，孙休忧虑成疾，卧病不起。召丞相濮阳兴入宫，令太子孙䨲出拜，手指孙䨲而死。濮阳兴与群臣商议，欲立太子孙䨲为君。左典军万彧反对，左将军张布也认为乌程侯孙皓比较合适。

孙皓，字元宗，是孙权的太子孙和的儿子。孙皓即皇帝位后，封孙䨲为豫章王。他自己则凶暴日甚，又溺于酒色，宠信中常侍岑昏。濮阳兴、张布力谏，被孙皓斩首，并灭其三族。孙皓又大兴土木，建昭明宫，令文武各官入山采木，还要老将丁奉计划兼并汉土。

消息传入洛阳，司马炎起兵二十余万，来攻东吴。孙皓大惊，急召丞相张悌、司徒何植、司空滕修计议退兵之策。两军交战，吴军屡遭挫败，降者甚众。孙皓请降，赴洛阳面见司马炎，被封为归命侯，子孙封中郎。孙坚建立的基业，终于在孙皓手中，举江南而弃之！

十二、邓艾与钟会两败俱伤：争权夺利要有尺度

邓艾，字士载，自幼丧父，有口吃的毛病。他深明兵法，善晓地理。司马懿提拔他为尚书郎，又被司马昭封为安西将军。钟会，字士季，自幼聪慧，博

学多艺，一出仕便为司马懿的机要人员，司马昭接任后，更成为其府中的心腹人物。

司马昭决定伐蜀，封钟会为镇西将军，为恐机谋泄露，以伐吴为名，令青、兖、豫、荆、扬五州各造大船，掩人耳目。司马昭知道钟会志大心高，不敢让他独掌大权。另外令邓艾、诸葛绪各领兵三万，以资策应。

诸葛绪原为钟会部属，深知钟会心胸狭窄、嫉妒心极重，唯恐自己率先攻下成都，必将遭受钟会的暗算，因此中途离开邓艾，却被钟会密告，说他畏敌怕死，把诸葛绪用槛车载赴洛阳，请司马昭发落。同时，钟会将诸葛绪的军士收编在自己的营队。邓艾大怒，要找钟会理论，他的儿子邓忠劝他"小不忍则乱大谋"，但是邓艾从此和钟会见面时，都没有好脸色。

钟会问邓艾，如何进攻成都？邓艾说有一条险要小路，可以径取成都。钟会心中暗喜，心想从这一条高山峻岭中的路径走，就算邓艾领军摸索到达，蜀军只要百余人守其险要，断其归路，邓艾不全军饿死才怪。因此向邓艾鼓励说：此计甚妙！可立即引兵出发，我们在这里专候捷报！

在曹魏这个大气球中，充满尔虞我诈、争权夺利的权谋气氛。主帅与将领不合作，彼此钩心斗角。钟会认定送死的路，竟然怂恿邓艾赶快去走。诸葛绪更是一开始便投机取巧，结果害了自己。不讲忠义，也无感情。曹操的狂妄任性、司马懿的用术玩法，已经使全盘受到感染。

邓艾抄小路，钟会则统领十万大军，分由斜谷、骆谷进入蜀地。钟会料想邓艾必死无疑，自己可获全功。令邓忠引五千精兵，并穿衣甲，各执斧凿器具，凡遇峻危之处，凿山开路，搭桥造阁，以便行军。到了摩天岭，只剩下两千人马。开路壮士尽皆哭泣，因为岭的西背是峻壁悬崖，不能开凿，先前的冒险辛苦，完全等于白费。邓艾以身作则，取毡自裹其身，从岭上滚下去。大家奋勇跟进，居然到了江油，奇袭成都成功，刘禅君臣出降。邓艾大概是被胜利冲昏了头，竟然擅自拜刘禅为骠骑将军，其余文武各随高下拜官，然后出榜安民，交割仓库。

司马昭大惊，认为邓艾恃功而骄，任意行事，反形露矣！乃封钟会为司徒，对邓艾就近加以节制。钟会那时不知姜维诈降，与他结为兄弟，和姜维商量，以反叛的罪名，捕捉邓艾父子。邓艾并无半点准备，也不反抗，在被押往许都的路上，为钟会部属残杀而死。

钟会声势大振，后中了姜维"不可复为人下"的计策。司马昭又屯兵于长安，表示对钟会十分不放心。钟会利令智昏，公然造反，40岁那年被乱箭杀死。

邓艾与钟会，可以说相争之下，两败俱伤。然而真心合作，大概也不会有好结果。曹魏大气球中，忠实正直的人士都难以生存。他们两个对于当时的真实情况当然心中有数。邓艾能反抗而不为，钟会明知所属军士都是魏人，哪里会跟邓艾在蜀叛变？若不是两人相争，以他们的才能，怎么会上姜维的当呢？钟会为司马家臣已久，要以魏臣自居，实在十分困难。

十三、司马炎篡位一统天下：三国纷争终于落幕

司马昭老早就有篡位的野心，他只是仿效曹操，自己想做而不做，留给自己的儿子去做。司马昭之心，路人皆知。曹髦不答应封司马昭为晋公，决定加以讨伐，结果被太子舍人成济一戟刺死，司马昭还假装大惊，令人报知各大臣，并痛斥成济大逆不道，诛灭其三族。他立曹奂为帝，曹奂封司马昭为丞相、晋公，后来灭蜀有功，又尊他为晋王。立长子司马炎为世子，旋即司马昭病死，司马炎继位晋王。

司马炎胆量过人，直接询问曹奂，魏国的天下从哪里得来？又说，曹奂文不能论道，武不能定邦，为什么不让位给有才德的人呢？曹奂知事态严重，依照当年汉献帝故事，重修受禅台，禅位于晋王。司马炎改国号为

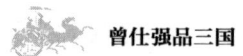

大晋，封曹奂为陈留王，非宣诏不许入京。

这时蜀国早已投降，吴主孙皓却以替蜀主复仇为名，要攻打晋国。他令镇东将军陆抗屯兵江口，以图襄阳。

司马炎与众官商议，众官各有主张，以致犹豫不决，拖延了好久，才决定兴兵伐吴。孙皓战败，向司马炎投降。司马炎见孙皓登殿稽首，笑着说：设此座以待卿之矣！孙皓回答：臣于南方，亦设此座以待陛下。

蜀、吴先后来降，魏也改国号为晋。自此三国归于晋帝司马炎。后来刘禅、孙皓、曹奂相继死亡，天下统一，证明《三国演义》开章明义所说的"天下大势，合久必分，分久必合"，近百年的纷争，终于告一段落。虽然说这样的统一实在并不理想。然而百姓的痛苦应该在统一后可以稍减，这样，统一也算勉强可以接受的事实了。

第五章
交代好后事，使局面延续的奥秘

刘备托孤,曹叡学得很像。但他没有想过:司马懿和诸葛亮不能够相比。何况同时托孤多人,势必引起无谓的纷争。曹操和刘备不同,司马懿当然和诸葛亮不一样。在曹操的示范下,司马懿耳濡目染,都是权谋欺诈的作风。

一、刘备托孤的启示（一）：悔字诀产生的良好效果

曾国藩生前，常把"好汉打脱牙和血吞"这句话挂在嘴边。40岁以后，曾国藩得力于悔字诀，办事愈来愈圆融，处世愈来愈圆通，和这一句话应该有十分密切的关系。他的悔字诀，是不是从《三国演义》获得，我们无从知道。但是刘备一生，也是悔字诀最好的写照。凡事不怨不尤，只以事先避免事后可能带来的后悔，作为警惕的要点，用来趋吉避凶，这是非常值得我们学习和应用的。

年轻时，刘备常以家世特殊，身负重任，如不趁早图谋，将来必定后悔来激励自己、鞭策自己。在被汉献帝尊称为皇叔之后，他更加小心谨慎，唯恐稍有大意，即将为曹操所杀。这才自动要求起兵到徐州迎战袁术，获得逃离曹操掌控的大好机会。

刘备奋斗了这么多年，虽然文有孙乾、糜竺、简雍，武有关羽、张飞、赵云，但还是一事无成。当他从水镜先生处得知，卧龙、凤雏两人得一，即可以安天下，这才意识到如果再像以前一样拖下去，必然死不瞑目，所以才三顾茅庐，对诸葛亮如此谦卑。

诸葛亮出山相助，刘备对他言听计从，怕的是稍有违背，就可能后悔。

关羽遇害，张飞责备刘备当了汉中王，早忘了桃园结义的誓言，使得刘备不顾一切，要兴兵伐吴。张飞限期三军挂孝，逼得部将将他杀害。刘备明知联吴抗曹是一贯政策，也唯恐违背但愿同年同月同日死的誓言，为后人所耻笑，毅然不接受诸葛亮的劝阻，以及东吴特使诸葛瑾交还荆州、永结两国盟好的和解，无非是以悔的心态，来防止自己的独生行为。

刘备出师不利，加上哀伤过度，终于病倒在白帝城，自知不久于人世，速请诸葛亮、李严等大臣来永安宫，只怕迟了来不及交代后事，很可能会悔恨。

诸葛亮来了，刘备请他坐在床边，承认自己不听丞相的话才自取其败，为的是怕诸葛亮误会自己对他不信任，以后不方便处理事情。看见马谡在旁边，赶紧叫他暂且退下，暗示马谡言过其实，不可大用，为的是怕诸葛亮重用马谡，造成悔憾。最后坦诚向诸葛亮表示：阿斗可辅，就请辅助他；如果太不像样，可以自立为成都王。害得诸葛亮汗流遍体，手足失措，一再地保证，要尽忠辅佐阿斗。

刘备这种举动，不可能是以退为进。如果是的话，大可以仿效当年刘表要让荆州的故事，直接请诸葛亮为汉中王。当然，我们也可以说，这样直接的话，对诸葛亮的伤害太大，等于摆明不让诸葛亮这样做。我们从刘备一生的表现，可以相信，他这样说是出于一片真诚。就算他是骗人的，我们有一句话，可以当作参考：骗一次算骗，一直骗下去，骗一辈子，就不算骗。刘备是真诚，还是虚伪？从他不接受刘表的礼让，不忍心抛弃新野的百姓，不贪恋汉中王的既得利益而为弟报仇，我们应该可以相信他的真诚。

诸葛亮的退休计划，由于刘备的托孤，而完全打消。以后刘禅的种种行为，诸葛亮都能够忍耐，和白帝城刘备说这一番话，有十分密切的关系。

刘备地下有知，也会看到悔字诀所产生的良好效果，而含笑九泉吧！

二、刘备托孤的启示（二）：显秩序下别无选择的选择

曹操当魏王时，左慈告诉他，不妨考虑请刘备当皇帝，自己则云游四海，或者到峨嵋山修道。曹操对自己的处境十分了解，形势已经把自己逼得无路可走，只有硬着头皮，一条路走到人生的终点。因为他的仇人太多，都不会放过他，他一旦离开权力的核心，很可能立即被追杀。他的儿子也心中有数，知道曹操在玩弄什么把戏，绝不肯中途罢手。那些依附在身旁的文武大臣，更是不会把轿子放下来，才不管你曹操想不想继续坐下去呢。他只好把左慈当妖怪，下令追捕斩杀，以免担负不听忠言的罪名。

刘备也明知道刘禅的困境，实在难以突破，还要勉强让他接任。显秩序的僵化，从这里可以看得非常清楚。要诸葛亮继位，不就等于要他的命？很可能会逼得他非当场撞死以表明忠心不可。

我们不能够以现代的显秩序观点，来评鉴那个时代的显秩序，但应该深切地体认，显秩序之所以必须时刻做出调整，是因为各有各的包袱，很不容易摆脱。隐秩序对改朝换代，通常比较不在乎。因为站在大气的立场，各个气球所装的气体，都是大气的一部分，换来换去，好像并没有太大的差别。显秩序要很久以后，才干脆废除帝制，把改朝换代的沉重包袱，整个抛弃掉，不再为了姓氏的不同，拼得你死我活。

不过在刘备那个时代，真的除了重重拜托诸葛亮，让他好好辅佐刘禅之外，根本没有别的路走。刘禅能否继承大业，那是他的事。刘备既然立他为太子，便只好把这一个难挑的大担子，不顾一切地交付给他了。

三、诸葛亮遗嘱杀魏延：善后一定要周全

无论如何，魏延都是一个悲剧性的人物。他的遭遇，值得普天之下有才干却与顶头上司格格不入的人作为借鉴。希望后来的"魏延"们能够自我调整，做出合理的改变，以免重蹈魏延的覆辙。一旦定局，就算有人为他喊冤，又有何用？

打从魏延杀长沙太守韩玄来降，关羽领着他拜见诸葛亮时，诸葛亮就想杀他，说他脑后有反骨，久后必反，不如先杀掉，以绝祸根。幸亏刘备劝阻，才保留性命。魏延居然警觉性很差，认为有刘备撑腰和提拔，便可以不理会诸葛亮对他的观感，而不思改善两人的关系。

就算诸葛亮对他有偏见，也有成见，他身为部属，除了自我调整之外，难道还有其他的办法吗？改投他人的阵营，只会增加诸葛亮预言的可信度。得不到诸葛亮的信任，对魏延而言，处境相当危险。特别是刘备死后，他虽然已经立功封侯，也不能不重视诸葛亮对他的态度。有人说他是创新派，和诸葛亮的保守派当然不能相契合。但是礼让顶头上司三分，也是部属的起码修养。诸葛亮几次说要不是还有需要，一定把他杀掉，这样严重的警告，不相信他一点风声都没有听到，他却毫不警醒，还自恃刘备死后，除了赵云之外，数他资历最深，武艺最高，而狂妄依然。诸葛亮的本命灯，不论魏延有意或无意，只要心目中有诸葛亮，应该不会那么莽撞，一下子把它撞灭。

诸葛亮决心要杀魏延，却又担心诸将的武艺不足以担当此一重任。姜维以后要大用，万万不能背此恶名。他终于想到杨仪，因为杨仪同样有才无德。就算事情办不妥，反过来把杨杀掉；或者事后大家有意见，不谅解，而嫁祸于他，也无所谓。一石两鸟，原本是老掉牙的计策，用用无妨。于是他交代杨仪，自己死后不发丧，并给予杨仪密令，如魏延造反，他已交代马岱,依计杀之。一切果然如诸葛亮所料,魏延首先对杨仪表示不服。他要杨仪扶柩回蜀,自己则率大军攻司马懿,理由是不能因为丞相一人而耽误国家大事,并且埋怨丞相当时如果采取他的计策,老早就已经取下长安;又说自己资历深,官位高,怎么能够听从杨仪的指挥。这些都很有道理,只是他为什么不想想,以诸葛亮的谨慎,怎么会做出这样不合情理的安排?如果是有意让他难堪,更应该提高警觉,以免对自己不利,在这种紧要关头,还发什么牢骚?杨仪和他本来就是对头,现在持有诸葛亮的兵符,好汉不吃眼前亏,他为什么还要硬来呢?可是魏延偏偏要硬来。

于是杨仪依照诸葛亮生前的指示,轻骑而出,手指魏延,笑着说:"丞相在日,知汝之后必反,教我提防。今日果然应着丞相的预言。汝敢在马上连叫三声'谁敢杀我',便是真大丈夫。"魏延到这个时候,还不警觉,竟然大笑说:"孔明在日,吾尚惧三分;他今已亡,天下谁敢敌我?休道连叫三声,便叫三百声,亦有何难?"于是张开嘴巴,在马上大叫:"谁敢杀我?"不料马岱手起刀落,斩魏延于马下。诸葛亮不用魏延的计策,可能是大错,魏延心中没有诸葛亮的存在,也是自取败亡。事后,杨仪自恃功高,未获重赏,口出怨言,刘禅大怒,贬他为民,杨仪羞惭自刎而死,留下一大堆令人不解的谜团,惹人议论纷纷。

四、曹叡托孤的启示:所托非人事难成

辽东燕王公孙渊令大将军卑衍为元帅,杨祚为先锋,起辽兵十五万,杀奔中原而来。曹叡大惊,派司马懿兴师前往讨伐。公孙渊哪里是司马懿的对手,被打得城中粮尽,人人怨恨。公孙渊父子投降,俱被斩首。

这时曹叡病重,封曹真之子曹爽为大将军。辅佐太子曹芳,总摄朝政。

不久病危,急召司马懿还朝。曹叡仿刘备方式,将年仅8岁的曹芳托孤于司马懿及曹爽。他在位十三年,终年不过36岁。曹芳是养子,大家都不知道从哪里来的。曹爽自幼出入宫中,知道他的父亲曹真累受司马懿的气,于是奏请曹芳加封司马懿为太傅,自己则独揽兵权。司马懿装病,二子也退职闲居。曹爽专权,享受荣华富贵,反而对司马家的虚实并不清楚。刚好李胜奉派为青州刺史,曹爽命其前往司马府辞行,顺便探听消息。司马懿早知其来意,去冠散发,上床拥被而坐,请李胜入座。李胜报告自己要去青州任职,司马懿假装听不清楚,故意把青州说成并州。李胜说是青州不是并州,司马懿还是装得很像,笑着说:你方从并州来?李胜说明是山东的青州,司马懿大笑说:原来你从青州来。

李胜问,怎么病成这个样子?左右回说太傅耳聋。李胜要了纸笔,写了一行字呈给司马懿。司马懿看完之后,笑着说:我病得耳聋了,此去保重。然后以手指口,侍婢进汤。司马懿喝得汤流满襟,装出哽噎的声音,说:吾今衰老病笃,死在旦夕了,二子不肖,望多指教,回去见曹爽时,千万请他多给予照顾。说完倒在床上,声嘶气喘。李胜回去后,一五一十,告诉曹爽,乐得曹爽大叫:此老若死,吾无忧矣!司马懿待李胜去后,起身向二子说:曹爽从此不会对我们有戒备,可以找机会下手了。不久司马懿果真找到机会,以造反的罪名,斩杀曹爽全家,结束了一场残酷的政治斗争。

刘备托孤,曹叡学得很像。但他没有想过:司马懿和诸葛亮不能够相比。何况同时托孤二人,势必引起无谓的纷争。诸葛亮最后忍无可忍,还是把李严贬为庶民。

司马懿和曹真的恩怨,曹叡不可能不知道。同时托孤给司马懿和曹真的儿子曹爽,固然可以收到制衡的效果,使他们不致彼此联合起来,欺侮年幼的皇帝。然而曹爽的功力哪里是司马懿的对手?请他来,等于要他的命。这一点曹叡为什么想不通?我们可以推想。他并不是想不通,而是没有其他的选择。司马懿位高权重，不请他辅佐，等于害曹芳。不得不请他，所以只好想办法加以制衡。想来想去，还只有曹爽能担此任。这真是曹爽倒霉，把他找来，代替曹芳送死。司马懿一看，曹爽的弱点十分明显，要权、要钱、要享受，于是以退为进，装病不出，把所有机会都让给曹爽。两个儿子跟着辞职，全家人不问政事。曹爽派人试探虚实，他又装得十分逼真。李胜为了讨好曹爽，当然形容得特别夸张，等于帮司马懿的大忙，一起来害曹爽。人一旦丧失戒心，缺乏警觉性，随时都有被陷害的可能。司马懿何等厉害，不出手则已，一出手便要了曹爽全家人的命。曹爽表示什么都不要，只要当富翁就可以，证明他太单纯，太幼稚，根本不够资格当司马懿的对手。

五、司马懿临死嘱二子：空泛的嘱托难落实

　　司马懿受到曹叡刘备式的托孤，却没有做到诸葛亮式的鞠躬尽瘁，死而后已。他把曹爽害死之后，父子三人同领国事，又想起曹爽的亲戚夏侯霸在雍州守备，下令召他来洛阳议事。夏侯霸知道情势不利，干脆造反。郭淮奉命前往镇压，夏侯霸大败，向刘禅投降。

　　姜维询问夏侯霸有关魏国的实情后，决定领军北伐，由夏侯霸陪同，出兵牛头山。司马懿派长子司马师迎战，姜维按照诸葛亮临终秘传制作连弩，一弩可发十矢。所发之箭皆是药箭，射得司马师逃回洛阳。而蜀军死伤也多，姜维只得返回汉中屯扎。双方暂时停战，再做打算。

　　司马懿染病，渐渐沉重，于是唤二子遗嘱："吾事魏历年，官授太傅，人臣之位极矣！人皆疑吾有异志，吾常怀恐惧。吾死之后，汝二人善理国政。慎之！慎之！"他一生常说不实的话，现在将死，说这些话是真是

假？各人自有理会，我们也不想加以评论。

曹操和刘备不同，司马懿当然和诸葛亮不一样。在曹操的示范下，司马懿耳濡目染，都是权谋欺诈的作风。他青出于蓝而胜于蓝，比曹操更为毒辣残酷。让他这种人出头，实在是当时社会的不幸。然而有善必有恶，有大善必有大恶，也是理所当然。隐秩序的评价标准和显秩序不同，这样，彼此才能够互补。我们只能说是曹氏家族教导出司马家族。

司马家族变本加厉，很快就会灭掉曹魏。曹操临终时，不交代正事，只说一些鸡毛蒜皮的事情；司马懿的遗言，两个儿子会听成什么样子，我们更不得而知。

六、孙权病死东吴乱：内讧、家祸危害大

曹操、刘备先后死亡，孙权尚在。他比父亲孙坚、长兄孙策都活得长久，对未来的贡献也很大。然而活得再久，还是会死，只是死法各有不同而已。孙权看到台风来时，海水倒灌，松柏尽皆拔起，直飞到建业城南门外，倒插在路上，因而受惊成病，日愈沉重。召太傅诸葛恪、大司马吕岱，嘱以后事。死时年71岁，在位超过半个世纪，看尽各种变化。

由于孙权的长子孙登很早病故，后改立孙和为太子，又封孙和的弟弟孙霸为鲁王。这两人分成两派，彼此恶斗。孙权深为忧虑，最后废太子，改封南阳王，鲁王则被赐死，改立少子孙亮为太子。孙权死后，诸葛瑾的儿子诸葛恪立孙亮为帝，与侍中孙峻，一同辅政。司马师听说孙权亡故，以司马昭为大都督，总令三路军马攻吴。

诸葛恪亲自引兵迎战，大败魏军。诸葛恪一面遣使入蜀，请姜维进兵

北伐，许以平分天下，一面领军进东兴，要乘势进取中原，把二十万大军开到前线。不料第一仗攻打新城，便遭到惨败。兵败回朝，被侍中孙峻以逆贼罪名斩杀全家老幼。诸葛瑾生前见诸葛恪聪明尽显于外，曾经感叹：此子非保家之主也！现在果然应验。孙亮封孙峻为丞相、大将军、富春侯，总督一切。三国的传承，情况大抵相似。皇帝年幼，又能怎样？

姜维这边，乘机出兵北伐，以廖化为先锋，也是无功而回。三国的情势发展至此，人才大多用尽，新人来不及补充。再打下去，好像没有什么意义。分而复合，看来为时不久了。

七、综观孙权一生：缺乏全局观的英雄

孙权，字仲谋，生于公元 182 年，亡于公元 252 年，享年 71 岁。他比曹操晚生二十七年，却以初生之犊不畏虎的精神，大败曹操于赤壁，使曹操不止一次发出"生子当如孙仲谋"的感叹。他年轻时追随兄长孙策，先由郡举孝廉，继由州举茂才，并任奉义校尉。虽说是继承父兄基业，却也屡经历练。继位后尊重老臣，且能敬爱乡野的贤士，礼聘他们出任要职。可惜年老以后，昏聩残暴。尤其是处理太子的方式，更是引起群臣的派系纷争。最后由于钟爱少子孙亮，竟然废孙和，杀孙霸，自己闹出家祸，招致后来亡国的祸患。

综观孙权一生，给我们带来一些启示，分述如下：

第一，敬老尊贤，才能够获得广泛的支持与帮助。盲目自大，不但学不到东西，而且不用多久，便骄横自败。

孙策指定的辅佐大臣张昭，虽然尽心尽力，却喜欢倚老卖老，有时厉声指责孙权，有时假装生病，不再上朝。孙权不敢怠慢，自称年轻考虑不

周,请张昭多多指导。对于周瑜,更是处处尊重。这种敬老尊贤的良好态度,是孙权能够固守基业,力求扩展的有利因素。

第二,目标远大,事业才可能做大。否则容易看近不看远,反而局限了自己发展的空间,结果害了自己。

刘备的目标远大,在一统天下,恢复汉室。孙权的目标狭窄,只想扩展领域,做大自己,以致蜀、吴联盟,在刘备是坚强的信念,在孙权不过是权宜的措施。

蜀、吴联盟破裂之后,孙权等于失去屏障,稍有风吹草动,便要疲于奔命。但是他出尔反尔,已经没有诚信可言,想真诚和别人合作,也没有人敢相信了,还不是害惨了自己?

第三,领导者的作风直接影响到全体员工。特别是继任的接班人,往往变本加厉,做出更加可怕的事情。

曹操奸雄,曹丕有样学样。孙权昏暴,继任的孙亮,由于处境十分困难,不久便被废掉。孙休之后立孙和之子孙皓为帝,此人凶暴残恶,以剥人面皮和凿人眼睛为乐。显秩序称为遗传和后天环境的影响,隐秩序则认为因果报应,非如此不可。培育人才,找到理想的接班人,原是领导者的主要任务。其基石,则在于自觉、自律,以修正自己、治理家务为优先,然后才谈到其他。

第四,在东吴历任主要领导者当中,孙权才能最差,却在职最久。此种情况要特别警觉,恐怕不是上天的选择,必须及时调整。

孙氏父子三人,孙权能力最差而寿命最长,显示东吴不可能成为一统天下的主角。孙权若是明白这个道理,自然坚持蜀、吴联盟。协助蜀汉早日一统天下,减少百姓的灾难。天意难明,必须用心考察,以求合理应变。

第五,区域性人才要有全局性眼光,促使自己所在地能为天下的利益做出良好的贡献,才能提升价值。

东吴领域广大，人才很多。孙坚的英勇事迹，为江东子弟树立了榜样，却由于孙权才能不足，不能由江南进窥中原。众多人才，只能为区域性服务，未能为平天下做出贡献，这便是领导者缺乏全局性的眼光所致。当年北伐，东路比西路要方便得多，却只见诸葛亮六出祁山，未见东吴积极伐魏。

八、假糊涂真圆滑：阿斗症候群的扩散

很多人为蜀国的灭亡觉得惋惜，为刘禅的"乐不思蜀"，感到痛心。其实，开局固然不易，收场也十分困难。刘禅不选择悲壮的方式，却能够安排喜剧式的结局，从某一种角度来看，未尝不是一种参考方案。

刘禅亲率太子、诸王及群臣，恭恭敬敬地投降。丝毫没有难过的表情，可见建国与亡国，对他而言，都是小事一桩，并不值得大惊小怪。

好死不如赖活，使刘禅用苦笑来回应背城一战、以身殉国的忠谏。他心里想：这样不切实际的"高调"，谁不知道？然而降能保命，战必牺牲，他自有选择。

一百多天之后，司马昭下令，要刘禅带着妻子儿女前来洛阳。他还是高高兴兴，打算到上国观光，发觉大家都不愿意跟随，只有郤正、张通两人愿意护驾。

他来到洛阳，被封为安国公，当然满心欢喜。司马昭为了试探刘禅的内心世界，请他吃饭。在余兴节目当中，刻意安排蜀国风情。随从无不感慨万千，唯独刘禅嬉笑自若。司马昭非常感慨地说："人而无情，竟然到了这种地步！"郤正连忙警告刘禅，也没有效果。

司马昭干脆直接询问刘禅："想念蜀国家乡吗？"刘禅也直率地回答：

"此间乐,不思蜀!"郤正在旁,建议他应该答以"祖先坟墓都在那里,心中每一想到,都十分难过"。司马昭再问一遍,刘禅便按照郤正的话,一字不改地照着回答。司马昭说:"这不是郤正的口气吗?"刘禅坦诚地说:"是郤正教我这么说的!"

想不到刘禅这一招的功效奇特至极,竟然把司马昭活活笑死。

司马昭费多大心思,才打败刘禅。却经不起刘禅的亡国残俘姿态,落得笑死自己。

刘禅的弟弟刘谌,当刘禅决定投降时,他怒不可遏地痛责兄长:"君臣合力,做背水一战,为国而死,才有面目见祖先于地下。"劝告无效时,赶到先主刘备的牌位前,痛苦禀告,然后回家砍杀家人,再行自杀,表现出不愿意当亡国奴的骨气和勇气。

然而,我们也欣赏刘禅这样"宁愿自己受辱,也不要老百姓再做无谓牺牲"的做法。

天才与白痴,原本都不是平常人。天才看白痴,和白痴看天才一样的不可思议。我们常人,看天才和白痴,不妨也颠倒过来,从两头看,可能更加明白。

若是设身处地站在刘禅的立场,从小看到刘备对诸葛亮的礼遇,继位以后,凡事由相父安排,自己不斗蟋蟀,又能做什么?我们嘲笑他是扶不起的阿斗,实在也应该看看历史上的统计,伟大人物的第二代大多数都没有多大的出息。十七年后,吴国的孙皓受封为归命侯,照样向晋武帝投降,难道他和刘禅一样,也是扶不起的少主?我们顶多说这是阿斗症候群的扩散。

刘谌有骨气,表现出一门忠烈。刘禅、孙皓看得开,明知对国家无补,对人民也没有好处,却颇有自知之明。反正各人自作自受,只要求得自己所要的,身为旁观者的我们,又何必痛加斥责,弄得自己也恼怒不已呢?

九、三国终结：兴亡皆是百姓苦

三国的结局是勉强由司马炎统一，建立晋国。

提起司马懿父子，和曹操相比，大家可能更看不起。由这样的家族来完成统一的大业，相信大家每想到这样的结局，都耿耿于怀。我们宁可把它推给天意，但仍然坚持人世间的事情，必须光明磊落，不能如此卑鄙恶劣！

隐秩序的主要任务在提醒人们，注意显秩序的不合时宜，并且及时做出合理的调整。它的善意是无限的，广大无迹。但是，它的功能却是有限的，只能够通过合适的人，或者自然界的现象，来提出警诫，不能自己发挥力量，来完成任务。人世间的事务，总该由人来完成。这是隐秩序必须遵守的原则，从来未曾改变。

换句话说，隐秩序通过合适的人来修改显秩序。这种人事的变迁历程，把它记载下来，便是我们的历史。人类一代又一代的显秩序都来自隐秩序，接受隐秩序的影响，毕竟每一代人，都应该由当代人来建立和修整当代的显秩序。好比当代的气球，由当代人修护和保管，才能够代代相传，一代又一代地传承下去。

三国时代的背景，相当特殊。原来十分单纯的忠义，竟然变得非常复杂。很多人忠诚一辈子，到死还不知道服务对象搞错了。很多人自以为问心无愧，死后才知道原来不是这样。打了几十年，居然还打不醒当时的人。隐秩序一而再、再而三地做出各种启示。显秩序却各有主张，呈现多元却缺乏主流的混杂状态。实在不忍心再这样下去，最终才放手让司马家族来暂时中止动乱。

曹操、曹丕、曹叡三代祖孙，都看不出司马懿的真面目。这不是天意，难道是司马懿真的有通天的本领？

司马炎如果不是有曹丕篡汉的恶性示范，怎么可能刚登上晋王的位置，便直截了当向曹奂提出禅让的要求？汉献帝有那么多忠臣，最后居然反过来穷凶极恶地逼他退位。曹奂有那么多干部，好像全都变成了司马炎的帮凶。这样的显秩序、隐秩序再不以为然，恐怕也一时无能为力，改变不了。唯一的办法便是以毒攻毒，让司马炎来承担这个重责大任，看他如何持续走下去？司马炎能不能综合百年来的严厉教训，彻底反省，走出一条新的光明大道，正是上天对他的严格考验。好坏完全由他自己承担，问题是，他对自己登上皇帝大位，究竟有什么看法？

我们现在来假设一下，如果曹操看到这种结局，他会产生什么样的感想。会不会刺杀董卓不成，幸得陈宫救援，返回家乡号召忠义之士，组成义勇军，然后一路以正直、公义、诚信为原则，成为治世的能臣呢？他若是地下有知，看到曹丕以死相逼，要曹植七步作诗；看到曹叡以刘备对待诸葛亮的方式来托孤，司马懿却丝毫没有用诸葛亮的方式来回报；看到曹髦争气，却被成济刺死；曹奂无奈，依汉献帝模式，禅让给司马炎——相信第一个浮现的印象，便是那一句"宁教我负天下人，休教天下人负我"的狂语，到底谁负谁，最后才知道。第二个让他痛心疾首的，应该是唯才是用的用人原则。招来一批有才无德的人，挥之不去，终于造成大恨。还有，早知道刘备、孙权有这样的结局，跟这两个人争得半死做什么？于是，他想起了左慈，早知道他是好意，跟他到峨眉山修行，把天下的重担交给刘备，何乐不为？

刘备呢，看到这样的结局，不听从诸葛亮的劝告，坚持先伐吴再伐魏，更加肯定自己的决定是正确的。如果先联吴伐魏，趁曹丕忙不过来的时候，把魏灭掉，就算蜀、吴两家平分天下，交给刘禅、孙皓这样的子孙，也实在对不起老百姓。勉强再把东吴打下来，对刘禅岂非更为痛苦不堪？他最后悔的，应该是白帝城托孤那一幕。何必把诸葛亮折腾成那个样子？干脆请诸葛亮另择高明，禅位给他，让他去承接汉祚，自己也等于功德圆满了。

第五章 | 交代好后事，使局面延续的奥秘

至于孙权，他在地下必然躲躲闪闪，怕和孙坚、孙策见面。继承基业时，勇敢得很。可是活了那么久，竟然做不好继位的安排。先立孙登为太子，当他要死的时候，便应该特别提高警觉。这是上天告诫他，这件事情必须谨慎小心。孙和天资聪敏，文武双全，既然立他为太子，为什么还要封孙霸为鲁王，而造成两大派系的争夺？终于废太子，赐死鲁王，另立孙亮为太子。想起这些家务事，孙权定深为悔恨。

但是，如果让曹操、刘备、孙权三人，重新活过，再来人世间走一趟，仍旧是三国时代，汉末黄巾之乱，他们会怎样呢？

蜀汉这个小气球，以保守型为号召，一心一意要匡复汉室，一统天下，却由于过分重视常规，往往不能权宜应变，个个重荣誉，显得十分自私。刘备为了顾全自己的仁义形象，不忘桃园三结义的誓言，坚持因私废公。关羽为了凸显自己的威名，宁死也不及早求援，时刻以不怕死来表示忠义，并不顾虑大局的安危。

诸葛亮但知谨慎忠厚，对宦官和办事不力的官吏，不敢放手清除。姜维为了忠诚，年年北伐，不顾实际的困难。这样的显秩序，君子可欺以其方，难免经常吃亏而不安。

至于东吴这个小气球，一开始就占地利，据天险。孙坚、孙策早死，而孙权与兴汉室无多大渊源。扩大版图的野心是有，匡复汉室的抱负则无。明知一大两小，唯一的办法是联蜀抗魏，却又念念不忘荆州的归属，出尔反尔，使诚信荡然无存。童子军治国，有冲劲而缺乏长远的眼光。孙权的寿命虽长，却始终不能成为天下的重心。这个小气球的功能，似乎仅止于防曹。

三个气球还有一个共同的缺失，那就是忽略了"儿子教不好，害自己全家；女儿教不好，害别人全家"的自然规律。家务事处理得不好，传承的工作做得不顺。而最紧要的，还是家庭教育不健全。

结　语

　　站在隐秩序的立场，魏、蜀、吴这三个不同的显秩序，实际上各走极端，各有缺陷。在无法协调的情况下，原来通过水镜先生布置天下的动作，由显而隐。不动声色地在曹魏这个大气球内部，进行"曹规司马随"的戏码安排。司马炎按照曹丕的方式，篡位改国号为晋。

　　当所有气球都出现漏洞时，隐秩序有阴、阳两种应对的方式。一种方式是让它们全部漏气萎缩，各自消失。这种毁灭性的措施，出于上天有好生之德，非到最后关头，大概不至于如此。另一种方式，则是让最大的气球，出现内部的变化，来整合其余的两个小气球。这种不得已的办法，实在是上天无可奈何才选用的。大家自作自受，也只好无奈地承受这样的结局。

　　倘若这三个气球都表现得很争气，曹操先在乱世中，以奸佞、险诈的手段，争取到关键性的位置，然后机灵地采取逆取顺守的策略，一本忠义的原则，扮演好治臣的角色，相信刘备、关羽，乃至于诸葛亮，都会闻风而来，精诚合作，为汉室开展出第三度光明的气象。孙权本来就患有严重的恐曹症，在这种情况下，大概很快就来投降了。如此一来，曹操不但一统天下，而且将成为我国历史上大权在握，代替天子发号施令，却对王位始终忠贞不贰的第四位大臣，继伊尹、周公、霍光之后，流芳万世。如此，早期的一些缺失，也就没有必要加以计较了。

曹丕篡汉，实际上给刘备带来一生当中最关键的好机会。凡事持有高度的正当性，所产生的力量往往最为强大。曹丕篡位，引起大家的愤怒。传闻汉献帝已亡，刘备的正统性增强。此时北伐，请孙权响应，谅他也不敢不从。蜀国和吴国，按照隆中对策的预期，分别自西路和东路出击。灭魏之后，说不定刘备的威势正隆，孙权照样俯首称臣。当初的理想，反而终于完成。

刘备把私人誓言放在第一，诸葛亮只能鞠躬尽瘁，死而后已。隐秩序唯一的希望，便只有司马懿父子了。

否极才有泰来的希望。司马家族集曹家父子的大成，青出于蓝而胜于蓝，只有这样的本领，才能够在那样的情境下脱颖而出，背负千古的骂名，一统天下。司马家族所付出的代价，非常惨重。唯有如此，才不致造成负面的影响，让后人以为这也是一条可行的途径而加以仿效。当然，类似的案例会继续出现一段时间，那也是无可奈何的事情。我们有三点心得，请大家参考：

第一，天作孽，犹可追；自作孽，不可活。

这虽然是一句老话，但历久弥新。一直到现代，仍然是金科玉律，并没有改变。大自然的灾害，从某方面看，给人类造成祸患；从另一方面看，则有相当的好处。譬如台风，带来狂风暴雨，很可能屋倒人亡。然而大家不致缺水，则是它的好处。人为的祸患，那就罪不可赦，必须自作自受，并没有回旋的余地。隐秩序安排司马家族一统天下，属于天作孽。大家若能体谅上天的苦心，好好做出合理的应对，其实很快就能够调整过来。人们在多元化的思潮中，不能建立共识而形成主流文化，则是自作孽，必须自己承受一切的苦难。

第二，对上天不能失望，对人们需要宽容。

年轻人对"养天地正气，法古今完人"，大多充满崇敬与向往，这是人类的可爱与可贵。年纪愈大，往往愈对这句话产生动摇，认为世界上既然没有完人，天地之间的正气，也值得怀疑。由此可以证明太多的人，是愈活愈糊涂。隐秩序代表天地正气，恒久不会变质，也不可能丧失。显秩序期待有完人出现，虽然自古迄今，真的没有完人，我们仍然要存有这样的高标准，才能够取法于上，而得其中。刘备、诸葛亮、关羽的思想，值得我们追求。我们只要以刘备的仁厚、诸葛亮的诚毅、关羽的忠义作为学习的典范，至于他们的缺失，我们能够谨记在心，引以为戒，也就不需要加以苛责，过多计较了。

第三，世界原本大同小异，人们必须兼顾并重。

21世纪人类的共同问题，即在于全球化和本土化的冲突不断，很难获得协调。全球化是不可抵挡的潮流，本土化则是各地区求生存的基本要求。这种情况，和三国时代实在十分相似。曹魏、蜀汉、东吴的努力目标，都在一统天下，也就是现代所说的全球化。但是，三个国家各有其不同的特性，似乎很不容易取得协调。用今天的话来说，便是本土化的意识坚强，很害怕被外来势力淹没。三国的结局，可以当作现代人类的借鉴。如果不能重视品德修养，人类的未来，实在令人忧心。每一个国家在要求与国际接轨，也就是走向全球化的时候，必定要走出自己独特的方式，才能避免为强势文化所淹没。而强大的国家，也不应该要求全世界都要向其看齐，采取同样的模式，否则便是文化侵略。显秩序既然不能涵盖隐秩序的全部，就具有不可避免的局限性，造成彼此的不同。

然而显秩序毕竟来自隐秩序，不可能彼此完全不一样。因此各个显秩序之间，呈现大同小异，乃是必然的事实。魏、蜀、吴三国，有大同的理想，也有小异的目标。当时的人们缺少以大同包容小异的经验，所以一百年不能解决全球化与本土化的问题。21世纪的人们，最好引以为鉴，走出一条合理的光明大道！求同存异，凡事不应该要求百分之百，差不多就好了，是不是一个可行的途径？"差不多"长久以来，被严重曲解，值得大家深思。我们必须正本清源，把它们的真义说出来，那就是"不能差太多"。小异就是不能偏离大同的整体目标，才有资格称为差不多。蜀汉当年，如果明白这种不能差太多的差不多原则，说不定上天垂怜，不致争战这么多年，让好人几乎都死光了，只好让坏人当家。

是不是这样？大家不妨自己认定。

参考书目

罗贯中.三国演义

陈寿.三国志

禚梦庵.三国人物论集.台北：台湾商务印书馆，1969

余振邦.三国人物丛谭.台北：台湾商务印书馆，1979

惜秋.蜀汉风云人物.台北：台湾三民书局，1983

刘逸生.真假三国纵横谈.台北：台湾远流出版公司，1989

范青松.论三国笑看人生.台北：台湾水瓶文化事业公司，2001

莫啸.三国用人艺术.台北：台湾智慧大学，1994

张志和.透视三国演义三大疑案.北京：中国社会科学出版社，2002

周泽雄.三国英雄基因.台北：台湾实学社出版公司，2003

陈华胜.三国奇谈.台北：台湾实学社出版公司，2003

王擎天.三国演义的现代智慧.台北：台湾华文网股份有限公司，2004